MILTON HUNNEX

Filósofos e correntes filosóficas *em gráficos e diagramas*

conheça melhor os filósofos e as correntes filosóficas
por meio de gráficos e diagramas cronológicos e temáticos

Tradução
Alderi S. de Matos

2 º impressão

Vida
ACADÊMICA

Vida
Editora do grupo
ZONDERVAN
HARPERCOLLINS

Filiada à
CÂMARA BRASILEIRA DO LIVRO

ASSOCIAÇÃO BRASILEIRA
DE EDITORES CRISTÃOS

ASSOCIAÇÃO NACIONAL
DE LIVRARIAS

ASSOCIAÇÃO NACIONAL
DE LIVRARIAS EVANGÉLICAS

Título do original
Chronological and thematic charts of philosophies and philosophers,
edição publicada por
ZONDERVAN PUBLISHING HOUSE
(Grand Rapids, Michigan, EUA)

▪

EDITORA VIDA
Rua Júlio de Castilhos, 280 Belenzinho
CEP 03059-000 São Paulo, SP
Tel.: 0 xx 11 6618 7000
Fax: 0 xx 11 6618 7050
www.editoravida.com.br
www.vidaacademica.net

▪

▪

Coordenação editorial: Rogério Portella
Edição: Aldo Menezes
Diagramação: Set-up Time Artes Gráficas
Capa: Douglas Lucas

Dados Internacionais de Catalogação na Publicação (CIP)
(Câmara Brasileira do Livro, SP, Brasil)

Hunnex, Milton D.
Filósofos e correntes filosóficas em gráficos e diagramas: conheça melhor os filósofos e as correntes filosóficas por meio de gráficos e diagramas temáticos e cronológicos / Milton D. Hunnex ; tradução Alderi de Souza Matos. — São Paulo : Editora Vida, 2003.

Título original: Chronological and thematic charts of philosophies & philosophers
ISBN 85-7367-621-3

1. Filosofia — Introduções 2. Filosofia — Resumos e sílabas 3. Filósofos I. Título.

02-6740 CDD 102.02

Índice para catálogo sistemático:

1. Filosofia : Gráficos e diagramas temáticos e cronológicos 102.02
2. Filósofos : Gráficos e diagramas temáticos e cronológicos 102.02

Sumário

Primeira Parte

Este livro e o seu tema

Sobre o livro

Este livro é um recurso de *consulta rápida* para o estudante que precisa obter informações essenciais em pouco tempo. Não é apenas um esboço nem um texto condensado, mas combina algumas características de ambos. Dá ênfase não somente a definições e informações essenciais, mas à *orientação* dentro de um contexto histórico.

Essa orientação é fornecida por meio do uso de tabelas que se aproveitam do fato de que as teorias filosóficas têm a tendência de se repetir na história do pensamento e tendem a se aglomerar dentro das limitações de várias possibilidades de explicação. Mediante o uso de tabelas, podem ser sugeridas influências prévias que conduzem a uma filosofia específica, bem como influências subseqüentes e relações com a filosofia contemporânea. As informações que acompanham as tabelas também visam auxiliar a orientação e a compreensão.

Não se deve tentar utilizar esta obra como substituto do estudo de textos e de fontes originais. O estudante não deve esperar dominar a filosofia sem recorrer às obras clássicas do ramo e certamente sem o auxílio de um dos muitos excelentes textos introdutórios, seleções e histórias da filosofia.

Em geral, os termos e nomes precisam ser identificados dentro de um *contexto* particular. Geralmente são apreendidos somente em relação com outros termos e nomes. Assim, o estudante que procura obter informações acerca de uma filosofia ou filósofo em particular deve buscá-las nas tabelas e também nas definições ou esboços.

Os problemas da filosofia são tratados sob três títulos gerais. *Conhecimento* (Parte II), o *Mundo* (Parte III) e *Valores* (Parte IV). Além disso, uma seção especial esboça as teorias de alguns *Filósofos* representativos (Parte V). Essa seção está limitada aos pensadores significativos cujos nomes *aparecem em* ***bold/ itálico*** *nas tabelas* e às suas doutrinas que estão incluídas no escopo do guia de estudo como um todo. Desse modo, o número é limitado e a filosofia esboçada está restringida àqueles aspectos que são relevantes às tabelas ou ao problema em questão. Por exemplo, nem toda a filosofia de Platão está esboçada, mas somente aqueles aspectos relacionados com os problemas do conhecimento, da realidade e dos valores — e assim mesmo de forma muito resumida. O estudante deve procurar completar as informações em outros lugares, particularmente em traduções das obras do próprio Platão.

Como utilizar o livro

1. Consulte os índices ou a cronologia.
2. Folheie a parte apropriada relativa ao seu tópico:

Filosofia, p. 1-2.

Conhecimento (epistemologia, método científico, verdade etc.), Parte II.

Realidade (realidade física, vida, mente, metafísica etc.), Parte III.

Valores (axiologia, ética, estética, educação e religião), Parte IV.

Filósofos (homens cujos nomes aparecem em vermelho nas tabelas: Alexandre, Aristóteles, Agostinho, Austin, Bérgson, Berkeley, Carnap, Crísipo, Demócrito, Descartes, Dewey, Freud, Hegel, Heidegger, Hobbes, Hume, Husserl, James, Kant, Kierkegaard, Köhler, Leibniz, Locke, Marx, Merleau-Ponty, J. S. Mill, G. E. Moore, Nietzsche, Peirce, Perry, Platão, Plotino, Protágoras, Russell, Ryle, Santayana, Sartre, Schlick, Schopenhauer, Sócrates, Spencer, Espinosa, Tomás de Aquino, Tillich, Vaihinger, Whitehead, Wisdom e Wittgenstein), Parte IV.

Sobre a filosofia

A palavra *filosofia* vem do grego *philein*, amar + *sophia*, sabedoria.

Sócrates entregou-se à convicção de que "a vida não examinada não vale a pena viver". Para ele — bem como para a maior parte dos pais gregos da filosofia — a principal dignidade do homem era o exercício da razão na busca da verdade. Para os gregos, o exercício da razão no sentido mais geral era filosofia. Mas o homem é também uma criatura de curiosidade. "É com a admiração", escreveu Aristóteles, "que os homens começam a filosofar". A filosofia tornou-se a mãe e a sustentadora das ciências. De fato, ela tornou-se a mais geral das ciências, a ciência das ciências.

Nenhuma disciplina abrange tão plenamente o âmago da educação em artes liberais como o faz a filosofia. "Conhecer as principais atitudes rivais para com a vida", observou William James, "e ter ouvido algumas das razões que elas dão para si mesmas devia ser considerado uma parte essencial da educação liberal".

A filosofia procura examinar a vida e o mundo como um todo. O seu método é *crítico* e *construtivo*. Na sua *função crítica*, a filosofia procura examinar as pressuposições e idéias no interesse do esclarecimento e da compreensão. Essa função inclui tais problemas como a teoria do conhecimento e a teoria dos valores. É essencialmente analítica. Na sua *função construtiva*, a filosofia procura considerar e organizar *todos* os fatos no interesse de obter uma visão do mundo como um todo. Esse esforço é essencialmente *sinóptico* e *especulativo*. Envolve estudos tais como a *metafísica* ou teoria da realidade. Alguns filósofos acreditam que a filosofia deve limitar-se à *função crítica*. Tradicionalmente, todavia, a filosofia tem servido para dar expressão aos interesses especulativos do ser humano — seu esforço de entender a si mesmo em relação ao universo como um todo.

A filosofia não é uma matéria no sentido usual de ser um corpo especial de conhecimento. Antes, ela é uma disciplina que avalia todos os tipos de asserções de conhecimento, quer para aclarar essas asserções, criticá-las ou propor melhores meios de entendê-las. Embora seja verdade que a filosofia se tornou uma disciplina altamente especializada e técnica, ainda se pode dizer que ela é "uma tentativa singularmente obstinada de pensar de modo claro e consistente" — como William James certa vez afirmou — quer se esteja analisando o que está sendo feito no uso da linguagem moral ou propondo uma teoria acerca da natureza do próprio bem.

Será útil observar algumas distinções entre o que fazem os cientistas e o que fazem os filósofos. Antes da época de Galileu, quando teve início a moderna revolução científica, havia pouco consenso quanto ao propósito da ciência. Por exemplo, não havia um modo aceito de resolver disputas acerca de eventos físicos ou suas causas. A ciência foi chamada de filosofia natural até os dias de Newton.

Hoje, as diferentes ciências já estabeleceram maneiras bastante definidas de responder perguntas que costumavam ser objeto de especulações. Em geral, questões para as quais em princípio existem respostas definidas ou meios aceitos de obtê-las são consideradas questões científicas. Em contraste com isso, outras questões — tais como, e.g., questões acerca da natureza da realidade, de outras mentes ou do que as pessoas devem fazer — são questões deixadas para a filosofia. Essas são questões para as quais não existem respostas ou meios de obter essas respostas que sejam geralmente aceitos. São questões abertas para as quais pode não haver respostas, seja porque elas não são questões propriamente, como os cépticos poderiam dizer, ou são questões cujas respostas devem ser "a dádiva dos deuses", como Platão afirmou, ou são questões que envolvem outras questões sobre a linguagem. De qualquer modo, o filósofo é quem investiga as questões intricadas dessa natureza e espera que as suas respostas sejam disputadas.

Seria uma tolice, e.g., especular se a lua é feita de queijo verde ou de alguma substância etérea porque agora sabemos ou podemos certamente descobrir do que ela é feita. Porém, não seria insensato especular o que há no queijo verde ou em qualquer outra coisa que faz dele um objeto "físico" ou o que significa dizer que nós "conhecemos" o que ele é. É uma matéria de *admiração* que qualquer coisa exista ou que possamos afirmar que *conhecemos* alguma coisa.

Atualmente a filosofia tende a ser ou *analítica* ou *existencial* (v. tabelas 23 e 24). Os filósofos de língua inglesa tendem a preferir a primeira abordagem. Os filósofos europeus tendem a preferir a segunda abordagem. São importantes exceções os marxistas e os neotomistas, bem como uma variedade de abordagens filosóficas tradicionais que sempre retornam.

O filósofo *analítico* contemporâneo está essencialmente preocupado em aclarar todos os usos da razão e da linguagem, quer se trate de afirmações de conhecimento ou de juízos de valor. Geralmente, ele não faz declarações acerca da natureza das coisas que rivalizam com as declarações do cientista ou de qualquer outra pessoa, uma vez que em geral ele não crê possuir uma intuição especial acerca dessas questões. Ele pode tentar promover um programa para o uso de uma *linguagem ideal*, como fazem, e.g., filósofos como Russell e Carnap. Ele faria isso no interesse de facilitar o raciocínio e a comunicação. Com maior probabilidade, em vez disso ele aceitará a complexidade da linguagem e se esforçará para efetuar algum tipo de "terapia conceptual" ao expor as tendências enganosas da mesma, como fazem, e.g., filósofos como Austin e Ryle.

O filósofo *existencial* contemporâneo, ao qual podemos associar certos tipos correlatos de filosofia como a fenomenologia, afasta-se da análise puramente lógica ou lingüística para buscar a análise da experiência. A sua preocupação básica está voltada para os componentes da situação humana. Nesse aspecto, o seu interesse está mais próximo daquele do filósofo especulativo tradicional, com a exceção de que ele rejeita a criação de qualquer sistema filosófico com tal e crê que as abordagens intelectualistas tradicionais da filosofia estão erradas. Ele provavelmente irá voltar-se mais para expressões literárias ou teológicas das suas idéias, e a sua lógica provavelmente será dialética antes que tradicional ou matemática.

Em geral, aqueles filósofos que não são nem analíticos nem existenciais tentarão, não obstante, estabelecer alguma conexão com a filosofia analítica ou existencial. Por exemplo, na Europa, o marxismo, o existencialismo e a fenomenologia promovem um diálogo considerável. Certos existencialistas de destaque formulam fenomenologias existenciais e abraçam o marxismo ou reagem ao mesmo em diferentes graus. Na Inglaterra, ninguém evita os analistas, e nos Estados Unidos talvez exista o diálogo mais vigoroso entre filósofos tradicionais de diferentes tipos, de um lado, e diferentes formas de pragmatismo, filosofia processual, existencialismo e filosofia analítica, do outro lado, a filosofia analítica provavelmente tendo o maior número de seguidores.

Este livro não discute importantes desdobramentos ocorridos desde aproximadamente 1970. Por exemplo, o *criacionismo* como uma teoria da natureza e da origem da realidade física e viva é vigorosamente defendido hoje. Também carecem de atenção as teorias conflitantes da origem e natureza dos *direitos humanos*, particularmente na medida em que se relacionam com questões jurídicas, morais e filosóficas. Não houve a tentativa de incluir as filosofias, filósofos e religiões *orientais*, exceto nos casos em que influenciaram diretamente o pensamento ocidental.

Finalmente, expressões essencialmente pejorativas tais como "humanismo secular" não são especificamente discutidas. O "humanismo secular" é usado para referir-se às filosofias morais que renunciam às concepções tradicionais e autoritárias, especialmente aquelas que invocam absolutos morais ou a vontade de Deus. Os seus traços podem ser mais bem identificados consultando-se as diferentes formas de *humanismo*, *naturalismo* e *relativismo*, bem como os seus corolários — *existencialismo*, *situacionismo* e *subjetivismo*.

Segunda Parte

O problema do conhecimento

Perguntas relevantes

O que é a mente? (quanto à faculdade do conhecimento).

O que é conhecido? (quanto ao objeto do conhecimento).

O que é conhecer? (quanto à natureza do conhecimento).

O que é verdadeiro? (quanto à relação do conhecimento com a realidade).

O que é válido? (quanto ao método do raciocínio correto).

O que é científico? (quanto ao método da ciência).

O conhecimento genuíno é possível? (Essa pergunta apresenta o desafio do *ceticismo*.)

O conhecimento é inato, experimental ou ambos? (Sobre essa pergunta se baseia a rivalidade entre *racionalismo* e *empirismo*.)

Teoria do conhecimento

O estudo da teoria do conhecimento é chamado *epistemologia* (do grego *episteme*, conhecimento + *logos*, teoria). O termo foi usado pela primeira em 1854 por J. F. Ferrier, que distinguiu os dois principais ramos da filosofia como *ontologia* (do grego *on*, ser + *logos*, teoria) e *epistemologia*. A ontologia é mais ou menos sinônima da *metafísica*, mas esta geralmente significa tanto a ontologia como teoria do ser quanto a epistemologia como teoria do conhecimento.

A *epistemologia* compreende o estudo sistemático da *natureza*, *fontes* e *validade* do conhecimento. Difere da *lógica* e da *psicologia*.

A *lógica* está voltada para o problema específico e formal do raciocínio correto, ao passo que a *epistemologia* estuda a natureza do raciocínio, a verdade e o processo de conhecer em si mesmos.

A *psicologia* está primariamente interessada em um estudo *descritivo* do comportamento, dos fenômenos e de coisas afins, ao passo que a *epistemologia* trata de nossas alegações de conhecimento, do que queremos dizer com "conhecimento".

Por exemplo, a *epistemologia* pergunta: "Nós conhecemos um mundo independente ou simplesmente a nossa experiência?". As respostas revelam dois tipos de teorias do conhecimento, que podem ser agrupadas com relação ao seu grau de ênfase na subjetividade ou objetividade do conhecimento (v. as tabelas 1 e 2).

As teorias subjetivistas do conhecimento respondem: "Não, nós não conhecemos um mundo independente como a causa de nossas idéias. Nós não podemos ir além da nossa experiência ou das nossas idéias, e não podemos falar de um conhecedor que as experimenta".

As teorias objetivistas do conhecimento respondem: "Sim, nós conhecemos um mundo independente de objetos materiais (algumas formas de *materialismo* e *realismo*) ou de *idéias* transcendentes (*idealismo platônico*)".

Tipos de conhecimento

Russell faz a seguinte distinção:

1) Conhecimento por *familiaridade* é a apreensão direta de:
   a) dados sensoriais;
   b) objetos da memória;
   c) estados internos;
   d) nós mesmos.

2) Conhecimento por *descrição* é o conhecimento mediado ou raciocinado de:
   a) outros seres;
   b) objetos físicos (como construtos e não como dados sensoriais).

Racionalismo *versus* empirismo

As teorias do conhecimento se dividem natural, teórica e historicamente nas duas escolas rivais do *racionalismo* e do *empirismo*.

O *racionalismo* acredita que algumas idéias ou conceitos são independentes da experiência e que alguma verdade é conhecida somente pela razão.

O *empirismo* acredita que todas as idéias e conceitos derivam da experiência e que a verdade deve ser estabelecida somente em relação com a experiência.

Nem o racionalismo nem o empirismo despreza inteiramente a ferramenta básica da outra escola. A questão gira em torno de convicções acerca do 1) conhecimento *necessário* e do 2) conhecimento *empírico*.

1) O conhecimento *necessário* ou *a priori* é o conhecimento que não é fornecido pela experiência nem é dependente desta, como, e.g., "Gatos pretos são pretos", algo que é necessariamente verdadeiro por definição. Essa é uma *afirmação analítica* (ou, falando genericamente, uma *tautologia*). A sua negação seria *contraditória*.
2) O conhecimento *empírico* ou *a posteriori* é o conhecimento que vem após a experiência ou dela depende, como, e.g., "As carteiras são marrons", que é uma *afirmação sintética*. Ao contrário da afirmação analítica "Gatos pretos são pretos", a declaração sintética "As carteiras são marrons" não é necessariamente verdadeira a menos que todas as carteiras sejam por definição marrons, e negá-la não seria contraditório. Provavelmente nós encaminharíamos essa questão para a experiência.

Desde que o conhecimento depende basicamente de afirmações sintéticas — afirmações que podem ser verdadeiras ou podem ser falsas — a sua natureza e o seu *status* são essenciais para a teoria do conhecimento. A questão controvertida é a possibilidade do *conhecimento necessário sintético*, isto é, a possibilidade de ter um conhecimento genuíno do mundo sem a necessidade de depender da experiência. Considere as seguintes afirmações:

a) A soma dos ângulos de um triângulo é 180 graus.
b) Linhas paralelas nunca se encontram.
c) Um todo é a soma de todas as suas partes.

O *racionalismo* pode crer que essas são afirmações necessárias sintéticas, universalmente verdadeiras e um genuíno conhecimento; isto é, elas não são simplesmente *vazias* como as afirmações analíticas ou tautológicas ("Gatos pretos são pretos") e não dependem da experiência para o seu valor de verdade.

O *empirismo* nega que essas afirmações sejam sintéticas *e* necessárias. O empirismo estrito afirma que todas as afirmações desse tipo somente *parecem* ser necessárias ou *a priori*. Elas de fato derivam da experiência.

O *empirismo lógico* admite que essas afirmações são necessárias, mas somente porque não são de fato afirmações sintéticas, e sim afirmações analíticas, que somente são verdadeiras por definição e não nos fornecem um genuíno conhecimento do mundo.

Conhecimento genuíno

O *racionalismo* inclui no conhecimento genuíno as afirmações *necessárias sintéticas* (ou, se esse termo for rejeitado, aquelas afirmações necessárias analíticas que "revelam a realidade" em termos de verdade universalmente necessária; por exemplo, "Uma entidade é o que ela é e não alguma outra coisa").

O *empirismo* limita o conhecimento genuíno às afirmações *empíricas*. As afirmações necessárias são *vazias* (isto é, nada nos dizem sobre o mundo).

O *empirismo lógico* admite como conhecimento genuíno somente afirmações *necessárias analíticas* ("Gatos pretos são pretos") ou afirmações *empíricas sintéticas* ("As carteiras são marrons"). Mas as afirmações necessárias analíticas ou as leis da lógica e da matemática derivam de regras arbitrárias de uso, definições e coisas do gênero e, portanto, nada revelam sobre a realidade. (Esse é o ponto de vista *antimetafísico*.)

A natureza do conhecimento

Conhecer uma afirmação (como verdadeira) inclui

1) o fato de que, em algum sentido ou por algum critério, a afirmação é realmente verdadeira;
2) a crença de que ela é verdadeira; e
3) evidência em apoio da mesma.

O problema da evidência

Se a evidência é *completa*, o conhecimento é *certo*.

Se a evidência é *parcial*, o conhecimento é somente *provável*.

O racionalismo admite evidências *necessárias sintéticas*.

O empirismo admite *somente* evidências *empíricas sintéticas*.

O problema da certeza

O conhecimento empírico pode ser certo?

Que evidência e quanta evidência são necessárias para se ter qualquer grau de certeza?

O *falibilismo* é a doutrina de que nenhum juízo empírico pode ser certo, isto é, que todos os juízos empíricos são *falíveis* ou *prováveis*.

O *antifalibilismo* é a doutrina de que alguns juízos empíricos são *certos* mediante adequada *confirmação*; por exemplo, o número de pessoas em uma sala.

Teorias do elemento a priori *ou não-empírico do conhecimento*

Embora o elemento a priori seja a ferramenta básica do racionalismo, ele também está presente nas teorias empíricas do conhecimento. Três teorias são as seguintes:

1) *Teoria do a priori intrínseco*, na qual certos princípios ou idéias são aceitos como auto-evidentes, isto é, como conhecidos intuitivamente devido a sua especificidade e clareza. Um exemplo disso seria o "Penso, logo existo" (*Cogito ergo sum*) de Descartes (v. Descartes, Parte V).
2) *Teoria pressuposicional do a priori*, na qual o a priori é entendido como a condição necessária da possibilidade de experiência ou conhecimento inteligível. Por exemplo, Kant pressupôs *a priori* as formas subjetivas (Anschauungen) da sensibilidade: *espaço* e *tempo* (v. Kant, Parte V).
3) *Teoria analítica do a priori*, na qual o *a priori* constitui regras ou postulados arbitrariamente colocados ou aceitos de antemão como base para o raciocínio, isto é, o que propomos significar com certas palavras (ver o empirismo lógico nesta página).

A lógica e as leis do pensamento

São fundamentais para o conhecimento *necessário* as três *leis do pensamento* enumeradas por Aristóteles. Elas são pressupostas sempre que alguém pensa sobre qualquer coisa:

1) *Lei da identidade*. Uma entidade, qualquer que seja, é o que ela é e não é outra coisa. Conforme aplicada a proposições: Se uma proposição é verdadeira, ela é verdadeira; se é *p*, então é *p* (por exemplo: "Uma rosa é uma rosa").
2) *Lei da não-contradição*. Nenhuma entidade, seja qual for, pode ser tanto o que ela é como não ser o que ela é com a *mesma* especificação. Conforme aplicada a proposições: Não pode ser verdade, que uma proposição seja verdadeira e falsa ao mesmo tempo; não tanto *p* como não-*p* (por exemplo: "Uma rosa não pode ser uma não-rosa").
3) *Lei do terceiro excluído*. Uma entidade, qualquer que seja, ou é A (algum tipo particular de coisa) ou não é. Tudo é ou A ou não-A, ou *p* ou não-*p* (por exemplo: "Uma coisa ou é uma rosa ou não é uma rosa").

Essas leis do pensamento são três das muitas leis da lógica ou do raciocínio. Elas não podem ser provadas ou negadas. A fim de demonstrá-las, precisam ser pressupostas. Negá-las é contraditório. Elas são pressupostas em todo pensamento e discurso racional, ou seja, consistente.

As leis do pensamento se aplicam a *toda* a realidade? Elas são as regras básicas da realidade, ou somente do pensamento?

O *racionalismo* sustenta que as leis do pensamento se aplicam a tudo o que existe porque elas são as *verdades mais gerais* da realidade. Aplicam-se não somente ao que pensamos e dizemos, mas também ao que pensamos e comentamos.

O *empirismo* sustenta que as leis do pensamento são *convenções verbais* úteis que se aplicam somente à *maneira* como pensamos ou falamos, e não necessariamente ao que pensamos e comentamos ou mesmo necessariamente a como *devemos* pensar ou falar (v. ceticismo).

Questões epistemológicas

Leis, hipóteses e teorias científicas

Leis científicas podem ser definidas como *generalizações descritivas* que possuem *valor preditivo*, tais como, e.g., a lei da gravitação de Newton: "Toda partícula do universo atrai cada uma das outras partículas com uma força diretamente proporcional ao produto das duas massas e inversamente proporcional ao quadrado da distância entre elas".

Ao contrário das teorias, as leis são *descobertas* e não *elaboradas*. A sua verdade é altamente provável, isto é, a probabilidade matemática de que os acontecimentos ocorram de acordo com elas é muito alta.

Segundo alguns filósofos, tais como, e.g., Hempel e outros *positivistas lógicos*, leis científicas são *hipóteses universais* "capazes de ser confirmadas ou negadas por achados empíricos adequados".

Hipóteses são afirmações explanatórias particulares, como "Jorge tomou arsênico", as quais, associadas a leis ou teorias, isto é, afirmações *gerais* como "O arsênico é venenoso", explicam certas alegações ou ocorrências — neste caso, "Jorge morreu".

Teorias são afirmações explanatórias gerais que envolvem especificamente entidades *não-observáveis*, tais como, e.g., na teoria atômica, "Existem prótons e elétrons".

O raciocínio com teorias é ilustrado a seguir:

Todas as coisas são feitas de partículas atômicas. (Teoria atômica)

Por isso uma gota de corante em um copo de água tinge toda a água. (Um fato explicado pela teoria.)

As teorias podem ser propostas para representar as coisas de uma certa maneira, isto é, "ficções úteis" ou "*modelos* explanatórios", como no *pragmatismo* e no *instrumentalismo*, ou afirmações gerais sobre o que "realmente existe", como no *realismo*.

Hipóteses e teorias são 1) provisórias, mas prováveis, porque baseadas em fatos; e 2) *preditivas*, porque capazes de explicar os fatos.

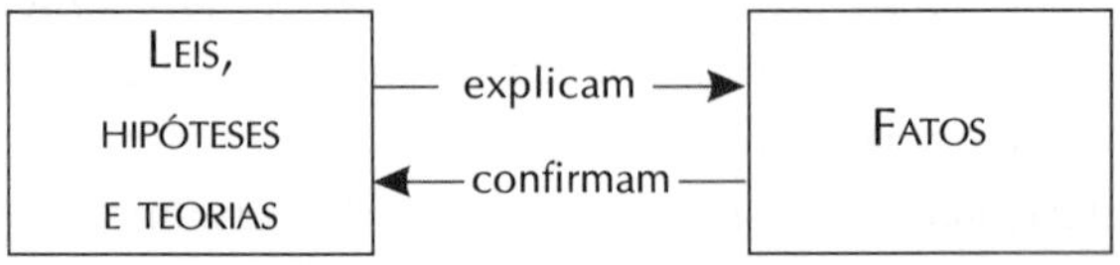

Ao se estabelecer uma hipótese particular ou teoria geral, a *indução* leva à generalização que é a teoria proposta ou sugere a hipótese que é proposta. A *dedução*, em contrapartida determina se a generalização ou teoria implica fatos que servem como evidência. A confirmação dos fatos torna provável a hipótese ou a teoria.

Causalidade

Aristóteles enumerou quatro causas (v. Aristóteles, Parte V). Destas, as explicações mecanicistas somente admitem a causa *eficiente*, isto é, a própria força que efetua a mudança, e as limitam aos fenômenos que *precedem* os efeitos. Propósito ou objetivo, isto é, o que alguém tem em mente quando faz alguma coisa, não é admitido como causa pelo mecanicista.

O princípio causal tem pelo menos três interpretações gerais:

1) Interpretação *empírica* (ou *a posteriori*). A causa é vista como uma generalização a partir dos fatos e dependente dos fatos. Causa é a *conjunção constante* (Hume) observada de certos eventos; sempre que *a*, então *b*.
2) Interpretação *racional* (ou *a priori*). A causa é vista como uma *conexão necessária* (Espinosa) entre dois acontecimentos, na qual um efeito apropriado deve seguir a causa de acordo com o *princípio da razão suficiente* (Leibniz). Sabemos *a priori* que a causalidade é um princípio necessário da realidade, que não pode haver acontecimentos não-causados (determinismo) ou que a causalidade é um princípio necessário do conhecimento (Kant).
3) Interpretação *pragmática*. A causa é vista como um útil *princípio orientador* da explicação científica, embora grande parte da ciência possa não necessitar dele. Uma versão é a teoria da "receita", na qual a causa é comparada a uma receita para produzir ou impedir algo. Produzimos B, produzindo A, e falamos de A como se causasse B. Por exemplo, fazemos o ferro brilhar aquecendo-o e, portanto, falamos do aquecimento do ferro como a causa do seu brilho. Outra versão retrata o princípio causal como uma proposta para descobrir uniformidades no mundo, isto é, uma *regra de procedimento* que não é nem verdadeira nem falsa, porque não é *sobre* qualquer coisa, mas é um meio frutífero de encarar ou lidar com qualquer coisa.

Algumas considerações acerca da causalidade são as seguintes:

1) Causalidade não é o mesmo que *necessidade lógica*, como, e.g., em "Gatos pretos são pretos".
2) Causalidade na ciência *não é descritiva*, como, e.g., em "A lei requer obediência".
3) Causalidade como uma *condição necessária* (se há efeito, então há causa) não significa *conexão necessária*. Condição necessária significa que, na ausência de uma condição particular, um efeito particular nunca ocorre, como, e.g., "Na ausência de oxigênio, nunca temos fogo".
4) Causalidade como uma *condição suficiente* (se há causa, então há efeito) também não significa *conexão necessária*. Condição suficiente significa que uma condição particular é sempre seguida de um certo efeito, como, e.g., "Se está chovendo, o chão está molhado". Causa como condição *necessária* ou *suficiente* é teoria empirista (J. S. Mill). Causa como *conexão necessária* é teoria racionalista tradicional (Espinosa).
5) Causa geralmente se entende como todo o conjunto de condições suficientes para a ocorrência do evento. Se a causa é *singular*, essas condições *suficientes* são também condições *necessárias*. Se a causa é *plural*, essas condições suficientes *não* são todas condições necessárias.

Explicação científica

"Por quê?" é uma pergunta ambígua. Pode ser um pedido de uma *razão* ou de uma *explicação*.

Razões são dadas para se possuir certas *crenças*, como, e.g., dar razões para crer que o mundo é redondo.

Explicações são dadas para o que ocorre ou já é um fato, como, e.g., explicar por que ocorrem terremotos ou o monóxido de carbono é venenoso. Essas são explicações *científicas*, embora "explicar" possa ser usado de outras maneiras, como, e.g., para referir-se a tornar clara uma idéia.

Pode-se ter razões para crer em certas coisas, e essas *razões* também podem ser *explicações* para se crer nelas, como, e.g., quando se quer crer no que é verdadeiro. Por outro lado, pode-se dar razões pelas quais, e.g., se crê que Deus existe ou que um certo tipo de ação é errado. Um indivíduo pode *justificar* as suas crenças. Essa é uma *questão lógica*, ao passo que a *explicação* de suas crenças sobre Deus ou moralidade, isto é, a questão *psicológica*, é outra coisa. Ele pode, e.g., ter tido certas experiências ou necessidades que *causaram* a crença. As mesmas *explicariam* a crença. A explicações tem a ver com causas.

Explicações científicas são leis, hipóteses ou teorias científicas (v. acima). As leis, hipóteses ou teorias *são* a explicação. Um evento é explicado quando é "colocado sob" uma lei, hipótese ou teoria.

O *modelo de lei abrangente* de explicação científica é o seguinte (Hempel):

Todo cobre conduz eletricidade. (Explicação.)
Essa substância é cobre.
Essa substância conduz eletricidade. (Coisa a ser explicada.)

A afirmação sobre o que é explicado é deduzida da *explicação*, isto é, todas as premissas juntas, das quais pelo menos uma é uma *generalização* — uma lei, hipótese ou teoria científica. Se uma parte da explicação é apenas provavelmente verdadeira, a explicação é provável. A generalização não precisa ser empírica. Ela pode ser lógica, como, e.g., "Uma pessoa não pode estar em dois lugares ao mesmo tempo". Neste caso a explicação é *lógica* e não *empírica* ou *científica*.

Uma explicação *científica* deve ter *valor preditivo*; isto é, deve ser capaz de explicar outros eventos que não aquele que ela é invocada para explicar e, portanto, ser capaz de predizer a ocorrência desses eventos.

A natureza do significado lingüístico

O *significado lingüístico* é o significado de palavras, expressões ou frases. Existem muitos outros usos de "significar", tais como, por exemplo:

1) A aprovação dessa lei irá *significar* o fim de... (resultar em).
2) A vida novamente tem *significado* para mim (importância).
3) Qual é o *significado* disso? (explicação)
4) Ele acaba de perder o emprego; isso *significa* que ele terá de... (implica)

(ALSTON, *Philosophy of language* [*Filosofia da linguagem*], p. 10)

As teorias do *significado lingüístico* são:

1) Teoria *referencial*, que sustenta que
   a) a linguagem é usada para falar sobre coisas;
   b) o significado de uma expressão é aquele ao qual ela se refere ou a relação entre a expressão e o seu referente;
   c) a referência é feita por *nomeação* (as palavras representam algo) ou *descrição* (v. a teoria de descrições de Russell).

(Russell, J. S. Mill, Frege, Church, C. I. Lewis, Carnap e o Wittgenstein inicial no *Tractatus*) (V. tabela 23)

2) Teoria *ideacional*, que sustenta que
   a) palavras ou expressões têm significado à medida que são usadas para referir-se à idéia que lhes dá origem ou à qual elas mesmas dão origem, e.g., como efeitos psicológicos nos ouvintes.

(Locke, Stevenson, Grice, Leonard)

3) Teoria *comportamental* (ou estímulo-resposta), que sustenta que
   a) palavras ou expressões têm significado à medida que são usadas para se referir à *situação* (estímulo) em que são proferidas e às respostas que evocam;
   b) significado é uma função de estímulo e resposta (Bloomfield);
   c) significado é uma função de disposição comportamental (Morris);
   d) significado é uma função das condições sob as quais é enunciado (Quine);
   e) três fatores estão envolvidos (Ogden e Richards): o *símbolo* (isto é, palavras ou expressões), o *pensamento* (ou interpretação) e o *referente* (ou aquilo a que se refere). (Nós passamos das palavras às coisas indiretamente, por meio do pensamento.)

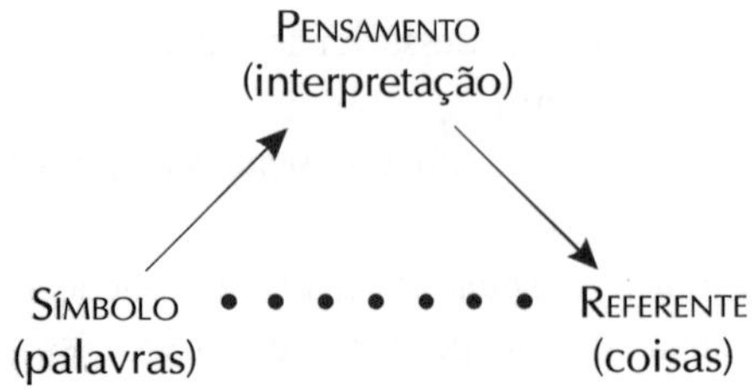

(Ogden, Richards, Bloomfield, Morris, Fries, Quine, Skinner)

4) Teoria do *uso*, que sustenta que
   a) o significado é uma *função do uso* (Wittgenstein nas *Investigações*);
   b) as palavras e expressões têm significado à medida que são *usadas*, por exemplo, para realizar *qualquer ato de discurso* (Austin), e não apenas para se referir a algo, isto é, para nomear ou descrever;
   c) *atos de discurso* (Austin) consistem em
      1. proferir frases (atos *locutórios*);
      2. o que é feito pelo orador ao proferir a frase (atos *ilocutórios* como, e.g., anunciar); e
      3. o efeito sobre o ouvinte (atos *perlocutórios* como, e.g., incentivar).
   d) duas frases têm o mesmo significado se elas são usadas para *fazer* a mesma coisa, isto é, se elas têm o mesmo *potencial de ato ilocutório*;
   e) Saber o que uma frase significa é saber como *usá-la* corretamente;
   f) significado não é o que as frases *têm*, mas o que as pessoas fazem com elas.

(Wittgenstein nas *Investigações*, Austin, Ryle, Alston, Warnock)

O significado por ser classificado como *cognitivo* ou *não-cognitivo* (emotivo).

1) O significado *cognitivo* é *empiricamente verificável* ou *confirmável*, tem *valor de verdade* (ou seja, é verdadeiro ou falso) e é genuinamente *informativo*.
2) O significado *não-cognitivo* (emotivo) expressa o sentimento ou emoção do orador, como, e.g., em um *juízo de valor*.

A teoria do caráter verificável do significado

Segundo esta teoria, significado e verdade são determinados por verificabilidade ou confirmabilidade.

1) A teoria do caráter verificável do significado afirma que somente existe *significado cognitivo* (informativo) ou *verdade cognitiva* quando a verificação ou falsificação é *realmente* possível ou, como no *operacionalismo*, quando todos os passos necessários para demonstrar o significado e a verdade podem ser especificados. Verificabilidade é a possibilidade de verificação ou falsificação. Somente afirmações verificáveis ou falsificáveis são capazes de verdade ou falsidade, visto que, propriamente falando, somente elas são afirmações.
2) O critério da verificabilidade do significado pode ser modificado para ser o critério da *confirmabilidade* do significado. Confirmabilidade requer que uma asserção seja capaz de ser verificada ou falsificada, isto é, verificável ou falsificável em princípio, pela especificação da evidência empírica que pesaria pró ou contra a sua verdade ou falsidade.

Com respeito à questão da teoria do caráter verificável do significado, a oposição entre *racionalismo* e *empirismo* torna-se uma oposição entre *metafísicos* e *verificacionistas* (antimetafísicos), isto é, aqueles que sustentam que o conhecimento é, em princípio, tanto verificável como não-verificável (racionalistas) e aqueles que sustentam que ele *deve* ser verificável (empiristas).

1) Os *racionalistas* sustentam que o critério da verificabilidade não é ele mesmo verificável e assim, por sua própria definição, não é *significativo* nem *verdadeiro*. É uma teoria do significado e não a própria natureza do que é significativo. As afirmações são significativas se forem *inteligíveis* (Mascall).
2) Os *empiristas* sustentam que é uma regra de procedimento justificada pela sua *utilidade* e não pelo seu *valor de verdade* como tal (Ayer, Hempel, Feigl, Carnap e outros).
3) Todavia, o *uso* da teoria do significado sustenta que a verificabilidade (ou falsificabilidade) não é o único critério do significado. O uso determina os critérios ou regras de significado. Na medida em que se aplica o critério da verificabilidade, "uma frase tem significado somente se puder ser *usada* para fazer uma asserção, e ela somente pode ser *usada* para fazer uma asserção se for possível especificar algum meio de verificar ou falsificar a asserção" (Alston).

A verificabilidade não é o único meio de se encontrar sentido. A teoria do caráter verificável do significado é uma proposta de confinar o conceito de "significativo" aos usos cognitivos da linguagem.

Verdade

A NATUREZA DA VERDADE

1) A verdade pode ser *descritiva*, aplicando-se a *afirmações*, *proposições* ou *crenças* que são: a) necessariamente, isto é, analiticamente, verdadeiras, como, e.g., "Se *p* implica em *q* e *p* é um fato, então *q* é um fato", *ou* b) contingentemente, isto é, empiricamente verdadeiras, como, e.g., "A terra é redonda". "Verdade" funciona como um adjetivo; por exemplo, *crenças verdadeiras*.
2) A verdade pode ser *instrumental*, aplicando-se a crenças que guiam com êxito o pensamento ou as ações, como, por exemplo, agir com base na crença de que o fogo queima ajuda uma pessoa a não se queimar. "Verdade" funciona como um advérbio; por exemplo, *alguém crê verdadeiramente*.
3) A verdade pode ser *substantiva* ou *ontológica*, referindo-se ao que é real, como, e.g., "Deus é a Verdade". "Verdade" funciona como um substantivo.
4) A verdade pode ser *existencial*, referindo-se à maneira de viver ou compromisso supremo de uma pessoa. Alguém *vive* antes que *conhece* a verdade. "Verdade" funciona como um verbo.

OS CRITÉRIOS DA VERDADE

1) Teoria da *correspondência*. É verdadeira aquela idéia ou proposição que espelha ou representa de modo preciso e adequado a realidade que pretende descrever; por exemplo, "Está chovendo agora" é verdade se de fato estiver chovendo agora. Essa é geralmente a teoria do *realismo epistemológico*, como, e.g., em Aristóteles, Locke e Russell. Uma objeção a isso é que pode ser impossível determinar a correspondência: "Como posso saber se a minha idéia corresponde ao seu objeto mesmo que de fato corresponda?" Idéias são radicalmente diferentes de objetos. Austin modifica a teoria para sustentar que a correspondência está na natureza de uma *correlação* apropriada antes que na congruidade ou semelhança. "A verdade de uma afirmação [é] uma questão... de as palavras usadas serem aquelas *convencionalmente indicadas* para situações do tipo a que pertence aquilo que é referido" (Austin).
2) Teoria da *coerência*. É verdadeira aquela idéia ou proposição que "se adapta" ou é consistente com ou é exigida pela totalidade da verdade da qual ela é parte. Essa teoria é geralmente, mas não necessariamente, abraçada por *idealistas*, como, e.g., Hegel, Bradley e Blanshard. Também é esposada por não-idealistas, como Carnap e Neurath. Uma objeção levantada é que essa teoria pressupõe uma unidade metafísica que pode não existir. Além disso, como Russell observa, a *coerência* pode ser um *teste* ou até mesmo uma *condição necessária* da verdade, mas não é o que se *entende* por verdade.
3) Teoria *pragmática*. É verdadeira aquela idéia ou proposição que *funciona* ou *satisfaz* ou é capaz de fazê-lo (v. as teorias pragmáticas do conhecimento). Mais especificamente:
   a) James dá uma interpretação *pessoal*: "Nós não podemos rejeitar qualquer hipótese se dela decorrem conseqüências úteis para a vida [...] Se a hipótese de Deus funciona [para o indivíduo][...] ela é verdadeira". Inicialmente, James definiu a verdade como *aquilo que funciona*. Mais tarde ele a definiu como
      1. aquilo que tem "valor em dinheiro", ou seja, é *verificável em princípio*;
      2. aquilo que tem *coerência*, isto é, se adapta a fatos presentes ou antecipados; e
      3. aquilo que *favorece valores superiores*, isto é, incentiva o progresso.
   b) Peirce e Dewey dão uma interpretação *social* em termos de poder *preditivo*. A verdade deve ser tanto *socialmente* como *experimentalmente* verificável — e não só útil no âmbito privado. A verdade é pública, e não particular. "A opinião que está fadada a ser finalmente aceita por todos os que investigam é o que queremos dizer com a verdade" (Peirce).

TEORIAS DE VERDADE E CONHECIMENTO **(Adaptado, mediante permissão da editora, de *Invitation to Philosophy:* an introductory handbook [*Convite à filosofia:* um manual introdutório], de Stanley M. Honer e Thomas C. Hunt. © 1968 por Wadsworth Publishing Company, Inc., Belmont, Califórnia 94002.)**

A verdade é uma "coisa feita" (*pragmatismo*), uma função de valor prático, *que se faz acontecer*, ou seja, é criada ao invés de descoberta como já existente, como na teoria da correspondência. Uma objeção a isso é que algo diferente do que é feito acontecer ou poderia ser feito acontecer, ou que funciona ou poderia ser feito funcionar, é o que se quer dizer com a verdade, e que, de qualquer maneira, a verdade deve se referir ao que *acontece* agora ou *aconteceu*, bem como ao que *irá* ou *poderia* acontecer.

Método

O método de conhecimento conhecido como *método científico* tem uma longa história que remonta ao *método analítico* de Aristóteles (v. Aristóteles, Parte V).

Aristóteles desenvolveu os métodos da

1) *indução* — raciocínio do particular para o geral; por exemplo, a enumeração simples: $\text{Fato}_1 + \text{Fato}_2 + \text{Fato}_3 \ldots \rightarrow$ Generalização.
2) *dedução* — raciocínio do geral para o particular; por exemplo: Se todos os casos de *p* implicam em *q*, então este caso de *p* implica em *q*.
3) *observação* — o uso de evidência empírica; e
4) *classificação* — o uso de definição.

Pitágoras desenvolveu o método da *enumeração matemática*.

Demócrito contribuiu com o conceito de *mecanicismo*.

No início do período moderno:

1) Galileu (1564-1642) reviveu o *mecanicismo* de Demócrito.
2) Copérnico (1473-1543) e Descartes (1596-1650) reviveram o *método matemático* de Pitágoras.
3) Os métodos *indutivo* e *dedutivo* de Aristóteles foram reformulados, substituindo-se a *teleologia* de Aristóteles pelo *mecanicismo* de Demócrito (v. as teorias da realidade de Demócrito e Aristóteles, Parte V).
4) Galileu aproximou-se do *método científico* contemporâneo ao associar o *empirismo experimental* de Francis Bacon (1561-1626) com o *racionalismo* de Descartes. (Essa síntese resultou em uma teoria *material* e *matemática* da realidade. Descartes havia negligenciado o *experimental* e *empírico*; Bacon, o *matemático*. Em seu conjunto, as suas abordagens *dedutiva* e *indutiva* se aproximaram do método científico. V. Descartes, Parte V.)
5) Bacon deu início à tradição do *empirismo inglês* ao reformular o método indutivo de Aristóteles como o método científico que "deriva *axiomas* dos *sentidos* e dos *particulares*, subindo... [para] os axiomas mais gerais" (Bacon). A indução se torna o remédio para os *ídolos da mente* que "tanto afligem as mentes dos homens que a verdade mal pode achar guarida" (Bacon). Esses ídolos são
   a) os ídolos da *tribo* — limitações humanas e raciais;
   b) os ídolos da *caverna* — limitações pessoais;
   c) os ídolos do *teatro* — a tendência de tomar partidos; e
   d) os ídolos do *mercado* — dificuldades de linguagem e comunicação.

Embora o método de Bacon tenha sido mudado posteriormente, permaneceu a ênfase na indução no método científico. Os métodos indutivos de John Stuart Mill para determinar o *conhecimento empírico* derivam do método de Bacon e são clássicos. São eles

1) o método do consenso;
2) o método da diferença;
3) o método conjunto de consenso e da diferença;
4) o método das variações concomitantes; e
5) o método dos resíduos.

(V. o *Sistema de lógica* de Mill, livro III, cap. VIII, ou qualquer texto introdutório geral ou dicionário de filosofia.)

O método científico se tornou uma série de passos que variam de acordo com a disciplina ou problema específico em questão. John Dewey (em *How we think* [*Como pensamos*]) o descreveu como *pensamento refletivo* e enumerou cinco passos na *solução de problemas* como o *padrão de investigação* ou método científico:

1) *consciência* do problema — a situação indeterminada;
2) *esclarecimento* da situação indeterminada como uma situação problemática por definição, observação e classificação de fatos;
3) *formulação* de uma possível solução — hipótese;
4) *dedução* de conseqüências verificáveis ou testáveis; e
5) *verificação* e reformulação conforme necessário, levando à aceitação ou rejeição da hipótese e/ou solução do problema. (V. qualquer texto introdutório básico.)

O problema da indução

Sempre que dizemos "Todos os A's são *B*'s", estamos dizendo não somente que *todos os A's foram B's no passado*, mas também que todos os futuros A's serão *B*'s. Assim, damos evidências do passado como razões para fazer afirmações acerca do futuro. Mas será que o futuro irá assemelhar-se ao passado? Como podemos saber isto? Esse é o *problema da indução*.

O raciocínio indutivo pressupõe o *princípio da uniformidade*, isto é, a crença de que as leis científicas (como a lei universal da gravidade) irão se manter no futuro como o fizeram no passado. Mas o próprio princípio da uniformidade não pode ser demonstrado sem se pressupor que ele mesmo é verdadeiro.

Para mostrar que qualquer evento futuro será como um evento passado, temos de pressupor uniformidade, isto é, que ele será como um evento passado, como, e.g., A causar *B*. A indução não pode ser demonstrada; isto é, nós não podemos *saber* se o futuro irá assemelhar-se ao passado, de acordo com Hume, Russell e o ceticismo em geral.

Concepções opostas, como, e.g., as de Will, Strawson e outros, argumentam que o ceticismo desqualifica as evidências ao não permitir que nada seja considerado a favor da indução, isto é, ao *desqualificar* as evidências tão logo elas se apliquem ao caso em questão. Quando os futuros futuros se tornam futuros presentes e passados, eles são desqualificados como evidências para o raciocínio acerca de outros futuros futuros.

O uso dos princípios da *uniformidade* e da *indução* é justificado *pragmaticamente*, como foi, por exemplo, o uso da lógica. Sem esses princípios, o conhecimento seria impossível. Com eles, o conhecimento é ou pode ser possível.

A situação do conhecimento

A *situação do conhecimento* se refere à questão da relação entre o *conhecedor* (o eu), os *dados sensoriais* (a experiência) e as *coisas conhecidas* (o mundo). As teorias do conhecimento podem ser claramente delineadas com respeito à maneira pela qual se descreve a situação do conhecimento. Essas teorias podem ser identificadas como ceticismo, subjetivismo, objetivismo, realismo crítico ou representativo, intuicionismo, pragmatismo, fenomenismo, existencialismo fenomenológico e teorias analíticas recentes, que geralmente são variedades do fenomenismo ou do realismo.

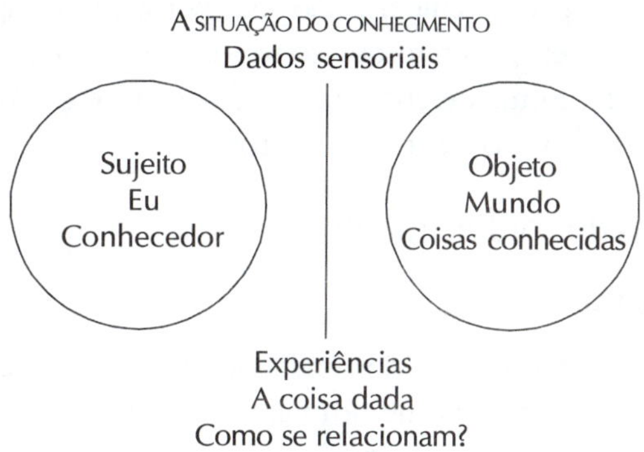

Idéias

As idéias são

1) *sempre* produzidas (causadas) diretamente por Deus ou *são* coisas — *idealismo epistemológico*, e.g., Berkeley; ou
2) *sempre* produzidas (causadas) diretamente por Deus para *representar* as coisas por uma harmonia pré-estabelecida; isto é, nós temos as idéias certas em perfeita harmonia ou correspondência com as coisas à medida que elas ocorrem ou que nos as experimentamos — *ocasionalismo* — por exemplo, Malebranche; ou
3) *sempre* produzidas (causadas) pelas próprias coisas — *teoria causal da percepção*; as idéias representam as coisas que as causam — *sensacionalismo*, *realismo representativo*, e.g., Galileu, Locke; or
4) *às vezes* produzidas (causadas) pelas coisas que elas representam, por exemplo, as idéias

adventícias de Descartes, mas também são *inatas*; ou

5) *nunca* produzidas por qualquer coisa; ou seja, elas ocorrem a partir de uma necessidade interior ou predisposição para entender as coisas de uma certa maneira, são sempre *inatas*, como nas *mônadas sem janelas* de Leibniz; ou
6) *estão nas próprias coisas*, isto é, *in res* como sua *forma*, da qual a mente (intelecto) as abstrai no processo de conhecer as coisas, *realismo clássico*, e.g., Aristóteles, Tomás de Aquino; ou
7) *não nas coisas*, mas nas possibilidades universais do pensamento, isto é, conceitos universais em termos dos quais qualquer coisa *é o que é* (*ante re*), isto é, *concebida* por uma mente ou alma para ser *o que é*, como, e.g., em Platão; ou
8) *não nas coisas*, mas exigem *iluminação* divina para serem apreendidas, visto que a mente finita e espacial-temporal não pode por si mesma apreender o infinito ou eterno (isto é, os *universais* conforme descritos no n.° 7 acima), e.g., Agostinho, Boaventura e outros.

Teorias do conhecimento

Ceticismo

O *ceticismo* nega a possibilidade do conhecimento completo ou genuíno de um *mundo objetivo*, isto é, de um mundo separado do conhecedor ou das suas experiências. Ele também pode *duvidar* da possibilidade do conhecimento do eu e limitar o conhecimento aos *dados sensoriais* e suas *associações*, como, e.g., Hume, que limitou o conhecimento e a realidade à "corrente de percepções" como impressões e idéias.

FORMAS DE CETICISMO

1) *Solipsismo*. Somente eu existo, porque não posso conhecer um mundo além de mim mesmo e de minhas idéias. Esse conceito leva ao *drama egocêntrico*.
2) *Ceticismo sensório*. As sensações são relativas e não-confiáveis porque são modificações do conhecedor; não são uma parte do mundo como a picada de um alfinete não é uma parte do alfinete.
3) *Ceticismo racional*. As conclusões da razão são contraditórias ou paradoxais, como, e.g., nas *antinomias de Kant* ou nos *paradoxos de Zenão*.
4) *Ceticismo metodológico*. A dúvida sistemática, mas provisória, é um prelúdio do genuíno conhecimento, como, e.g., no *método cartesiano* (v. Descartes, Parte V).

Subjetivismo como idealismo subjetivo

O *subjetivismo* argumenta que, uma vez que o conhecimento está limitado a idéias na mente do conhecedor, é impossível ir além dessas idéias até uma *realidade objetiva* ou *material* separada do conhecedor e independente do mesmo. As *percepções* e as *coisas conhecidas* são *um só* (*monismo epistemológico*) e somente podem ser conhecidas como *idéias na mente* do *conhecedor* (*idealismo epistemológico*). Assim, o *mundo* está em um *conhecedor* ou pertence a um *conhecedor*. Mesmo que as *idéias* representassem uma realidade independente, como insiste o idealismo, não haveria a possibilidade de conhecê-la. "Mesmo que os objetos físicos existam quando ninguém os esteja observando, não podemos ter qualquer razão para supor que existam, pois ninguém pode observá-los enquanto existem sem serem observados" (Stace). "Ser é perceber ou ser percebido" (Berkeley, v. Parte V). O mundo consiste em perceptores e percepções, mentes e idéias.

O argumento de Berkeley em prol do idealismo subjetivo é o seguinte:

a) As percepções não existem não-percebidas.
b) Os objetos físicos são complexos de percepções.
c) Portanto, os objetos físicos não existem não-percebidos.

Objetivismo

O *objetivismo* crê que os objetos são independentes da mente e apresentam as suas propriedades diretamente ao *conhecedor*, através de *dados sensoriais*. As *coisas conhecidas* e os *dados sensoriais* são *um só* (*realismo epistemológico* como *monismo epistemológico*).

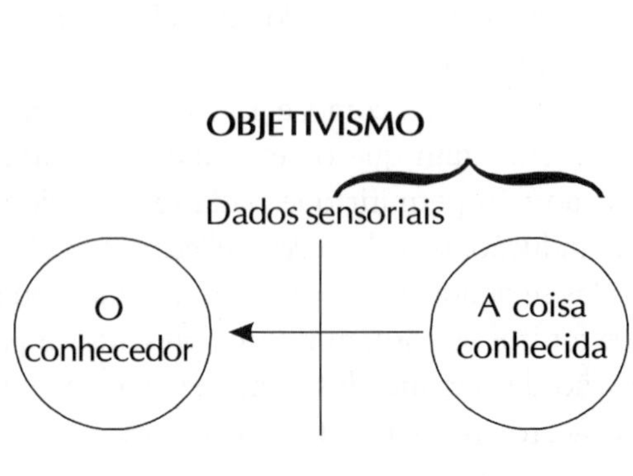

O realismo epistemológico

a) Atribui *papéis variáveis à mente* no conhecimento;
b) crê que a mente *conhece coisas independentes* — não apenas idéias;
c) crê que o *conhecedor* e as *coisas conhecidas* são distintos;
d) crê que o *conhecedor* está *no mundo*; e
e) ensina que "as coisas conhecidas [...] continuam a existir inalteradas quando não são conhecidas" (Montague).
f) "Muito embora ninguém possa observar qualquer objeto físico que está existindo sem ser observado, não temos nenhuma boa razão para crer que eles não existam quando inobservados" (Russell).

FORMAS DE OBJETIVISMO (COMO REALISMO EPISTEMOLÓGICO)

1) *Realismo ingênuo* ou *do senso comum*. As coisas são percebidas diretamente como são.
2) *Novo realismo*. O mundo objetivo conhecido é *neutro*, isto é, consiste em entidades mentais e materiais e também em relações objetivas (Moore, Russell, Alexander, Broad e outros). (V. a Parte V, bem como Moore e Russell em "Teorias Analíticas Recentes", adiante.)
3) *Novo materialismo*. O mundo objetivo conhecido é material (Montague, Woodbridge e outros).
4) *Novo (neo) tomismo*. Um mundo independentemente real é conhecido por mentes independentemente reais (Mascall, Copleston e outros).

FORMAS DE OBJETIVISMO (COMO IDEALISMO EPISTEMOLÓGICO)

Para o *idealismo objetivo*, o mundo objetivo é *mental*, porém *objetivo*, isto é, independente do *conhecedor* humano apenas, porque pertence a um *conhecedor absoluto* ou *mente mundial* (Hegel, Green, Bradley, Bosanquet, Royce, Blanshard e outros).

Observação: O *idealismo objetivo* (hegelianismo) difere do *idealismo subjetivo* (berkeleyanismo) no fato de que ensina uma mente absoluta (monismo) da qual as mentes finitas (conhecedores) são manifestações. O idealismo subjetivo (pluralismo) ensina muitas mentes individuais (conhecedores).

Realismo crítico ou representativo

O *realismo crítico ou representativo* (*dualismo epistemológico*) atribui um papel essencial à *mente* na formulação do conhecimento. Ao contrário do objetivismo puro, ele faz distinção entre os *dados sensoriais* e os *objetos* que eles representam (dualismo epistemológico). Mas os *objetos* ou *coisas conhecidas* são independentes da *mente* ou do *conhecedor* no sentido de que o pensamento se refere a eles — não meramente aos *dados sensoriais* ou às *idéias* do *conhecedor*. Idéias *representam* objetos.

REALISMO CRÍTICO OU REPRESENTATIVO

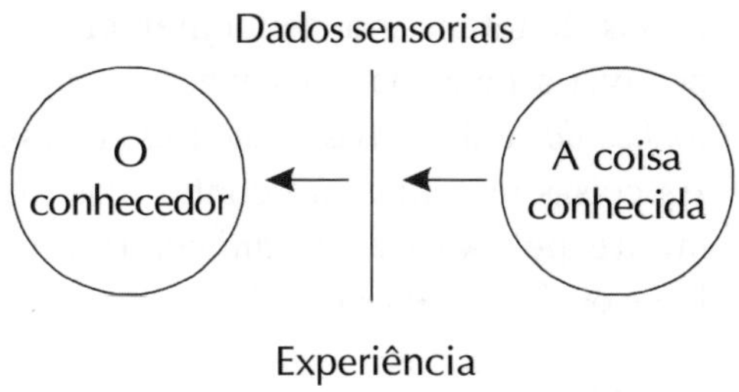

***Dualismo epistemológico*: dados sensoriais e a coisa conhecida são distintos. Os objetos são conhecidos indiretamente através dos dados sensoriais.**

FORMAS DE REALISMO CRÍTICO OU REPRESENTATIVO (DUALISMO EPISTEMOLÓGICO)

1) *Realismo representativo*. As idéias representam ou correspondem aos objetos de um mundo independente. As qualidades objetivas ou primárias dos objetos evocam qualidades subjetivas ou secundárias. No seu conjunto, elas constituem o conhecimento (Demócrito, Galileu, Kepler, Descartes, Locke, Macintosh e outros).

O argumento de Descartes a favor do realismo representativo:

a) Deus existe, isto é, a idéia clara e distinta que temos de Deus implica na existência dele, assim como a idéia de um triângulo implica na trilateralidade (v. o *argumento ontológico*).
b) Por definição, Deus é perfeito, isto é, benevolente.
c) Um Deus benevolente não nos deixaria sem um meio de conhecer o mundo.
d) Esse meio é a *razão*, isto é, *intuição* e *dedução*.
e) Se as idéias são claras e distintas, elas são verdadeiras.

f) Se as idéias são verdadeiras, elas são acerca do que existe.
g) Um mundo externo que não tem nada senão *qualidades primárias* é passível de análise matemática e *pode* ser clara e distintamente compreendido.
h) Portanto, o mundo externo não tem nada senão *qualidades primárias*.

2) *Realismo crítico*. Os objetos materiais são conhecidos *através dos* dados sensoriais. Em Santayana, por exemplo, o conhecimento de coisas materiais independentemente reais é possível através da participação conjunta do *conhecedor* e das *coisas conhecidas* nas *essências*. As coisas materiais são conhecidas indiretamente pelo ato de *fé animal* (Santayana, Lovejoy, Sellars e outros).

Personalismo

Personalismo (ou *idealismo pessoal*) é um dualismo epistemológico que combina elementos de objetivismo e subjetivismo, realismo e idealismo. Em Brightman, e.g., há o dualismo de "situação-experimentada e situação-acreditada".

Neotomismo

De acordo com Mascall, Maritain, Gilson, Copleston e outros, os dados sensoriais são os meios "através dos quais o intelecto apreende em uma atividade direta, porém mediata, a realidade inteligível extramental, que é a coisa real" (Mascall).

Intuicionismo

O *intuicionismo* acentua o aspecto *imediato* do conhecimento ou o caráter auto-evidente de certas idéias. Sempre que se sugere uma "resposta integral" do conhecedor à "integralidade das coisas", geralmente se subentende a *intuição*. Como a teoria do conhecimento do *misticismo*, o intuicionismo ensina o caráter inseparável do *conhecedor* e da *coisa conhecida*. "O realismo separa objeto e conhecedor; o idealismo sustenta que todos os objetos pertencem a algum conhecedor; o misticismo [intuicionismo] sustenta que os objetos e os conhecedores pertencem um ao outro... eles são um" (Hocking). Mais característico das teorias do conhecimento orientais que das ocidentais, o intuicionismo busca conhecimento do *indefinível* ou *não-analisável*. Todavia, pode haver uma tentativa de expressão nos símbolos e na poesia. Quanto à comunicação do conhecimento, Lao-tzé observou: Quem conhece, não fala. Quem fala, não conhece.

Formas de intuicionismo

1) *Platonismo*. A intuição ou percepção (*noesis*) é o objetivo do filósofo. O *conhecedor* apreende a realidade como um todo em termos das *idéias* e particularmente em termos da mais elevada e mais abrangente *idéia do bem* (v. Platão, Parte V).
2) *Bergsonismo*. Essa forma contemporânea de intuicionismo considera a intuição como *a* fonte superior do conhecimento porque coloca o *conhecedor* em uma relação de identificação e simpatia inteligente com a *coisa conhecida* (v. Bérgson, Parte V).
3) *Cartesianismo*. Essa forma de racionalismo ensina a capacidade da mente de intuir *idéias inatas*. Descartes cria, por exemplo, que todo conhecimento podia ser deduzido de idéias claras e auto-evidentes por intuição (v. Descartes, Parte V). Espinosa fez da intuição o alvo do conhecimento como uma visão da realidade *sub specie aeternitatis* (da perspectiva da eternidade). Embora não fosse estritamente cartesiano, Kant cria que o conhecimento somente era possível porque a mente podia ordenar os *fenômenos no espaço e no tempo*. Estes foram descritos por ele como *formas a priori de intuição* ou *formas de sensibilidade* (v. Kant, Parte V).

Pragmatismo

O pragmatismo é basicamente uma teoria de significado e verdade. Ele acentua o caráter *genético* e *instrumental* do conhecimento. Aborda o conhecimento em termos de um organismo que

a) se adapta ao seu ambiente e com ele interage;
b) usa idéias como instrumentos ou planos de ação; e
c) retém como verdadeiras as idéias que funcionam e descarta como falsas aquelas que falham.

Os pragmatistas enfatizam o *método experimental*. Peirce falou do mesmo como um método de conhecimento que está "aberto ao teste da crítica pelos outros". "Conhecer é literalmente algo que nós fazemos", argumentou Dewey. Não é algo que nós chegamos a possuir.

O pragmatismo (isto é, também o instrumentalismo ou experimentalismo) é "uma teoria comportamental de pensamento e conhecimento" (Dewey).

PRAGMATISMO

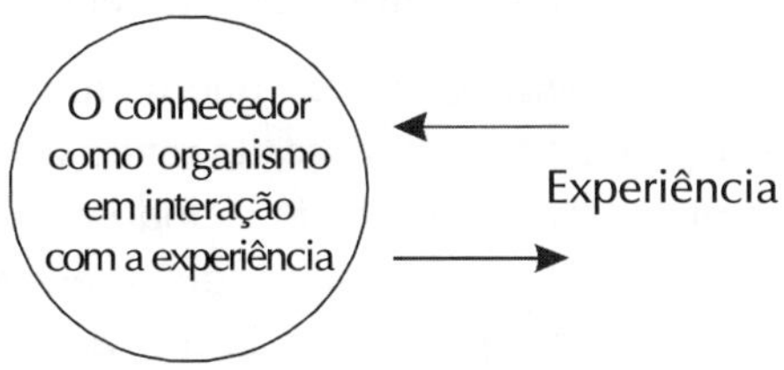

Conhecimento é a determinação ou reorganização bem-sucedida da experiência através do que Dewey denominou uma "transação". O pragmatismo retrata um *organismo* ativo que desenvolve o conhecimento a partir de um encontro bem-sucedido com a experiência. O que se reivindica como conhecimento deve ser capaz de confirmação pública (em Peirce e Dewey).

Formas de pragmatismo

1) *Empirismo radical.* Essa forma liga William James à tradição do *empirismo inglês* e em particular ao *fenomenismo puro* de David Hume (v. James, Parte V).
2) *Pragmaticismo.* Essa forma está associada a Charles Sanders Peirce, sendo contrastada por ele com a de James. Enquanto que James interpretou o conhecimento e a verdade em termos de necessidades pessoais, verificação ou conseqüências, Peirce deu ênfase à natureza social e objetiva do conhecimento e da verdade, isto é, a versão "realística" do pragmatismo (v. Peirce, Parte V).
3) *Experimentalismo ou instrumentalismo.* A forma de John Dewey, na qual o conhecimento é descrito como uma *experiência de fundo de reserva.* Dá-se ênfase ao *método experimental*, o método de investigação. Como Peirce, Dewey rejeitou a interpretação individual de James em favor de um pragmatismo mais orientado social e cientificamente ou "realista" (v. Dewey, Parte V).

Fenomenismo

Fenomenismo é a doutrina de que os *fenômenos*, e não as coisas, são conhecidos. Em consenso com o *ceticismo* e o *subjetivismo*, o fenomenismo nega a possibilidade de um conhecimento da *realidade objetiva.* Somente *fenômenos objetivos* são conhecidos. Assim, o conhecimento está limitado à totalidade dos *dados sensoriais efetivos* ou *possíveis*, inclusive os dados sensoriais de experiências internas tais como sentimentos, sonhos, alucinações e fantasias. Os objetos são *construtos lógicos* de dados sensoriais (por exemplo, Ayer). Eles são inferidos a partir de dados sensoriais.

FENOMENISMO

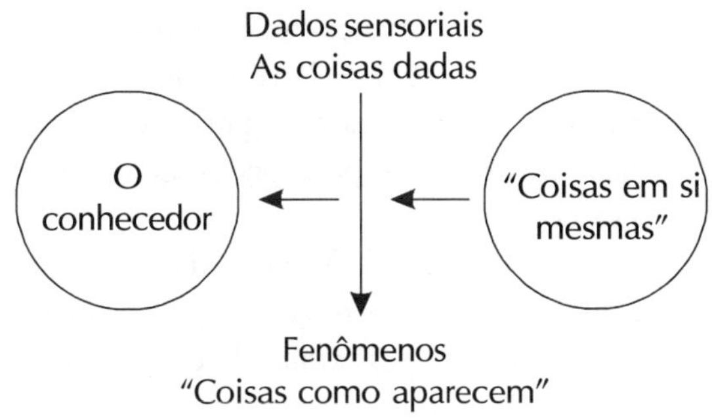

O *fenomenismo* difere do *subjetivismo* em dois pontos:

1) O mundo é todos os complexos possíveis bem como todos os complexos efetivos de sensações e idéias. A perceptibilidade — e não a percepção concreta — determina a existência. "Matéria é a possibilidade permanente de sensação" (Mill).
2) O que se experimenta não são simplesmente sensações subjetivas, mas *dados sensoriais objetivos*, isto é, *fenômenos* que não são mentais (subjetivismo) nem materiais (algumas formas de objetivismo).

O fenomenismo difere do *objetivismo* ao negar que seja conhecido um mundo objetivo mental, material ou neutro. Os fenômenos — os dados sensoriais — são a única fonte e objeto do conhecimento. Alguns fenomenistas (Renouvier, Shadworth, Hodgson e outros) negam que exista uma realidade por trás dos fenômenos. Outros (por exemplo, Kant, Comte, Mill, Ayer) crêem que pode existir, mas que ela é incognoscível. Assim, o conhecimento está limitado apenas aos dados sensoriais objetivos e os objetos físicos são construtos lógicos de dados sensoriais.

Formas de fenomenismo

1) *Fenomenismo puro (ceticismo humiano).* (V. Hume, Parte V, e ceticismo).
2) *Kantismo* (*idealismo crítico* ou *transcendental*). O conhecimento é produto conjunto da *mente* (conhecedor) e dos *fenômenos* (dados sensoriais). Os fenômenos procedem dos *númenos*

(o mundo ultimamente real de "coisas-em-si" incognoscíveis). Somente os fenômenos (dados sensoriais) são cognoscíveis como conhecimento factual ou científico e somente porque a mente (conhecedor) possui as faculdades necessárias que tornam possível a experiência e a organização desse conhecimento. As coisas se conformam às categorias da mente, e não vice-versa como, e.g., no realismo aristotélico. Porém, de acordo com Kant, "concepções sem percepções são vazias", assim como "percepções sem concepções são cegas".

3) *Positivismo empírico.* Trata-se da forma de J. S. Mill, que combina traços do *fenomenismo puro* de Hume e do *positivismo* de Comte (v. Hume e Mill, Parte V).
4) *Positivismo lógico.* Essa forma contemporânea, de A. J. Ayer, sustenta que os *dados sensoriais* neutros são as unidades últimas de experiência que são dadas. Mente e matéria são ambas *construtos lógicos* de dados sensoriais efetivos ou possíveis, e não entidades metafísicas. Afirmações sobre a mente (afirmações mentais) ou sobre a matéria (afirmações de objetos físicos) são ambas plenamente traduzíveis em dados sensoriais ou afirmações de observação.

Fenomenologia e fenomenologia existencial

Para os detalhes, ver Husserl e Sartre, Parte V, e tabela 24.

Teorias analíticas recentes

V. tb. a tabela 23.

A abordagem da filosofia analítica aos problemas do conhecimento recebeu o seu principal ímpeto inicial da idéias e métodos de G. E. Moore (1873-1951) e Bertrand Russell (1872-1970), ambos os quais rejeitaram o idealismo dominante da virada do século.

"Bradley [idealista objetivo] argumentou que tudo aquilo em que o [realismo] do senso comum acredita é mera aparência; nós [isto é, Russell e Moore] revertemos ao extremo oposto e achamos que tudo que o senso comum, não influenciado pela filosofia ou pela teologia, supõe ser real é real" (Russell).

O personagem mais influente da filosofia analítica é Ludwig Wittgenstein (1889-1951), cujo pensamento inicial no *Tractatus* (1921) refletiu a influência de Russell em sua abordagem de *atomismo lógico* e *linguagem ideal*, mas cujas posteriores *Investigações Filosóficas* (1953), ainda mais influentes, refletem a influência de Moore, com sua ênfase no senso comum e na análise da linguagem ordinária.

Desde a morte de Wittgenstein em 1951, os analistas filosóficos geralmente têm se dividido em

1) filósofos da *linguagem ideal*, que (como Russell, Carnap ou Ayer) têm buscado reformar e aperfeiçoar o conhecimento do mundo e a linguagem sobre o mundo colocando-os em formas lógicas que estejam livres da imprecisão e do caráter enganoso da linguagem ordinária ou natural; assim, deu-se ênfase à lógica formal e à linguagem das ciências quantitativas como a maneira ideal e correta de conhecer e falar sobre o mundo; e
2) filósofos da *linguagem ordinária*, que (como Moore anteriormente) consideraram o discurso ordinário complexo e enganoso, mas mesmo assim um modo inteiramente apropriado de conhecer e falar do mundo. Esse grupo dividiu-se em dois importantes subgrupos: a Escola de Cambridge, na qual os métodos e interesses de Moore foram promovidos por John Wisdom (1904-1993) em sua *terapia conceptual*, e a Escola de Oxford, na qual Gilbert Ryle (1900-1976) e John Austin (1911-1960) são as influências predominantes. Essa escola é normalmente referida como *linguagem ordinária* ou *filosofia lingüística*.

Uma recente teoria analítica do conhecimento é o *fenomenismo* de J. P. Ayer, descrito acima. As teorias do conhecimento de Moore e Russell são formas de *realismo*, como também foi observado acima. A abordagem de Moore ao realismo é a base da abordagem do conhecimento através da *linguagem ordinária*. A abordagem de Russell ao realismo é a base da abordagem do conhecimento através da *linguagem ideal*. Ver o *atomismo lógico* adiante.

O *realismo epistemológico* de Moore repousa sobre uma análise de crenças e afirmações acerca do mundo. Se, por exemplo, nós concordamos quanto ao que queremos dizer quando falamos em ver uma "mão", se podemos ou não provar que a mão é realmente um "objeto externo" é indiferente, uma vez que, se realmente existem ou não objetos externos de modo algum altera os fatos a respeito das mãos ou a maneira como falamos deles. Em outras palavras, se os idealistas, realistas e fenomenalistas falam a mesma linguagem ordinária e agem como se sustentassem as mesmas crenças de senso comum, as diferenças de seus argumentos filosóficos não tem conseqüências para o seu conhecimento do mundo. Além disso, ter sensações *de* algo é, de acordo com Moore, "conhecer algo que tão verdadeira e realmente *não* é parte da *minha* experiência como qualquer coisa que eu jamais possa conhecer".

A sensação de algo, isto é, "conhecer" algo, é singular e irredutível. Além disso, existem verdades do senso comum cuja certeza é tamanha que duvidar delas seria levantar questões sobre o nosso entendimento do que *significa* conhecer qualquer coisa que seja, uma vez que conhecer essas verdades do senso comum é o *paradigma*, isto é, o exemplo claro *do que significa conhecer algo*. São exemplos de verdades "claras" do senso comum:

a) Coisas que existem no tempo e no espaço.
b) Só podemos, ver e sentir *onde* estão os nossos corpos.
c) As coisas existem quando não estamos conscientes delas.

Para Moore, se algum filósofo nega a realidade do tempo, como, por exemplo, o fizeram idealistas como Bradley e McTaggert, basta lembrar-lhe que ele, não menos que qualquer outro, está obrigado a reconhecer que tomou o café da manhã antes do almoço e que ele não pode argumentar que haja qualquer coisa errada em falar *dessa* maneira ou acreditar por conseqüência que o tempo é *real*. Nós aprendemos a usar termos como "real" ao nos referirmos a casos simples e claros como esses.

O *atomismo lógico* de Russell (período de 1918) e também o *atomismo lógico* do *Tractatus* de Wittgenstein (1921) é descendente do *atomismo de idéias* de Hume. Hume cria que os filósofos devem se empenhar em uma análise *psicológica* das idéias. Russell, por outro lado, apelou a uma análise *lógica* das idéias. Para ele, a lógica é a sintaxe de uma linguagem "ideal" ou "logicamente perfeita". Todas as afirmações "ordinárias", na medida em que sejam factualmente significativas, contêm proposições cuja estrutura e relação mútua seguem regras lógicas estritas. Assim, Russell sustenta, ao contrário de Moore, que o modelo para pensar de modo claro e correto ou falar sobre o mundo deve ser encontrado na lógica formal.

De acordo com o atomismo lógico, a linguagem ideal retrata ou espelha o mundo exatamente como um mapa o espelha com os seus símbolos. Existe uma identidade de estrutura entre os pontos do mapa e os pontos do chão. Uma linguagem ideal é como um mapa perfeito. Para cada nome próprio existe uma propriedade correspondente. Quando corretamente usada, ela retrata os fatos como são. O *Tractatus* de Wittgenstein deixa isso claro:

1) O mundo é tudo que é o caso.
1.1) O mundo é a totalidade de fatos, não de coisas.
2.1) Fazemos para nós mesmos imagens de fatos.
2.11) A imagem apresenta os fatos no espaço lógico, a existência e não-existência de fatos atômicos.
2.12) A imagem é um modelo da realidade.

Como uma teoria do conhecimento, o atomismo lógico sustenta que o mundo está organizado com base em um padrão *lógico* que pode ser espelhado pela lógica formal que é usada para organizar proposições a respeito do mesmo. O mundo é a totalidade de *fatos* que podem ser afirmados em proposições. Proposições simples não-analisáveis como "Isto é vermelho" (*p*) são *proposições atômicas*, e os fatos que tais proposições afirmam são *fatos atômicos*.

Fatos são simplesmente fatos, e a sua totalidade é o mundo; mas as proposições podem ser combinadas como *proposições moleculares* ao se usarem palavras como "e" ou "ou", como, e.g., "Isto é vermelho ou isto é alaranjado" (*p* ou *q*).

A verdade de uma *proposição molecular* depende da verdade das suas *proposições atômicas* componentes, das quais ela é uma *verdade-função*. A verdade das proposições atômicas deve ser determinada empiricamente. Qualquer coisa que pode ser dita, pode ser dita em termos de proposições atômicas; ou seja, tudo o que é dito é ou uma *afirmação atômica* (contém uma proposição atômica) ou uma *verdade-função* de afirmações atômicas (tese da extensionalidade).

A teoria básica do conhecimento no atomismo lógico é que o mundo é composto de fatos atômicos que são "espelhados" nas afirmações atômicas e moleculares da linguagem de tal maneira que eles são verdadeiros quando correspondem aos fatos ou os "retratam" (v. a teoria da correspondência da verdade).

Em uma linguagem "logicamente perfeita", as palavras de uma proposição corresponderiam uma a uma aos componentes do fato correspondente. Como de fato acontece, a linguagem "logicamente perfeita" é a lógica matemática ou simbólica de Russell que ele articulou com A. N. Whitehead no *Principia Mathematica* e que representa a culminação de idéias originadas em Frege, Peano e outros (v. tabela 23). O cálculo do *Principia* "tem somente sintaxe e nenhum vocabulário qualquer que seja [...] Caso se acrescente um vocabulário, [se terá] uma linguagem logicamente perfeita" (Russell).

De acordo com Urmson, "a descrição mais sucinta do *atomismo lógico* [...] é que o mundo tem a estrutura da lógica matemática de Russell". Para o atomismo lógico, a lógica matemática é a única linguagem *correta* possível. As linguagens ordinárias ou naturais são principalmente variantes estilísticas enganosas. Assim, Russell não se apega, como o fez Moore, às crenças do senso comum, mas em vez disso reverte à distinção de Bradley entre *aparência* e *realidade*, exceto que a distinção para Russell é entre a forma lógica *aparente* de uma afirmação — que com freqüência nos engana — e a sua forma lógica *real*.

Dois casos principais de confusão entre forma real (lógica) e forma aparente (gramatical) que dão origem a absurdos (paradoxos) são a 1) *teoria dos tipos* (v. o *erro de categoria* de Ryle) e a 2) *teoria das descrições definidas* (uma das idéias mais influentes na teoria analítica do conhecimento).

1) *Teoria dos tipos*. Não existe "uma relação de significado entre as palavras e o que elas representam, mas tantas relações de significado, de um tipo lógico diferente, quantos são os tipos lógicos entre os objetos para os quais existem palavras" (Russell). Certos paradoxos, como o paradoxo de Epimênides, o cretense, que afirmou que todos os cretenses são mentirosos (ou, e.g., a minha afirmação de que todos os americanos são mentirosos), resultam de uma confusão de expressões de diferentes *tipos lógicos*. Assim, uma expressão lingüística é de um tipo lógico (isto é, a asserção de que todos os cretenses são mentirosos) e uma expressão *sobre* uma expressão lingüística (isto é, a asserção de Epimênides de que todos os cretenses são mentirosos) é de outro tipo lógico. A segunda é *metalinguagem* — uma afirmação sobre afirmações (Carnap) (v. *meta-ética*).

Ao distinguir os tipos lógicos, nós somos capazes de identificar proposições *aparentes* ou *gramaticais* que não são nem verdadeiras nem falsas, mas absurdas e sem sentido, porque não são de modo algum proposições reais ou lógicas, como, e.g., "Sócrates é idêntico". Também podemos observar que a forma sujeito-predicado de línguas indo-européias como o grego ou o inglês (*A* é *B*) leva-nos a pensar erroneamente que "todo fato tem uma forma correspondente e consiste na posse de uma qualidade por uma substância" (Russell), como, e.g., na metafísica de Aristóteles, Espinosa, Leibniz, Hegel ou Bradley. Russell sustenta que a predicação de atributos e o relacionamento de coisas são de *tipos lógicos* diferentes.

2) *Teoria das descrições definidas*. Uma descrição definida é uma expressão que descreve uma coisa específica, como, e.g., "*o* assim-e-assim". Em contraste com isso, uma descrição indefinida tem a forma "*um* assim-e-assim".

Surge uma confusão quando se entende que *descrições definidas*, como "o atual rei da França", têm a mesma *função lógica* de nomes, como, e.g., "O fulano está doente". Suponha-se que digamos: "O atual rei da França está doente". Não há nenhum "atual rei da França"; todavia, não é ininteligível atribuir muitos predicados — gramaticalmente — a um não-existente "atual rei da França". Assim, se a *descrição definida* "o atual rei da França" for tomada para funcionar como um *nome* — um tipo lógico — ela deve nomear uma pessoa não-existente e não pode ser logicamente significativa, muito embora gramaticalmente possamos entender todos os tipos de afirmações sobre "o atual rei da França".

Afirmações metafísicas inteligíveis sobre entidades cuja existência pode ser questionada são logicamente suspeitas, muito embora gramaticamente e emocionalmente elas possam ser bastante significativas, como, e.g., "Deus é amor". Além disso, usando qualquer *descrição definida* como, e.g., "o atual rei da França", como um *nome lógico* pode levar-nos a todos os tipos de enigmas e paradoxos metafísicos. Observar essa distinção é impedir muitos problemas metafísicos no início da investigação.

"Uma importante conseqüência da teoria da descrição é o fato de que é sem sentido dizer 'A existe' a menos que 'A' seja (ou represente) uma expressão com a forma 'o assim-e-assim'. Se o assim-e-assim existe e x é o assim-e-assim, dizer 'x existe' é absurdo" (Russell). A existência não é um predicado . *Nomear* algo *é* também afirmar a sua existência. Fornecer uma descrição definida de algo, como, e.g., "o atual rei da França", *não* afirma a sua existência. A idéia de descrições definidas nos capacita a afirmar que "o quadrado redondo não existe sem ter primeiro de pressupor que *existe* um objeto que é tanto redondo como quadrado e então negar que exista tal objeto" (Stebbing).

Algumas objeções à doutrina do *atomismo lógico* de que a linguagem retrata fatos são

1) Formas lingüísticas podem ser convencionais ao invés de naturais.
2) Formas lingüísticas não precisam se assemelhar e podem não se assemelhar a fatos, isto é, o mundo.
3) Afirmações indicativas ordinárias nem sempre precisam se referir a fatos.
4) É incerto o que se quer dizer com a "forma" dos fatos, isto é, o mundo.
5) A forma da linguagem pode ser lida nos fatos ou no mundo.
6) O mundo pode não incluir uma pluralidade de fatos individuais em si.
7) Fatos dependem de como são interpretados.

AS PALAVRAS E SEUS SIGNIFICADOS EM RELAÇÃO ÀS TEORIAS DO CONHECIMENTO

Pragmatismo conceptual. Uma versão da teoria pragmática do significado, conhecimento e verificação proposta por C. I. Lewis, na qual o conhecimento é visto como produto conjunto da experiência e da atividade do pensamento. Em contraste com as formas de Kant, as formas de pensamento de Lewis são esquemas conceptuais alternativos e culturalmente determinados. Elas não são as formas universais e necessárias de todas as mentes.

Convencionalismo. Teoria do conhecimento de Poincaré, na qual se sustenta que o conhecimento necessário ou *a priori* conforme encontrado na matemática ou na lógica é convencional, sendo uma escolha entre um certo número de possibilidades e incapaz de validação quer racional ou empiricamente.

Dialética. A arte de buscar a verdade através da conversação — em Sócrates e Platão. Para Aristóteles, o "processo da crítica no qual está o caminho para os princípios de todas as investigações". Em Hegel, a essência do processo da realidade (v. Hegel, Parte V).

Drama egocêntrico. O drama do conhecedor confinado às suas próprias idéias e incapaz de conhecer qualquer outra coisa.

Método experimental. O método da ciência experimental (Dewey e outros).

Ficcionismo. Teoria de Vaihinger acerca do "como se", na qual todos os conceitos são vistos como ficções carentes de verdade objetiva, mas úteis como instrumentos de ação.

Teoria genética do conhecimento. Teoria de Dewey de que o conhecimento é uma *experiência de fundo de reserva*, isto é, a acumulação de idéias *instrumentais* (v. Dewey, Parte V).

Idéias inatas. Idéias não dadas na experiência que todos os homens possuem em virtude da sua natureza racional (v. Descartes, Parte V).

Antinomias de Kant. As idéias mutuamente contraditórias da metafísica que Kant usava para ilustrar a impossibilidade de se conhecer a natureza última do mundo, como, e.g., se o mundo é finito ou infinito etc. (v. Kant, Parte V).

Nominalismo. A doutrina de que os universais ou termos gerais como "bom" são simplesmente nomes atribuídos a coisas particulares, as únicas que são reais (Guilherme de Ockham e outros).

Operacionalismo ou operacionismo. Teoria do conhecimento proposta por Bridgman, comparável ao *instrumentalismo* de Dewey na crença de que o significado de um conceito é "sinônimo do conjunto correspondente de operações".

Fisicalismo. Realismo epistemológico de Carnap, no qual ele sustentou que "todo termo descritivo da linguagem da ciência está ligado a termos que designam propriedades observáveis de coisas... [que são] *intersubjetivamente* confirmáveis pela observação". A teoria está relacionada com aquilo que é caracterizado pelos empiristas científicos como *realismo empírico*, uma forma de *objetivismo* na qual o mundo conhecido é "aquele que está localizado no espaço-tempo, é um elo nas cadeias de relações causais [e é]... capaz de teste empírico" (Carnap).

Probabilismo. Doutrina de que a certeza é inatingível e de que a crença e a ação devem se apoiar na probabilidade (v. ceticismo, e falibilismo).

Pragmática. O estudo das funções da linguagem em seus contextos psicológicos e sociológicos, como, e.g., em Carnap.

Relativismo. Doutrina de que a verdade varia com as circunstâncias e não tem critérios ou padrões objetivos (Protágoras e outros, Parte V).

Relatividade, teoria da. Teoria matemática proposta por Einstein (teoria especial da relatividade, 1905; teoria geral da relatividade, 1914-1916), na qual o espaço e o tempo não mais são considerados como absolutos, mas como partes de um contínuo espacial-temporal de quatro dimensões e relativos ao sistema coordenado particular do observador.

Semântica. Estudo dos significados de termos e expressões, como, e.g., em Carnap ou Richards.

Semiótica. Teoria geral dos sinais e suas aplicações conforme articulada por Peirce, importante para o *empirismo científico*.

Sensacionismo. Forma antiga de empirismo que ensinava que todo conhecimento deriva de sensações recebidas passivamente pelo conhecedor.

Lógica simbólica (matemática). Lógica que emprega símbolos especiais ou artificiais para as estruturas das proposições e argumentos no interesse da clareza, precisão e facilidade de raciocínio.

Sintaxe. Estudo da natureza estrutural das afirmações e suas inter-relações, como, e.g., em Carnap.

Tautologia. Em sentido geral, qualquer afirmação cuja negação seria auto-contraditória, como, e.g., "Se você está aqui, você está aqui" ou "Todos os irmãos são do sexo masculino" (v. afirmações analíticas). Estritamente falando, tautologias são afirmações compostas que são verdadeiras ou falsas em virtude da sua forma somente e independente da natureza do contexto, como, e.g., "ou *p* ou não-*p*".

Princípio da verificabilidade. Princípio central do positivismo lógico (empirismo lógico, empirismo científico etc.). "Dizemos que uma frase é factualmente significante... se, e somente se, [alguém] saiba como verificar a proposição [significado] que ela pretende expressar" (Ayer).

Paradoxos de Zenão. As quatro provas racionais da impossibilidade da pluralidade ou do movimento propostas por Zenão de Eléia e posteriormente resolvidas pela teoria matemática.

Terceira Parte

O problema do mundo

Perguntas relevantes

O que é o mundo físico? (As respostas afirmam teorias da realidade física.)

O que é a vida? (As respostas afirmam teorias da origem e natureza da realidade viva.)

O que é ultimamente real? (As respostas afirmam teorias da natureza da realidade como tal, isto é, a *ontologia*.)

Teorias da natureza da realidade física

O problema da natureza da realidade física é aproximadamente o problema da *ciência natural*. As teorias associadas aos períodos gerais de desenvolvimento são as 1) teorias gregas pré-cinéticas; 2) teorias medievais; 3) teorias modernas clássicas; 4) teorias contemporâneas ou da relatividade.

Teorias gregas pré-cinéticas

Monismo

Na perspectiva monista, todas as coisas são formas de *uma* substância. Por exemplo:

1) Tales: a *água* é a causa material de todas as coisas.
2) Anaximandro: o *ilimitado* ou *infinito* é a essência de todas as coisas.
3) Anaxímenes: todas as coisas resultam de uma condensação ou rarefação do *ar*.
4) Parmênides: o *ser* é a única substância homogênea e contínua.
5) Heráclito: o *fogo* é o fluxo universal ou o devir de todas as coisas e o primeiro princípio da realidade.

Dualismo

Na perspectiva dualista, todas as coisas são formas de *duas* substâncias. Exemplos:

1) Pitágoras: o mundo resulta de uma *limitação* do *ilimitado*, isto é, uma imposição das formas numéricas sobre o espaço.
2) Platão: o mundo consiste em *matéria* e *idéias* (v. Platão, Parte V).

Pluralismo

Na perspectiva pluralista, todas as coisas são formas de *várias* substâncias. As teorias pluralistas são de dois tipos gerais:

1) Atomismo quantitativo (teoria cinética rudimentar):
   a) Demócrito: a realidade consiste em *átomos* e *espaço* (v. Demócrito, Parte V).
   b) Epicuro: a realidade consiste em *átomos* e *espaço* qualificados por um tipo de espontaneidade dos átomos; o movimento é inerente aos átomos.
2) Atomismo qualitativo (teleologia rudimentar):
   a) Empédocles: existem quatro elementos — terra, água, ar e fogo, movidos pelo *amor* e pelo *ódio*.
   b) Anaxágoras: existem elementos incontáveis correspondentes às incontáveis qualidades de experiência guiadas por um elemento ativo ou mente, *nous*.

Teleologia

Na perspectiva teleológica, todas as coisas têm uma tendência inerente de cumprir um propósito. Em Aristóteles, todas as substâncias possuem *entelechia* (tendências inerentes) para um *telos* (fim) (v. Aristóteles, Parte V).

Teorias medievais

As teorias medievais da realidade física, e.g., de Agostinho e de Tomás de Aquino, são reformulações das teorias platônicas e aristotélicas da realidade física.

Teorias modernas clássicas

Teorias dinâmicas

As teorias dinâmicas de Descartes, J. G. Vogt e outros são as precursoras das modernas teorias de ondas.

1) Descartes: a matéria consiste em *extensão* e *vórtices* (v. Descartes, Parte V).
2) Vogt: matéria é *modulação* ou *vórtices* ou *éter*, ou *éter* e as perturbações do *éter*; não existe espaço vazio.

Teorias cinéticas

As teorias de Galileu, Newton, Boyle e outros (tabela 12) são as precursoras das modernas teorias de partículas. Elas envolvem cinco princípios:

1) *Princípio cinético*. Todas as realidades físicas são explicáveis em termos de *matéria atômica em movimento* (*materialismo* e *reducionismo*) (v. Demócrito, Parte V).
2) *Princípio da causalidade*. Todas as ocorrências são conseqüências necessárias de eventos antecedentes.

Tomados em seu conjunto, o princípio cinético e o princípio da causalidade constituem o *mecanicismo* — a doutrina de que dada a massa, a posição e a velocidade de todas as partículas do universo em qualquer momento, é teoricamente possível computar a massa, velocidade e posição de cada partícula em qualquer momento anterior ou posterior.

3) *Princípio da uniformidade*. As leis naturais são as mesmas para todos os aspectos e todos os locais da realidade física.
4) *Princípio da quantificação*. Todas as diferenças são essencialmente quantitativas e, portanto, teoricamente mensuráveis; a ciência "está escrita em linguagem matemática" (Galileu).
5) Princípio da conservação. Nem a massa nem a energia são criadas ou destruídas.

A teoria cinética tornou-se a física newtoniana ou o que geralmente se conhece como *física clássica*.

Teorias contemporâneas ou da relatividade

Trata-se das teorias associadas a Einstein, Planck, Heisenberg, Bohr, Schrödinger, Whitehead e outros. A física contemporânea descobriu que a abordagem clássica ou cinética somente é adequada para sistemas específicos que se movem dentro dos limites de velocidades moderadas que efetuam mudanças pequenas e geralmente sem conseqüências. A velocidades que se aproximam da velocidade da luz, as mudanças se tornam consideráveis.

Alguns desdobramentos históricos nas teorias contemporâneas

A lei da entropia

Trata-se da Segunda Lei da Termodinâmica de Carnot e Clausius, que afirma que a quantidade de energia *disponível* está decrescendo, o que levanta a pergunta: O universo está se esvaindo?

Radioatividade

Da pesquisa original do casal Cury surgiu a teoria de que através da fissão nuclear ou da fusão nuclear a massa pode ser transformada em energia.

O conceito de massa-energia

Embora outras tenham participado da formulação desse conceito, ele foi declarado em termos matemáticos por Einstein:

$$E = mc^2$$

Onde E = energia, em ergs; m = massa, em gramas; c = velocidade da luz em centímetros por segundo = 3×10^{10}, daí $c^2 = 9 \times 10^{20}$. Assim, a massa de um chumbo de espingarda, por exemplo, equivale aproximadamente ao total produzido por todas as usinas de energia do mundo durante 24 horas. Nessa teoria, a matéria se torna um estado especial da energia como massa-energia, e o espaço se torna a soma total dos campos de massa-energia, alterando-se com os eventos, relativos e possuidores de geometrias individuais.

Teorias dinâmicas ou de ondas acerca da realidade física

1) De Broglie (1922) introduziu o conceito de "partículas de ondas".
2) Schrödinger disse que "o elétron... é uma *perturbação* que ocorre ao longo da órbita do elétron na forma de uma onda."
3) Einstein observou que "uma pedra que se move é um *campo* mutável em que o estado de maior intensidade viaja através do espaço com a velocidade da pedra."

Teoria do quantum

Segundo essa teoria de Planck, a energia emitida na radiação, por exemplo, na luz, ocorre em quantuns discretos, mas adquire propriedades semelhantes a ondas sob certas condições. A luz não consiste nem em partículas nem em ondas no sentido clássico dos termos.

INCERTEZA E COMPLEMENTARIDADE

O *princípio da incerteza* (ou indeterminação) de Heisenberg e o *princípio da complementaridade* de Bohr, em contraste com as pressuposições da *física clássica*, afirmam que a *posição* e a *velocidade* das entidades físicas atômicas não podem ser estabelecidas simultaneamente. "Uma descrição rigorosa espacial-temporal e uma seqüência causal rigorosa de processos individuais não podem ser realizadas simultaneamente — uma ou outra deve ser sacrificada" (D'Abro).

TEORIA DA RELATIVIDADE

A teoria da relatividade de Einstein consiste em duas partes: 1) *teoria especial* (ou *restrita*) *da relatividade* (1905); e 2) *teoria geral da relatividade* ou *teoria da gravitação* (1914-1916).

1) A teoria *especial* somente trata de objetos ou sistemas que estão se movendo a uma velocidade constante com respeito um ao outro ou simplesmente não estão se movendo. Seus postulados fundamentais são: o éter não pode ser detectado (embora a sua existência não seja negada); assim, *todo movimento é relativo* e *a velocidade da luz é sempre constante em relação a um observador*. (Na física *clássica*, velocidade é a distância dividida pelo tempo. Na física da *relatividade*, distância e tempo são em termos da velocidade da luz.) Esses postulados resultam em que as extensões, as velocidades e o tempo são relativos a um observador, e o mesmo movimento pode parecer a um observador direto, a outro curvo, a outro circular e assim por diante. Não há um quadro de referência fixo ou universal, nenhum movimento absoluto e linhas retas que alcançam o infinito são inexistentes.
2) A teoria *geral* trata de objetos ou sistemas que estão aumentando ou diminuindo de velocidade com respeito uns ao outros. Nela, Einstein propôs o *princípio da equivalência*, no qual afirmou a equivalência dos efeitos da gravitação e aceleração (daí a *teoria da gravitação* de Einstein). Essa teoria foi ampliada na *teoria do campo unificado*, na qual Einstein estava trabalhando quando morreu. Ele observou que "não são as cargas nem as partículas, mas o *campo no espaço* entre as cargas e as partículas que é essencial para a descrição dos fenômenos físicos". Esse campo é curvo em seu conteúdo e forma. Os eventos ocorrem nele como parte de um processo. Como realidade física, a matéria (*massa-energia*) é uma função do *espaço-tempo*, como também o é a gravidade. A gravidade se torna o fenômeno associado à distorção do *espaço-tempo* e à sua tentativa de "endireitar".

ALGUMAS IMPLICAÇÕES ESPECÍFICAS DA FÍSICA CONTEMPORÂNEA

Com respeito à *massa-energia* (→ = "implica que"):

A realidade física é redutível a *energia*.

A energia que se move à velocidade da luz é *radiação*.

Energia concentrada é *massa*.

A massa pode ser transformada (desconcentrada) em *energia* pela *radiação*.

Sem *energia* g sem *massa* g sem *espaço* g sem *tempo*.

Com respeito ao movimento (↑ = "aumenta"; ↓ = "diminui"):

Movimento ↑ energia ↑ massa ↑ fluxo do tempo ↓ gravidade ↑ curvatura do espaço ↑ taxa de metabolismo ↓ dimensão na direção do movimento ↓ distâncias medidas na direção do movimento ↑.

Em um sistema que se move a 85% da velocidade da luz, a massa seria duplicada, mas em qualquer sistema móvel dado as mudanças ocorreriam na mesma proporção e não seriam observáveis.

AS PALAVRAS E SEUS SIGNIFICADOS EM RELAÇÃO ÀS TEORIAS DA REALIDADE FÍSICA

Causa. Relação entre eventos, processos ou entidades na mesma série de tempo, tal que, quando um ocorre, o outro se segue invariavelmente. Quando a relação é concebida como *necessária*, a doutrina é o *determinismo rígido*. Quando a relação é vista como conjunção constante, a doutrina é o *determinismo brando* ou *positivismo* (v. Hume, Parte V, e causalidade).

Causa múltipla. Doutrina de J. S. Mill segundo a qual a causa é "a soma total das condições positivas e negativas tomadas em seu conjunto... que, sendo realizadas, segue-se invariavelmente a conseqüência" (v. Mill, Parte V, e causalidade).

Causas, quatro. Teoria de Aristóteles de que a *causa* é não somente *eficiente* (como *agir* ou *empurrar*), mas também *material* (como *potencial* da matéria), *formal* (como dirigida de acordo com um *plano*) e *final* (como iniciada por algum *propósito* ou *fim*). Essa teoria da causa inclui uma *teleologia*, na qual a causa é vista em termos de um fim conseqüente (*telos*) que se almeja, mas ainda não é existente (v. Aristóteles, Parte V, e causalidade).

Espaço conceptual. O espaço *ideal* abstraído do espaço *perceptual* (v. abaixo), tendo as propriedades da *unidade*, *isomorfismo* (isto é, *homogeneidade*), *continuidade*, *infinidade* e *três dimensões* (isto é, o espaço objetivo da física clássica).

Espaço perceptual. O senso subjetivo e qualitativo do relacionamento das entidades que resultam da organização de todas as percepções (v. Kant, Parte V, quanto à doutrina da subjetividade do espaço).

Espaço-tempo. O contínuo *quadridimensional* da *física da relatividade*, imóvel e imutável, pois o movimento e a mudança são relativos a realidades físicas particulares consideradas em termos de um espaço e tempo individual.

Tempo conceptual. O tempo espacializado ou mecanizado dos relógios e contadores mecânicos — *uno*, *contínuo* e *infinito*, tendo *uma dimensão irreversível* (isto é, o tempo *absoluto* da física clássica).

Tempo perceptual. Tempo *experimental* ou "vivido", a sucessão de *presentes especiosos* (unidades de presentes vividos antes que presentes laminares), heteromórficos (cada momento peculiar), essencialmente *subjetivo*, mas compartilhável nas experiências de grupo de dadas culturas (v. Bérgson, Parte V).

Teorias da origem e natureza da realidade viva

Definição de vida

A vida está presente em organismos capazes de algumas ou todas as características abaixo:

1) resposta a estímulos;
2) reprodução;
3) metabolismo;
4) adaptação ambiental;
5) automanutenção;
6) autoproteção.

Teorias da origem da vida ou pressuposição monogenética

1) Criação divina (*sobrenaturalismo* bíblico, *teísmo* bíblico).
2) Origem interestelar (Anaxágoras, Arrhenius, Helmholz, Lord Kevin e outros).
3) *Hilozoísmo, animismo*. Toda a natureza é viva (primitivismo, filosofia milésia pré-socrática e outros).
4) Evolução da matéria inorgânica (agora a posição mais amplamente aceita; originalmente em Anaximandro, Lucrécio e outros).

A hipótese da evolução biológica

A doutrina de que muitos organismos complexos agora existentes descenderam ou evoluíram de organismos relativamente menos numerosos e mais simples foi antecipada por Anaximandro, Empédocles, Aristóteles, Lucrécio, Goethe, Erasmo, Darwin e outros. Considera-se que ela é sustentada por evidências de restos fósseis, distribuição geográfica, anatomia comparativa, embriologia, restos vestigiais e geração artificial "de volta" a formas "ancestrais".

Teorias da natureza da evolução

1) *Mecanicismo*. Evolução é o produto de ações físico-químicas contínuas (Hobbes, Lamettrie, Holbach, Vogt, Büchner, Haeckel, Loeb, Herrick, T. H. Huxley, Spencer, Weiss e outros). Um organismo vivo é definido como um sistema complexo de mecanismos físico-químicos.
2) *Vitalismo*. Evolução é o produto de um impulso — *entelequia* — sempre presente e inerente em todas as coisas (Aristóteles, Driesch, Schopenhauer, Bérgson, Aurobindo [hindu], Lecomte du Noüy, Haldane, William McDougall e outros) (v. Aristóteles, Schopenhauer e Bérgson, Parte V).
3) *Emergentismo*. Evolução é a emersão de novos níveis de realidade à maneira de matéria → vida → mente → Deus (Alexander, Whitehead, L. Morgan, Boodin, Chardin e outros) (v. teorias da mente e Whitehead e Alexander, Parte V).

Hipóteses modernas de evolução

1) Lamarck (1744-1829) ensinou a doutrina da herança ou *transmissão de características adquiridas*. Acentua-se a influência de fatores ambientais. Pergunta: A modificação corpórea afeta as células embrionárias?
2) Herbert Spencer (1820-1903) ensinou a doutrina da *evolução cósmica* bem como da *evolução biológica*. O mundo é um vasto processo evolutivo em todos os aspectos, desde a *cosmologia* até a *cultura*. A evolução biológica é uma reorganização da matéria desde o mais simples (*homogêneo*) até o mais complexo (*heterogêneo*) (v. Spencer, Parte V).
3) Charles Darwin (1809-1882) ensinou que o caráter biológico dos filhos é o mesmo que aquele com que os pais *começaram*, não terminaram, exceto quanto a *variações* nas células corporais. Dá-se ênfase a fatores hereditários. Darwin propôs o princípio da *seleção natural*:
   a) *Proliferação das espécies*. Cada espécie tende a aumentar geometricamente.
   b) *Variação*. Cada geração produz diferenças de estrutura e função nos organismos.
   c) *Luta pela existência*. A vida se reproduz em maior número do que pode ser sustentado.
   d) *Sobrevivência dos mais aptos*. Os organismos melhor adaptados sobrevivem, os menos adaptados perecem. A evolução é eliminativa antes que criativa (sugerido por Empédocles).
   e) *Hereditariedade*. Os organismos sobreviventes transmitem as suas características aos filhos.
4) August Weismann (neodarwinismo) cria que a hereditariedade depende da transmissão de *células embrionárias* que *variam*, mas não são afetadas pelas mudanças das *células corporais*.
5) Hugo de Vries (teoria da mutação, 1900) insistiu que as variações das *células embrionárias* podem ser grandes e repentinas, e podem ser herdadas pelos filhos ou transmitidas a eles. O princípio da *seleção natural* sem mantém.
6) Mendel desenvolveu as leis da hereditariedade, a *genética*.
7) T. H. Morgan elaborou a teoria dos *genes*.

Teorias da mente

O problema da mente e da sua relação com o corpo é um dos grandes problemas da filosofia. Visto de modo amplo, inclui a consideração de todas as maneiras pelas quais são explicados os fenômenos normalmente identificados como mentais ou associados à mente. Inclui tais caracterizações da esfera mental como *substância pensante*, *estofo da alma*, *o eu*, *ego*, *consciência* ou simplesmente "a natureza tornada inteligente", como Dewey colocou. Da maneira entendida aqui, a mente inclui todas as atividades de

a) *conação*, tais como desejar e querer;
b) *comportamento adaptativo*, tais como raciocínio e solução de problemas; e
c) *consciência*, tais como consciência simples e autoconsciência. A consciência é negada por algumas escolas (*behaviorismo*) ou suplementada por outras com o *inconsciente* (*psicologias profundas*).

As teorias básicas da mente estão sintetizadas nas tabelas 3, 15 e 16. Nas tabelas, será oportuno observar que as psicologias contemporâneas não estão claramente delineadas em escolas bem-definidas, mas com freqüência exibem fortes tendências ecléticas. As tabelas fornecem somente uma orientação geral. Também é importante observar que não se procurou distinguir as teorias da mente chamadas "científicas" das "pré-científicas" ou "não-científicas", quer com respeito à existência ou não-existência da mente, quer com respeito a qualquer teoria específica sobre mente-corpo. Deve-se observar, todavia, que a mente tem sido vista progressivamente como "alma", "substância" e "comportamento". O pensamento contemporâneo tende a interpretar a mente em termos do que ela faz ao invés do que ela é. Assim, o termo "comportamento" é preferido pela maior parte das psicologias. No entanto, seria avesso ao espírito da filosofia pressupor a finalidade de qualquer teoria da mente em particular, apesar da preponderância de evidências que pudessem ser reunidas em apoio à mesma por qualquer escola de psicologia específica.

AS PALAVRAS E SEUS SIGNIFICADOS EM RELAÇÃO ÀS TEORIAS DA MENTE

Associacionismo Teoria de que a mente e o seu conteúdo podem ser reduzidos a experiências simples e discretas que se combinam para formar todos os aspectos da vida da mente (v. Hume, Parte V).

Behaviorismo Teoria de que toda atividade mental pode ser reduzida a comportamento implícito (Watson).

Psicologia profunda Qualquer das psicologias que derivam da *psicanálise* freudiana.

Teoria da mente do duplo aspecto Teoria de que o corpo e a mente são manifestações de uma realidade mais fundamental (v. Espinosa, Parte V).

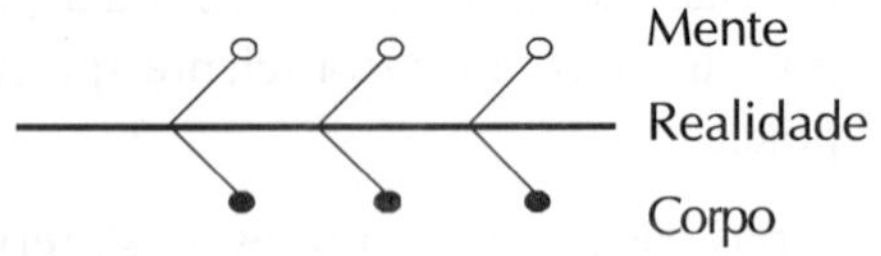

Emergentismo Teoria de que, através da evolução, formam-se novas realidades tais como a mente que não podem ser reduzidas a níveis inferiores (v. Alexander, Parte V).

Psicologia das faculdades Teoria de que a mente constitui a unidade de um certo número de faculdades: sensibilidade, inteligência etc. (Wolff).

Psicologia funcional A psicologia do *pragmatismo* e do *instrumentalismo*, na qual a mente é interpretada biologicamente em termos de comportamento e adaptação ao ambiente.

Psicologia *gestalt* Forma holística de psicologia estrutural que se opõe a todas as abordagens atomísticas da mente e estuda o comportamento em termos da *Gestalt*, a estrutura do todo.

Holismo Teorias da mente, tais como a *psicologia gestalt* e o *emergentismo*, que tratam da mente em termos da sua organização e comportamento totais.

Interacionismo Teoria de que mente e corpo são realidades separadas que se influenciam mutuamente (v. Descartes, Parte V).

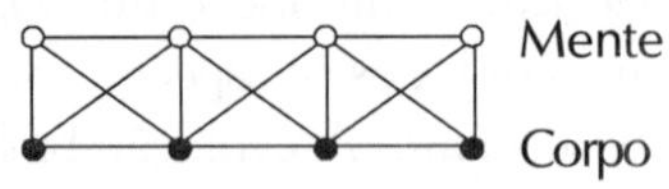

Mônada Unidade de realidade metafísica — espiritual para Leibniz — capaz de entrar em relações que abrangem o mundo.

Ocasionalismo Teoria de que mente e corpo são realidades separadas que não interagem, mas que os eventos ocorrem em um como ocorrem no outro conforme Deus quer a sua ocorrência (Malebranche) (v. paralelismo abaixo).

Pan-psiquismo Teoria de que todas as entidades materiais possuem um certo grau de mente (Lotze).

Paralelismo Teoria de que mente e corpo são realidades separadas que não interagem, mas que os eventos em cada uma acompanham eventos na outra (segundo uma *harmonia pré-estabelecida* em Leibniz, Parte V).

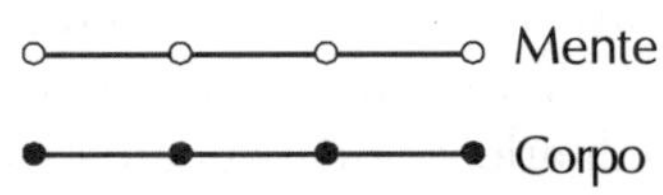

Fenomenologia Filosofia que procura analisar os fenômenos como conteúdos de experiência, sem referência a causas ou pressuposições metafísicas (Husserl) (v. tabela 24 e Husserl, Parte V).

Eu A pessoa, sujeito, ego ou conhecedor.

Teoria da natureza da realidade última

"O que é verdadeiramente real?" é uma pergunta que tem surgido nas mentes de homens pensantes de todas as eras e culturas. Um antigo filósofo grego chamado Tales (século VI a.C.) declarou que o mundo era feito de água. Anaxímenes (também do século VI a.C.) argumentou que era ar. Essas respostas um tanto cruas à questão da realidade apresentaram dificuldades óbvias que somente podiam ser resolvidas mediante a introdução de novos problemas. A resposta à questão da realidade assumiu diferentes formas, por exemplo, de que ela é espiritual ou de que é material. Alguns filósofos associaram a realidade com aquilo que muda; outros, com aquilo que é imutável. Uma resposta típica era que a realidade era incognoscível. De diferentes maneiras, as respostas eram motivadas por interesses religiosos ou científicos ou por um interesse pela especulação em si mesma.

Monismo, pluralismo e dualismo

Pode-se traçar uma distinção básica entre aqueles que acentuam a unidade ou inter-relação da realidade e aqueles que vêem uma dualidade ou pluralidade essencial. A noção de que a realidade é fundamentalmente una como processo, estrutura, substância ou fundamento é chamada *monismo*. No mundo antigo, o monismo caracterizou a filosofia de Parmênides (século V e VI a.C.). Parmênides ensinou que tudo é ser. O ser preenche todo o espaço e o pensamento. A experiência de mudança e pluralidade só é possível porque existe um ser constante e imutável que torna possível essa experiência. A mudança é perceptível somente aos sentidos. Na realidade existe somente ser; a mudança é ilusória. Essa foi uma forma antiga de monismo. O monismo moderno é ilustrado pela filosofia de Hegel (1770-1831), cujo *idealismo* retratou o mundo como a manifestação ou desdobramento de um espírito abrangente ou absoluto que está se realizando no tempo.

No entanto, a filosofia moderna exibe tendências *pluralísticas*. Essa ênfase remonta em parte à antiga filosofia grega de Demócrito (c. 460-360 a.C.). Demócrito ensinou que a realidade consiste em um número infinito de átomos materiais que ocupam um espaço infinito e nele se redistribuem. Ele atribuiu a permanência do ser de Parmênides aos átomos, e explicou a mudança referindo-se à tendência de redistribuição desses átomos à medida que se envolvem no processo de tornar-se coisas particulares. Uma teoria notavelmente moderna, o seu materialismo atômico explicou a pluralidade de experiências e coisas, mas deixou muitas perguntas sem resposta. A explicações pluralísticas tendem a incentivar a crença em uma realidade flexível e incompleta, enquanto que a explicações monistas geralmente são aquelas dos grandes construtores de sistemas, que preferem interligar toda a realidade em um todo inter-relacionado e lógico.

Uma terceira posição decorre da forte tendência de explicar a realidade em termos de *opostos*. De fato, tanto as explicações monistas quanto pluralistas da realidade utilizam distinções contrastantes. Hegel, por exemplo, escreveu sobre a oposição fundamental e a síntese de teses e antíteses; Demócrito falou da distinção entre átomos materiais e espaço vazio. Nas especulações mais antigas, os filósofos observaram o papel dos opostos no pensamento e na experiência — o afirmativo e o negativo, o bem e o mal, ser e não ser etc. Quando essas polaridades de pensamento e experiência foram atribuídas à realidade ou foram incorporadas a explicações da realidade, surgiu o *dualismo*.

O antigo filósofo moderno Descartes (1596-1650) descreveu o mundo criado como uma dualidade de substância estendida, que ocupa espaço, e substância não-estendida ou pensante que consistia na mente do homem. Bérgson (1859-1941) distinguiu um *dualismo* entre aquilo que é criado e aquilo que cria no processo cósmico. O seu dualismo envolvia distinções tais como espaço e duração, matéria e impulso vital. Platão (427-346 a.C.) distinguiu entre um reino eterno, imutável e perfeito das Idéias ou Formas das coisas e o reino mutável da incorporação das mesmas nos fenômenos da experiência. Todavia, Platão poderia ser interpretado igualmente como um monista, no sentido de que todas as Idéias participam da mais elevada e mais abrangente das Idéias, a Idéia transcendente do Bem. Ele também poderia ser interpretado como um pluralista pelo fato de que existem muitas Idéias independentemente reais que constituem a realidade. Em outras palavras, categorias como *monismo*, *dualismo* ou *pluralismo* são em essência maneiras convenientes de identificar a ênfase de uma teoria particular da realidade, algumas teorias sendo mais distintamente uma dessas categorias do que as outras.

Idealismo, realismo e pragmatismo

A especulação acerca da natureza da realidade gira aproximadamente em torno dos opostos do dualismo, das pluralidades do pluralismo e da unidade do monismo. Além disso, essa especulação tem dado ênfase seja ao papel da esfera mental na descrição ou interpretação da realidade, seja, por outro lado, a elementos outros que a mente e a consciência, tais como a matéria. Em conseqüência disso, surgiram certas distinções metafísicas tradicionais, tais como o *idealismo* e o *realismo*.

O idealista acentua o papel da mente. Ele tende a argumentar: "O mundo é o meu mundo ou o mundo de alguma mente". Ele insiste que somente uma realidade cognoscível pode interessar ao filósofo e que, portanto, essa realidade deve relacionar-se com idéias, com a consciência ou com os processos do pensamento. Em outras palavras, uma realidade material, por exemplo, só poderia ser conhecida por meio das idéias e uma pessoa jamais poderia saber se as suas idéias acerca dessa realidade a descreveram com precisão.

Todavia, o seu opositor realista responde: "Eu estou no mundo; o mundo não está em mim". Ou, como Whitehead, ele poderia dizer: "Eu estou no mundo e o mundo está em mim". De qualquer maneira, ele insistiria que a realidade não depende da mente, que o conhecimento tem como objeto um mundo independente da mente, e que a realidade se apresenta às mentes.

Os *realistas* tendem a separar o mundo e seus objetos dos conhecedores ou das mentes. Os *idealistas* dão ênfase ao relacionamento íntimo que existe entre conhecedores e coisas conhecidas. Os *pragmatistas*, diferindo de ambos, rejeitaram inteiramente a distinção tradicional entre conhecedor e coisa-conhecida e, como William James, por exemplo, postulam uma realidade de "pura experiência" na qual todas as relações são encontradas, mas na qual não existe dualidade de consciência e conteúdo, pensamento e coisa.

Misticismo, materialismo e sobrenaturalismo

Alguns filósofos têm tentado resolver o problema da realidade invocando a resposta do *misticismo*. Embora insista na unidade da realidade, o misticismo procura transcender as distinções metafísicas usuais do monismo, dualismo e pluralismo pelo fato de crer que a *realidade última* é inefável. O misticismo tenta identificar o sujeito com o seu mundo. Seu interesse está na experiência de união com o inefável e não no conhecimento do mesmo no sentido comum.

Os *materialistas* declarados simplesmente apontam para a matéria ou a energia com a substância última da realidade e os *sobrenaturalistas* falam de um Deus "no qual vivemos, nos movemos e existimos" — um Deus que é totalmente transcendente, mas cujo pensamento e vontade criam, sustentam, redimem e aperfeiçoam a existência.

Positivismo e análise lingüística

V. tabela 23.

Existencialismo e fenomenologia

V. tabela 24.

Marxismo e filosofia revolucionária

Embora todas as teorias do mundo tentem explicá-lo, o marxista e o revolucionário social consideram a teoria basicamente um instrumento de mudança social antes que um instrumento de reflexão racional. Como os pragmatistas, eles rejeitam as abordagens *intelectualistas* da realidade ou do mundo.

O marxismo e a filosofia revolucionária rejeitam de modo uniforme as instituições sociais e econômicas do passado recente. As mesmas são caracterizadas com rótulos genéricos como "capitalismo" ou "o sistema". Uma vez que os males sociais e a natureza do homem — inclusive do seu mundo — são em grande parte produto do sistema estabelecido de valores e da "estrutura de poder" na qual o homem vive, o mundo precisa ser transformado com vistas a "humanizar" a existência.

Embora muitos marxistas, comunistas e revolucionários sociais de diferentes tipos vejam o mundo em termos de um materialismo *mecanístico*, os revolucionários instruídos deixam claro que o que lhes interessa é o materialismo *dialético*. O materialismo dialético exige a transformação do mundo na direção de alvos explicitamente humanos. Embora o homem seja produto das suas circunstâncias, ele pode alterá-las na direção de uma existência mais humana. Para esses pensadores, o capitalismo é uma fase da evolução cultural e histórica que pode e deve ser superada. As questões filosóficas tradicionais, tais como a natureza da realidade, o conhecimento, a moralidade e a religião, são interpretados basicamente em termos relacionados com situações históricas e com aspirações humanas concretas (v. Marx e Merleau-Ponty, Parte V, e tabela 24).

Distinções e relações entre as teorias

Embora as explicações monistas e dualistas tenham a tendência de revelar ênfases idealistas, místicas ou sobrenaturalistas e as explicações pluralistas tendam a ser realísticas, essas tendências de modo algum são necessárias. A metafísica do personalismo, por exemplo, é distintamente pluralista, e o realismo pluralista católico (neoaristotelismo) abraça também o sobrenaturalismo.

Uma classificação arbitrária também ocorre em termos de monismo, dualismo e pluralismo. Também se pode classificar as teorias da realidade em naturalistas e não-naturalistas. Nesse caso, as primeiras dariam ênfase ao conceito de que a natureza experimentada nos fenômenos é a extensão de qualquer realidade cognoscível, ao passo que as últimas dariam ênfase ao caráter inadequado de tal conceito. Todos os rótulos e distinções são inevitavelmente arbitrários e, portanto, devem ser utilizados com reservas.

"A história da filosofia é a repetição ou ressurgimento contínuo de certos pontos de vista bem-definidos tais como o *empirismo*, o *racionalismo* [como teorias do conhecimento], o *misticismo*, o *realismo*, o *idealismo* etc. [como teorias da realidade]; nessas concepções, a mente parece ter alcançado uma percepção final da natureza das coisas, no sentido de que representam possibilidades permanentes de explicar o universo" (Demos, *Plato selections*).

Nas tabelas de teorias da realidade, é preciso tomar cuidado para não identificar este ou aquele filósofo muito de perto com qualquer teoria da realidade em particular. Filósofos ou filosofias específicas variam muito em suas doutrinas e as suas influências antecedentes ou conseqüentes não precisam ser congruentes. O usuário dessas tabelas irá encontrar superposições e repetições e certos personagens básicos irão aparecer em muitas tabelas devido a sua vasta influência. As tabelas devem ser usadas para orientação e como guias para a investigação em vez de substitutos do estudo de fontes originais e secundárias.

As sínteses de teorias específicas da realidade propostas por alguns filósofos importantes e representativos podem ser encontradas na Parte V. Elas incluem algumas das respostas mais importantes à questão da natureza da realidade última. Onde as mesmas estão disponíveis, o nome do filósofo aparece em ***bold/ itálico*** nas tabelas.

AS PALAVRAS E SEUS SIGNIFICADOS EM RELAÇÃO ÀS TEORIAS DA NATUREZA DA REALIDADE ÚLTIMA

Absoluto. Em *metafísica*, a realidade mais elevada e abrangente, isto é, o Incondicionado, Deus, o Motor Imóvel, o Fundamento do Mundo, Ser, o Bem, *Logos*, Uno, Substância, no pensamento chinês *Tao* (Caminho), no pensamento indiano *Brahman* (v. Aristóteles, Platão, Espinoza e Hegel, Parte V).

Devir. O processo de realizar o potencial. Geralmente é considerado uma atividade ou movimento.

Ser. Aquilo que é, *to-on* (grego), *ens* (latim). Em Platão, conceitos de classe ou as características universais inteligíveis das coisas, as Idéias ou Formas (v. Platão, Parte V). Em Aristóteles e no *escolasticismo*, coisas particulares que existem e se desenvolvem (*ens reale* — ser real) e ser racional ou conceptual (*ens rationis*), isto é, afirmações verdadeiras que têm uma existência mental como conteúdos das mentes (v. Aristóteles, Parte V). Em Heidegger e no *existencialismo* em geral, distinguido como *ser*, isto é, a coisa como é (*l'étant*, francês; *das Seiende*, alemão); e *Ser*, isto é, o *ser* de qualquer coisa (*l'être*, francês; *das Sein*, alemão) (v. Heidegger e Sartre, Parte V).

Cosmologia. O estudo da origem e da estrutura do universo. Embora seja uma área mais específica do que a *ontologia*, a *metafísica* ou a *ciência natural*, não pode ser nitidamente distinguido delas.

Essência. O *que* uma coisa é. Na filosofia grega, significa *substância* (*ousia*), aquilo que não é visível, mas é verdadeiramente real a respeito das coisas — o que pode ser *concebido*, o que é *universal* (v. *substância* adiante). Em Platão, as Formas ou Idéias (v. Platão, Parte V). Em Santayana, um significado semelhante, mas modificado (v. Santayana, Parte V). Para o significado de *essência* em Husserl, v. Husserl, Parte V. V. tb. Tomás de Aquino, Parte V; e para o significado de *essência* na filosofia existencialista, v. Kierkegaard, Sartre e Heidegger, Parte V, e a tabela 24.

Existência. A asserção *de que* uma coisa é, não o que ela é como um conceito de essência. Para o *existencialismo*, existência é *consciência* e precede a essência do homem, o qual se vê existindo e *então* se torna uma essência por escolha e ação (v. Kierkegaard, Heidegger e Sartre, Parte V, e a tabela 24).

Metafísica. A teoria dos *primeiros princípios* ou, com sinônimo de *ontologia*, a teoria do ser como tal. Com freqüência torna-se um termo mais amplo que ontologia, incluindo a *epistemologia*. Originariamente, foi um título arbitrário dado a uma coleção das obras de Aristóteles sobre primeiros princípios que veio literalmente após a sua física, isto é, *meta ta physika* (grego). Para Aristóteles, a teoria dos primeiros princípios incluía tanto a ontologia como a epistemologia.

Ontologia. A teoria do ser como tal, isto é, da realidade última (do grego *on*, ser + *logos*, teoria).

Substância. Aquilo que torna uma coisa o que ela é e não outra coisa, isto é, a *essência* na filosofia grega (*ousia*). Agostinho escreve que "essência (*ousia* em grego) geralmente não significa nada mais do que substância em [...] latim". Em Aristóteles, a substância primária (*substantia prima* nas traduções latinas) é a *essência* ou *causa inerente* de uma coisa específica, isto é, a unidade de sua *forma* e *matéria* (v. Aristóteles, Parte V). No *escolasticismo*, substância é aquilo que existe e persiste independentemente de qualquer outro ser (v. Tomás de Aquino, Parte V). De igual modo, no *cartesianismo* (v. Descartes, Parte V), substância é aquilo que existe independente de qualquer outro ser. *Substância infinita* é *Deus*; *substância finita*, *mente* e *matéria*. Em Espinosa (v. Parte V), existe somente *substância infinita* (Deus) e seus *modos*. No *kantismo* (v. Kant, Parte V), a substância torna-se um conceito subjetivo da mente que resulta da necessária atividade organizadora da mente em conexão com os dados da experiência. No *empirismo inglês*, substância é essencialmente a organização sistemática ou coerente das qualidades específicas da experiência. Como tal, ela não existe ou não é cognoscível (v. Berkeley, Hume e Mill, Parte V).

QUARTA PARTE

O problema dos valores

O estudo da teoria dos valores é a *axiologia* (do grego *axios*, de igual valor + *logos*, teoria). "Axiologia pura é o estudo dos valores de *todos* os tipos" (Urban).

Questões axiológicas básicas

Valor é uma qualidade, uma relação ou uma atitude?

O valor é encontrado ou feito?

O valor é definível? analisável? redutível? Caso positivo, a quê?

Teorias do valor

A teoria geral do valor teve a sua origem no debate entre Alexius Meinong e Christian von Ehrenfels na década de 1890 acerca da *fonte do valor*. Meinong viu a fonte do valor como *sentimento* ou a expectativa ou possibilidade de prazer em um objeto. Ehrenfels (e também Espinosa) viu a fonte do valor no *desejo*. O objeto é dotado de valor através do desejo atual ou possível, isto é, um objeto possui valor porque é desejado. Em ambas as posições, valor é a propriedade de um objeto — *objetivismo axiológico*.

OBJETIVISMO AXIOLÓGICO

Sujeito ←———— Objeto (valor)

Objetivismo ou realismo axiológico

Nessa perspectiva, os juízos de valor são em algum sentido objetivos. Valores, normas, ideais etc., são componentes dos ou residem nos objetos ou na realidade objetiva (como em Alexander); ou são atribuídos aos objetos pelo desejo (como em Espinosa). Juízos de valor são significativos, isto é, *verdadeiros* ou *falsos*, muito embora não sejam verificáveis, isto é, não definíveis em termos sensórios verificáveis. Os valores residem nos objetos assim como as cores ou as temperaturas. Os valores estão fundamentados na realidade.

Os defensores do objetivismo axiológico incluem Platão, Aristóteles, Tomás de Aquino, Maritain, Royce, Urban, Bosanquet, Whitehead, Joad, Spaulding, Alexander e outros.

ALGUMAS EXPRESSÕES TÍPICAS DO OBJETIVISMO AXIOLÓGICO

Bosanquet (*idealismo*): "Valor... é uma certa *qualidade dos objetos*, *genuinamente pertencente a eles*, mas especialmente revelada nas manifestações dos mesmos na atitude de mente humanas". Conhecer e avaliar são inseparáveis. (Também Bradley, Windelband, Rickert e a maior parte das teorias idealistas.)

Scheler (*fenomenologia*): "Valores são essências, isto é, entidades auto-existentes que são *emocionalmente intuídas*". Através da emoção e da razão nós discernimos os valores de modo tão objetivo e direto quanto nós percebemos o mundo através da percepção sensorial. (Também Meinong, N. Hartmann, Urban e outros.)

C. I. Lewis (*pragmatismo conceptual*): Os juízos de valor estão sujeitos aos mesmos padrões de investigação e validade como quaisquer juízos empíricos cognitivos.

G. E. Moore (*intuicionismo*): Os valores (como, e.g., o bem) são indefiníveis, isto é, propriedades não-analisáveis que não podem ser reduzidas a termos que não sejam termos de valor, mas mesmo assim podem ser *factualmente* atribuídos como predicados de atos ou objetos.

Subjetivismo axiológico

As teorias dessa perspectiva reduzem os juízos de valor a afirmações acerca das atitudes mentais em relação a um objeto ou situação. Os juízos de valor são equivalentes a afirmações de *aprovação* ou *desaprovação* e, como tais, são *verdadeiros* ou *falsos*. A afirmação "x tem valor" significa "eu gosto de x" ou "a sociedade gosta de x". Portanto, os juízos de valor são analisáveis como afirmações sobre atitudes, sobre graus de aprovação, sobre o que é agradável etc. O valor tem realidade somente como um estado mental do sujeito. O subjetivismo axiológico tende a endossar a teoria ética do *hedonismo*, isto é, a teoria de que *o prazer é o critério do valor*, e do *naturalismo*, isto é, a crença de que os valores podem ser reduzidos a afirmações psicológicas. Os valores são dependentes da experiência humana dos mesmos e relativos a ela; eles não possuem nenhuma realidade independente. Dá-se ênfase ao *relativismo* axiológico, isto é, a crença de que os valores, inclusive os valores morais, são relativos à cultura, às circunstâncias e a outros fatores ambientais.

Entre os defensores do subjetivismo axiológico estão Hume, Perry, Prall, Parker, Santayana, Sartre e outros.

ALGUMAS EXPRESSÕES TÍPICAS DO SUBJETIVISMO AXIOLÓGICO

Hume (*ceticismo*): "x tem valor" significa "a maior parte dos homens prefere x".

Sartre (*existencialismo*): Os valores são criados pelo sujeito (v. Sartre, Parte v).

Santayana (*hedonismo estético*): Valores são qualidades empíricas indefiníveis associadas a sentimentos agradáveis: "Sentir a beleza é uma coisa melhor do que entender como nós chegamos a senti-la". "Todos os valores são em certo sentido estéticos". "A *beleza é o prazer* considerado como qualidade de uma coisa (na experiência). "Não existe valor a parte da apreciação do mesmo."

D. H. Parker (*humanismo*): "Os valores pertencem [...] ao mundo da mente. A satisfação do desejo é o verdadeiro valor [...] Um valor é sempre uma experiência, nunca uma coisa ou um objeto... Nós *projetamos* valor no mundo externo, atribuindo-o às coisas que servem ao desejo".

Perry (*naturalismo*): Valor é "qualquer objeto de qualquer interesse" como uma relação que existe entre o interesse e o objeto. Os quatro critérios do valor nessa relação são intensidade, abrangência, preferência e correção. Perry se aproxima do conceito do relativismo axiológico (v. Perry, Parte v).

SUBBJETIVISMO AXIOLÓGICO

Sujeito (valor) ⟶ Objeto

Relacionismo axiológico

Essa perspectiva procede de teorias de que o valor é uma relação existente entre variáveis ou um produto de variáveis em interação. Os valores não são particulares (subjetivos), mas *públicos*, embora não sejam objetivos no sentido de serem independentes de interesses.

Entre os defensores do relacionismo axiológico estão Dewey, Pepper, Ducasse, Lepley e outros.

Algumas expressões típicas do relacionismo axiológico

Dewey (*instrumentalismo*): Valor é a resolução ou satisfação harmoniosa de conflitos na "situação social ou ambiental", isto é, na interação do indivíduo com o seu meio social e físico. A teoria dos valores é factual, isto é, verificável, como é qualquer ciência empírica. Valores são "a relação entre as coisas como meios e os fins ou conseqüências efetivamente alcançados". Os valores como valores são instrumentais.

Pepper (*contextualismo*): Os valores surgem em um campo relacionado com a "qualidade dos eventos". Referem-se a um sistema de relações pessoais mais um sistema de relações impessoais.

Ducasse (*humanismo*): Valor não é um evento no sujeito nem uma qualidade no objeto, mas a capacidade de efetuar um tipo de *relação*.

RELACIONISMO AXIOLÓGICO

Sujeito ⟶ Relação ⟵ Objeto

Valor

Nominalismo ou ceticismo axiológico (emotivismo)

As teorias com essa perspectiva sustentam que os juízos de valor são expressões de emoção ou tentativas de persuadir. Eles não são factuais. A ciência dos valores — axiologia — é impossível.

Nota histórica sobre a origem do *emotivismo*:

A doutrina de G. E. Moore do *bem indefinível*. (Mas *o bem* pode ser *factualmente* atribuído a atos e objetos, muito embora *intuído* e não verificável.)

+

I. A distinção de A. Richards entre significados *factuais* e *emotivos*.

↓

Emotivismo (teoria de valor do positivismo lógico; v. tabela 19 e p. 28): Os valores são *indefiníveis e emotivos*, por isso são *factualmente sem sentido*. Eles não descrevem um estado do sujeito, do objeto ou de uma relação.

Os defensores do emotivismo incluem Nietzsche, Ayer, Russell, Stevenson, Schlick, Carnap e outros.

Algumas expressões típicas do emotivismo

Nietzsche (*relativismo axiológico*): Os juízos de valor são expressões de sentimentos e costumes antes que afirmações de fatos.

Ayer (*positivismo lógico*): Os juízos de valor desempenham uma *função expressiva*, dando vazão a sentimentos e, como afirmações, são emotivos ou não-cognitivos, isto é, *factualmente sem sentido*.

Stevenson (*empirismo lógico*): Os juízos de valor desempenham uma função basicamente *persuasiva*. Uma vez que os juízos de valor são emotivos e não estão sujeitos a erro como verdadeiros ou falsos, necessita-se de persuasão para despertar a sua aceitação.

Teoria ética

Os valores reclamam prioridade quanto a algum aspecto da experiência humana. Essa é a sua natureza, pois exigem de nós um certo grau de posicionamento. Os valores morais gozam de prioridade sobre outros valores. Eles são "prioridades ilimitadas de ação", isto é, "no que diz respeito à ação, os valores morais tomam precedência sobre todos os outros valores... Assim, uma pessoa pode dizer que a boa vida é a vida dedicada ao prazer estético. Essa afirmação declara que os valores estéticos têm o mais elevado valor *moral*" (Mothershead). Por causa da sua importância relativa, os valores morais serão o alvo principal de nossa atenção.

A distinção normativa-metaética

A teoria ética precisa ser distinguida como *normativa* ou *metaética*, mediante o que se pode fazer a tentativa de

a) identificar o princípio (ou princípios) universal de moralidade ao qual todos os homens devem apelar para guiar ou justificar o seu comportamento, isto é, um código de moralidade *ideal* ou *verdadeiro* (*ética normativa*); ou
b) analisar ou descrever a maneira ou maneiras pelas quais os juízos morais são usados efetivamente (*metaética*).

A *metaética* preocupa-se com questões de significado, verdade e método. Diz respeito a palavras, afirmações, juízos etc., ou seja, a *linguagem moral*. Em contraste com isso, a *ética normativa* refere-se a atos certos e errados ou à *vida boa em si mesma*.

A *ética normativa* pode ser classificada em *teleológica*, *deontológica* ou combinações variáveis de ambas (v. observações adiante).

A *metaética* pode ser classificada em *cognitivista* ou *não-cognitivista* (v. "Teorias metaéticas ou analíticas da ética").

A distinção teleológica-deontológica

A distinção entre teoria ética *teleológica* e *deontológica* deve levar em consideração os seguintes fatos:

1) Essa distinção é feita com respeito a *graus de ênfase* antes que com base em exclusão mútua.
2) Elementos de *ambos*, o teleológico e o deontológico, tem a probabilidade de serem encontrados em qualquer teoria ética *específica*.
3) Existem acentuadas diferenças de interpretação por parte de diferentes filósofos quanto às teorias éticas uns dos outros; por exemplo, tanto G. E. Moore como Stace consideram Kant naturalista, mas por diferentes razões. Neste livro, o *formalismo* kantiano está incluído entre as teorias *deontológicas* e em geral *não-naturalistas*.
4) A interpretação é ampla, incluindo a maior parte do *formalismo ético* e do *intuicionismo ético* sob o aspecto *deontológico*, e todos os exemplos de ética naturalista, e.g., *hedonismo*, *utilitarismo* etc., sob o aspecto *teleológico*.

As diferenças entre os dois tipos de teorias éticas são sugeridas pelas respostas à pergunta: O que há em uma ação que a torna correta?

A teoria *teleológica* responde: a *bondade* das *conseqüências*, os *valores morais* que resultam (Bentham).

A teoria *deontológica* responde de modo diferente, dependendo de ser *formal* ou *intuicionista*.

A teoria *formal* responde: a natureza da *bondade* dos *motivos* da ação ou da maneira como empreendemos a ação, como, e.g., em *obediência* a um senso de *dever* (Kant).

A teoria *intuicionista* responde: o *caráter apropriado indefinível* de uma ação em uma situação particular (Ross).

Teoria ética teleológica

Convicções básicas

A teoria ética preocupa-se primordialmente com os *fins* ou o *bem* antes que com a obrigação moral em si.

Considerações de *valor* moral têm prioridade sobre considerações de obrigação moral.

Conceitos de obrigação, tais como *dever* ou *direito*, são definíveis em termos de conceitos de *valor*.

Aquilo que é correto depende de ou está ligado de algum modo à *bondade* (ou *valor*) da *ação* ou das *conseqüências*.

A afirmação "X é uma ação correta" significa "X tem a probabilidade de produzir pelo menos *conseqüências* tão *boas* quanto qualquer outra ação possível".

A teorias teleológicas tendem a propor um *bem intrínseco a priori* como *padrão moral*, como, e.g., a *felicidade*.

Quando a teoria teleológica é *naturalista*:

1) Os juízos éticos são *redutíveis* ou *analisáveis* em termos *não-éticos* ou *descritivos*, como em Espinosa, Hume, Mill e outros; ou
2) Os juízos éticos são em termos de *fins* ou *bens temporais*, em contraste com *fins* ou *bens espirituais* ou *transcendentes*.

A ética *naturalista* não pode ser nem *teleológica* nem *deontológica*, como, e.g., no *emotivismo* (Ayer e outros), no qual a ética é vista como uma ciência empírica de interesses, motivações e outros dados axiológicos. Nessa concepção, a ética se torna um ramo da psicologia ou sociologia, um estudo "do que as pessoas querem e como obtê-lo" ou "do que é", antes "do que deve ser", *descritiva* e não *normativa*.

Alguns exemplos de teorias éticas teleológicas

Platão e Aristóteles (*eudemonismo* grego): O bem é o prazer na forma de "bem-estar" ou o cumprimento do objetivo de vida.

Epicuro (hedonismo egoístico): O bem é o prazer ou a ausência de dor. Por prazer, Epicuro queria dizer primordialmente os prazeres da mente.

Bentham e Mill (*utilitarismo hedonista* ou *hedonismo universalista*): O bem é a máxima felicidade do maior número de pessoas.

Paley (*utilitarismo teológico*): O bem é aquilo que concorda com a vontade de Deus, o qual busca a maior felicidade do homem.

Moore (*utilitarismo ideal*): O bem é indefinível, mas está relacionado com o "ideal" antes que com o "prazer" nas suas conseqüências. O *correto* deve ser definido em termos de *bom*; este é indefinível.

Sidgwick (*intuicionismo utilitário*): O bem é a felicidade, mas não pode ser definido em termos de um equilíbrio positivo de felicidade.

Espinosa e Spencer (*utilitarismo evolucionista*): "Ser virtuoso significa realizar com eficiência as atividades específicas da espécie à qual se pertence" (Espinosa). "A conduta melhor é evolutiva mais tarde e uma conduta mais complexa" (Spencer).

Hume (*hedonismo subjetivo*): O bem é redutível à *atitude* mental *de aprovação* em todo ou na maior parte do grupo social (em algumas interpretações).

Dewey (*instrumentalismo*): O bem é *aquilo que funciona* em termos tanto de satisfação pessoal quanto da resolução de tensões grupais.

Perry (*naturalismo*): "O bem é qualquer objeto de qualquer interesse" — uma atitude relacional.

Scheler, N. Hartmann, Meinong (*intuicionismo axiológico* — ética fenomenológica): O bem como tal é diretamente percebido por uma *intuição* emocional.

Teleologia de atos e regras

Duas importantes formas de teoria ética teleológica são o *utilitarismo de atos* (utilitarismo tradicional) e o *utilitarismo de regras* (utilitarismo recente).

Segundo o utilitarismo de *atos* (Bentham, J. S. Mill conforme aplicado a atos individuais, G. E. Moore), deve-se perguntar: "Que efeito a *minha* prática *deste* ato *nesta* situação terá sobre a produção do bem e a eliminação do mal?" Por exemplo: "Via de regra, dizer a verdade pode geralmente produzir as melhores conseqüências; mas se não for assim *nesta* situação, então eu não devo dizer a verdade". Em outras palavras: "Realize o ato que irá produzir o máximo de bem". O princípio da utilidade é aplicado a *atos*.

Segundo o utilitarismo de *regras* (J. S. Mill conforme aplicado a leis de conduta), deve-se perguntar: "Que efeito a observância *desta* regra por *todos* terá sobre a produção do bem e a eliminação do mal?" Por exemplo: "Via de *regra*, *sempre* dizer a verdade produz as melhores conseqüências, muito embora possa não fazê-lo nestas circunstâncias específicas". Argumenta-se que as regras mais úteis devem ser observadas com base no fato de que observá-las tem *muita probabilidade* de produzir os melhores resultados. Se existem exceções, elas estão incluídas na regra. Em outras palavras: "Aja de acordo com a *regra* cuja adoção produzirá o máximo de bem". O princípio da utilidade é aplicado a *regras*.

Teoria ética deontológica

CONVICÇÕES BÁSICAS

A teoria ética está interessada primordialmente na *obrigação moral* — *o certo* — antes que nos fins ou conseqüências.

A obrigação moral se relaciona com o *dever*, o que é *correto* ou o que é *apropriado*.

A obrigação moral envolve a necessidade de praticar um ato; ou seja, é *categórica*. "Você deve fazer X". "Eu estou obrigado a fazer X". "É nosso dever fazer X". (*Dever* é a necessidade de agir por respeito à lei moral — Kant.)

Considerações de *obrigação* moral têm prioridade sobre considerações de *valor* moral.

Conceitos de valor moral (o *bem* etc.) são definíveis em termos de *obrigação moral* ou *conveniência racional*, que são elas mesmas não-derivadas, isto é, não-analisáveis (Reid, Ross).

A ética deontológica acentua a natureza *auto-evidente* do que é *certo* conforme revelado à *razão*, *intuição* ou *senso moral*.

"X é intrinsecamente *bom*" significa "é apropriado ou necessário que todo ser *racional* deseje X."

A *ética* é uma disciplina autônoma que não deriva nem da ciência nem da metafísica. Ele é *deontológica*.

A *liberdade* é postulada como condição necessária da escolha moral.

Como *intuicionismo ético*, a ética deontológica acentua a objetividade da correção ou bondade moral, isto é, *objetivismo axiológico*, e o caráter não-naturalístico, isto é, irredutível, dos juízos morais.

Um deontologista insiste que é possível que uma ação ou regra de ação seja moralmente correta ou obrigatória mesmo que não venha a levar às melhores conseqüências, como, e.g., em Kant, para o qual um ato pode ser moralmente correto — feito *de acordo com o dever*, isto é, o *imperativo categórico* — e o agente moralmente bom, isto é, *age com base no dever*, com *boa vontade* — e, no entanto, levar a más conseqüências, quando, por exemplo, torna o agente ou outras pessoas infelizes. Às vezes isto é denominado o *ponto de vista moral*, no qual alguém faz o que é certo por que é certo, independentemente de ser do seu interesse fazer assim (princípio da imparcialidade).

ALGUNS EXEMPLOS DE TEORIAS ÉTICAS DEONTOLÓGICAS

Epicteto (*estoicismo*): O certo é a *resignação* ao *dever* e a indiferença às conseqüências.

São Paulo (*ética cristã*): O certo é a *obediência à vontade de Deus* (mas v. adiante, acerca da ética agapística).

Kant (*formalismo*): O certo é a *vontade racional* de praticar o *dever por causa do dever*.

Royce (*idealismo*): O certo é a *lealdade* à *lealdade* por sua própria causa.

Clarke, Cumberland, Joseph Butler, Price, Reid (*platonismo de Cambridge* e *intuicionismo do senso moral*): O certo é o *dever* moral indefinível intuído por um *senso moral* comum. "Cada um pode achar dentro de si mesmo a regra do certo e a obrigação de segui-la" (Butler).

DEONTOLOGIA DE ATOS E REGRAS

A teoria ética deontológica pode ser classificada em *deontologia de atos* e *deontologia de regras*.

Deontologia de *atos*. "Nesta *situação* eu devo fazer assim e assim, ou é meu *dever* fazer assim e assim", como, e.g., em Prichard, Carritt, Aristóteles, Joseph Butler e moralistas existenciais contemporâneos como Barth, Brunner, Fletcher, Lehmann, Gustafson, os irmãos Niebuhr, Robinson, Tillich, Sartre e outros, para os quais a *situação determina o dever moral*, embora o indivíduo deva *decidir livremente* cumprir a sua obrigação. Pode-se permitir que regras baseadas em casos particulares sirvam como diretrizes para a decisão, mas não permitir que prescrevam decisões em situações particulares. Em sua *forma existencial*, a deontologia de atos é um tipo de *ética situacional* ou *contextual*.

As críticas da *deontologia de atos* e da *ética situacional* afirmam que nós não podemos passar sem regras porque

1) As situações morais geralmente têm um caráter rotineiro ao invés de serem situações singularmente novas que exigem "decisões de princípio" (Hare) (*sobre* a escolha moral).
2) Quando uma pessoa faz um juízo moral em uma situação particular, ela implicitamente se compromete a fazer o mesmo juízo em qualquer situação semelhante (*sobre* o juízo moral).

3) Os juízos morais são justificados por *razões* e as razões não podem aplicar-se somente a casos particulares. Se as razões se aplicam *neste* caso, então elas se aplicam a todos os casos semelhantes (*sobre* o raciocínio moral).
4) O *aprendizado* moral ocorre mediante o uso de *princípios*. "Aprender a fazer qualquer coisa nunca é aprender a realizar um ato individual; é sempre aprender a realizar atos de um certo tipo em um certo tipo de situação, e isto é aprender um princípio" (Hare) (*sobre* o aprendizado moral).

Deontologia de *regras*. Os padrões de atos certos e errados são *regras*, como, e.g., "Devemos sempre dizer a verdade", como em Clark, Richard Price, Reid, Ross, Kant e em alguns casos Butler, que também opta pela deontologia de atos (v. acima).

As críticas da *deontologia de regras* afirmam que não se pode estabelecer nenhuma regra que se encaixe em todas as situações. Deve haver espaço para *conflitos de regras* e *exceções*. (Mas as exceções podem ser incorporadas em regras, como, por exemplo, "É errado matar, *exceto* em auto-defesa", e as regras podem ser classificadas de acordo com a sua prioridade, como, e.g., "Deve-se manter as promessas, *exceto* quando a vida possa correr riscos".)

Quatro tipos gerais de teorias deontológicas

1) Butler (*teorias da consciência moral*): Ações corretas em situações *específicas* podem ser imediatamente discernidas ou finalmente estabelecidas por um princípio refletivo de *consciência*. (Comparar com Sidgwick: O senso moral é capaz de observar por inspeção que certos tipos de ações são necessariamente certos ou errados independentemente das conseqüências.)
2) Ross (*intuicionismo deontológico*): certos tipos de ações, como, e.g., manter promessas, são sempre corretos a menos que suplantados por outros deveres, como salvar uma vida em uma situação particular. Regras morais são possíveis, mas não dedutíveis, a partir de um único princípio apenas.
3) Kant (*formalismo*): Existe um princípio ou *lei* suprema do dever que se impõe a todas as vontades racionais como um *padrão universal* para as máximas de todos os juízos morais — o *imperativo categórico*. Em outras palavras: Aja de tal maneira que você possa desejar que a máxima ou regra do seu ato se torne a máxima ou regra de todos os atos semelhantes em um *mundo ideal*.
4) Apóstolo Paulo (*agapismo deontológico*): Devemos amar a Deus e ao semelhante ou a) porque Cristo vive em nós como a lei do amor que é perfeita liberdade; ou, senão, b) porque existe, todavia, uma lei moral ou consciência inata a nós que prescreve o nosso dever (v. adiante ética *agapística*).

Teorias éticas que são teleológicas e deontológicas

Sócrates deu origem à ética teleológica grega do *eudemonismo*, mas também falou da obediência ao *dever* e de uma *voz interior* — ensino que posteriormente foi destacado pelos *estóicos* em sua ética deontológica. Mas os estóicos também foram teleológicos em seu esforço de obter *apatheia* (imperturbabilidade) como o estado da perfeição.

A ética cristã é tanto teleológica como deontológica, embora esta última predomine. O aspecto teleológico é expresso nas referências à bem-aventurança eterna do ser humano no céu (Agostinho) ou à máxima felicidade do maior número de pessoas como a vontade de Deus (Paley). O aspecto deontológico é expresso nas referências à obediência à vontade de Deus ou à consciência ou à bondade como realidades derivadas da vontade de Deus como boas porque Deus assim o diz, ou é da sua vontade que assim seja etc. (Ockham, Duns Scotus, Descartes, Kierkegaard, Brunner e outros).

Na teoria ética recente, C. D. Broad procura reconciliar o deontológico e o teleológico ao observar que o caráter certo ou errado de uma ação em dada situação é uma função de sua *propriedade e utilidade naquela situação*.

A ética do amor ou ética agapística judaico-cristã

"Ame o Senhor, o seu Deus, de todo o seu coração, de toda a sua alma e de todo o seu entendimento. Este é o primeiro e maior mandamento. E o segundo é semelhante a ele: Ame o seu próximo como a si mesmo" (Mt 22.38).

A ética agapística *tradicional* acentua *tanto* o amor a Deus, que sugere que se deve obedecer aos seus mandamentos, *quanto* o amor ao próximo, implementado pela obediência aos seus mandamentos. Mas essa ética pode ser um *agapismo* derivado, visto que argumenta que nós *devemos* amar a Deus e ao próximo porque Deus nos ordena ou porque Deus nos ama e nós *devemos* imitá-lo tanto quanto obedecê-lo. É isso o que significa ser correto, isto é, *agapismo deontológico* ou simplesmente *deontologia de atos*, se o que *devemos* fazer é fundamental.

A ética tomista da *lei natural* também pode não derivar diretamente da lei do amor e, portanto, não ser uma pura ética agapística.

A ética agapística *evangélica* acentua o Cristo que habita no interior, através do qual os atos refletem um amor *sobrenatural* que também está sempre em obediência aos imperativos bíblicos, isto é, um *agapismo autoritário*. Todavia, para aqueles nos quais Cristo não habita existe uma lei moral "gravada no seu coração" que distingue entre o certo e o errado (Rm 2.14,15).

Na ética agapística *não-tradicional* (ética situacional), se alguém identifica amar a Deus e amar ao próximo, como na ética da *teologia secular*, então resulta ou uma forma de *deontologia de atos* ou *ética situacional* (ética existencial) (como, e.g., em Fletcher, Gustafson, Tillich ou Lehmann) ou algum tipo de *utilitarismo*, no qual se busca o maior bem para o próximo. Obviamente não é necessário promover o bem *de Deus*, embora a expressão "por amor de Cristo" possa ser interpretada como "por amor ao próximo", em cujo caso a lei do amor se torna ou se aproxima do princípio da benevolência.

O *agapismo puro*, isto é, o amor é o único absoluto moral, pode ser interpretado como

1) *Agapismo de atos*. Deve-se fazer a coisa mais amorosa em cada situação particular, isto é, deixar o amor determinar a obrigação, e não regras (situacionismo, existencialismo religioso, antinomismo).
2) *Agapismo de regras*. Deve-se seguir as regras que mais produzem amor ou mais incorporam o amor.

A crítica usual feita à *ética agapística não-tradicional* ou à *ética situacional* é que elas não esclarecem como o amor pode dar a alguém um meio de saber que ato deve realizar ou que regra deve seguir. Assim, a implementação da injunção de amar o próximo não é explícita, especialmente se a iluminação ou revelação divina já estiver excluída, bem como qualquer princípio filosófico.

A justificação da moralidade

Egoísmo ético

O indivíduo sempre deve promover o seu próprio interesse e ignorar o interesse dos outros, a menos que tenha ligação com o seu próprio interesse. O interesse próprio que deve ser promovido pode ser:

a) a maximização do próprio *prazer* ou *felicidade* — *hedonismo ético egoísta*, como em Epicuro; ou
b) a maximização do prazer ou felicidade em geral — *hedonismo ético universalista* ou *utilitarismo hedonista*, como em Bentham, Mill ou o que Platão, por exemplo, chamou a vida mista de conhecimento, prazer e outras coisas boas. Para Platão, a moralidade compensa. "O homem moral [justo] é sempre o homem feliz."

Outros egoístas éticos são Protágoras e os sofistas gregos em geral, Aristóteles ("Cada homem é o seu melhor amigo"), Espinosa e Hobbes, que é também um *egoísta psicológico*.

Egoísmo psicológico

Trata-se de uma teoria pseudocientífica de que é impossível que alguém aja de modo contrário ao que acredita ser do seu melhor interesse. Se o egoísmo psicológico for verdadeiro, o egoísmo ético como teoria ética é sem sentido, visto que ninguém pode deixar de agir segundo o que acredita ser o seu melhor interesse.

Por que ser moral?

Essa pergunta indaga que *razões* podem ser dadas para *justificar* o ser moral, não o que *causa* ou *dá incentivo* para ser moral. Algumas respostas representativas são as seguintes:

1) A moralidade compensa para o indivíduo, como, e.g., em Platão.
2) A moralidade favorece o interesse comum; isto é, ser moral *significa* "seguir regras designadas para suplantar o interesse próprio sempre que for do interesse de todos igualmente que cada um ponha de lado o seu interesse pessoal" (Baier).
3) A moralidade está de acordo com a vontade de Deus. A pessoa deve obedecer a vontade de Deus porque
    a) é do seu interesse fazem assim — para evitar punições e assim por diante (*egoísmo*);
    b) ela ama a Deus e busca implementar o seu perfeito amor (*agapismo*); ou
    c) Deus é a autoridade soberana e, portanto, tem direito à obediência (*autoritarismo*).

4) A moralidade é *correta*. Se eu reconheço que uma ação é correta, eu tenho a minha razão, isto é, justificativa, para praticá-la. Reconhecer uma *obrigação* é *também* reconhecer uma razão para cumpri-la. A resposta à pergunta "Por que praticar *este* ato?" é "Porque é certo". *Não* se pode dar uma razão de interesse próprio para ser moral para se agir de modo contrário ao interesse próprio. Daí somente razões morais podem justificar uma moralidade que venha a ser contrária ao interesse próprio (v. Kant, quanto ao ponto de vista moral).

Teorias de ética metaéticas ou analíticas

Esta seção esboça as teorias acerca da natureza das palavras e do discurso moral, como, por exemplo, em Moore, para o qual "bom" é o nome de uma qualidade não-empírica, indefinível de coisas *boas*, ou, por exemplo, em Stevenson, para o qual as afirmações morais são tanto expressões de aprovação como também tentativas de influenciar atitudes ou comportamentos.

A *metaética* é o *estudo das afirmações morais* ou dos *juízos morais*, em contraste com a *ética normativa*, que é o estudo do *certo e errado* ou *bom e mau*, isto é, como o comportamento deve ser. A metaética está interessada no uso da linguagem moral e é *descritiva* e *analítica* antes que *prescritiva* e *substantiva*.

Teorias cognitivistas e não-cognitivistas

As teorias metaéticas podem ser classificadas em duas categorias gerais:

1) *cognitivistas* — aquelas que sustentam que os termos e afirmações éticas são informativos; e
2) não-cognitivistas — aquelas que negam que os termos éticos sejam informativos ou negam que eles sejam *primordialmente* informativos.

O argumento da falácia naturalista

Falácia naturalista é o nome dado por G. E. Moore à tentativa da teoria metaética de definir os termos *éticos* (não-naturais) e *não-éticos* (naturais), como, por exemplo, para definir o bem como prazer (ética naturalista) ou o bem como aquilo que Deus aprova (ética metafísica) (v. Moore, Parte V). Geralmente é a arma usada pela ética intuicionista contra todas as formas de ética não-intuicionista, a qual, dizem os intuicionistas, atribui o que é verdadeiro quanto a uma parte de um todo, por exemplo, $a + b + c$ (propriedades não-éticas) + *bom* (propriedade ética), ao todo do qual é uma parte, por exemplo, $a + b + c =$ bom.

Moore aplica o teste da *pergunta aberta*, por exemplo: "Isto me dá prazer, mas é bom?" não pode significar "Isto me dá prazer, mas é prazer?" Aqueles que invocam o argumento da falácia naturalista pressupõem (com base em Hume) que o "deve" não pode ser derivado do "é". A metaética *não-cognitivista* ou *emotivista* compartilha o uso feito por Moore do argumento da falácia-naturalista, mas por razões diferentes. Para ela, os termos éticos não podem ser definidos em termos não-éticos (prazer etc.) porque não se referem a nada. Antes, o seu uso é denominado *retórico* (persuasivo etc.), ao invés de *referencial* (v. ética não-cognitivista). Assim, tanto as teorias *intuicionistas* (por exemplo, Moore) como *não-cognitivistas* ou *emotivistas* (por exemplo, Ayer) são teorias *não-definistas*, e as teorias *naturalistas* (por exemplo, J. S. Mill) e *metafísicas* (por exemplo, Platão) são *definistas*.

Os opositores do argumento da falácia naturalista (por exemplo, Perry e Frankena) negam que a falácia naturalista é uma falácia *lógica* se as premissas suprimidas (não-declaradas) são acrescentadas, como, por exemplo, na inferência epicurista a partir do *hedonismo psicológico* (a alegação de que, *como matéria de fato*, todos os homens buscam o prazer) para o *hedonismo ético* (a alegação de que os homens *devem* buscar o prazer ou de que o prazer é *intrinsecamente bom*) (Frankena):

a) O prazer é buscado por todos os homens (o que *é* o caso).
b) O que é buscado por todos os homens é bom (por *definição*).
c) Portanto, o prazer é bom (isto é, *deve* ser buscado).

Assim, Frankena, por exemplo, afirma que Moore dá a questão como provada ao pressupor o que está tentando provar, isto é, o caráter indefinível de bom. Segundo Frankena, "a falácia naturalista... é uma falácia, não porque é naturalista ou confunde uma qualidade não-natural com uma natural, mas unicamente porque envolve a *falácia definista* [...] [que] é o processo de confundir ou identificar duas propriedades, de definir uma propriedade por outra ou de substituir uma propriedade por outra [...] A falácia é sempre e simplesmente o fato de que *duas propriedades estão sendo tratadas como uma só*, e é irrelevante [...] que uma delas seja natural ou não-ética e a outra não-natural ou ética".

- **ÉTICA COGNITIVISTA** (ética definista ou descritivista) (O discurso moral versa sobre fatos de algum tipo.)
  - **SOBRENATURALISMO** (por exemplo, Paley, tabela 19) (O discurso moral versa sobre fatos *metafísicos*. "X é bom" significa "Deus quer X".)
  - **NATURALISMO** (O discurso moral versa sobre fatos *empíricos*. "X é bom" significa, e.g., "Alguém aprova X".)
    - **SUBJETIVISMO** (por exemplo, Perry, tabela 19) (O discurso moral versa sobre *conflitos de interesse*. "X é bom" significa "X é um objeto do *interesse favorável* de alguém".)
    - **INSTRUMENTALISMO** (por exemplo, Dewey, tabela 18) (tb. Experimentalismo, Contextualismo, Pragmatismo ou Relativismo Objetivo) (O discurso moral versa sobre a *satisfação de interesses humanos*. "X é bom" significa "X é um meio para um *fim desejável*".)
  - **NÃO-NATURALISMO** (por exemplo, Moore, tabela 21) (também Objetivismo ou Intuicionismo) (O discurso moral versa sobre *fatos morais*. "X é bom" significa "X tem a propriedade moral objetiva, mas não-empírica, da bondade".)

- **ÉTICA NÃO-COGNITIVISTA** (teorias não-descritivas, positivistas ou dinâmicas)
  - **EMOTIVISMO** (por exemplo, Ayer, tabela 19) (O discurso moral basicamente *expressa atitudes*. "X é bom" significa emotivamente "Sim!".)
  - **IMPERATIVISMO** (por exemplo, Stevenson, tabela 19) (O discurso moral basicamente *influencia as atitudes*. "X é bom" significa "Eu aprovo X; por isso faça o mesmo".)
  - **PRESCRITIVISMO** (por exemplo, Hare, tabela 19) (O discurso moral basicamente *guia o comportamento*. "X é bom" significa "Eu recomendo X".)
  - **TEORIAS DE BOAS RAZÕES** (por exemplo, Toulmin, Baier ou Warnock) (O discurso moral tem a ver com fatos que são necessariamente relevantes para a *avaliação moral*. "X é bom" significa "Temos boas razões para aprovar X, isto é, boas razões para crer que X promove o bem-estar humano etc.")

Os opositores do argumento ou teoria da falácia naturalista de Moore, de que "bom é uma propriedade não-natural", argumentam que falar de algo como, por exemplo, agradável, isto é, não-ético, e *bom*, isto é, ético, é referir-se à *mesma* coisa e não a coisas diferentes. Assim, não existe uma *falácia definista*. Pode-se usar "agradável" e "bom" para significar, isto é, referir-se, à mesma coisa. Além do mais, "se o lema [ou falácia definista] de Moore exclui quaisquer definições... de 'bom', então ele *exclui todas as definições de qualquer termo que seja*" (Frankena).

A ética definista (isto é, naturalista ou metafísica) sustenta que certas proposições que incluem termos éticos são analíticas (verdadeiras por definição), como, por exemplo, "Todos os objetos de desejo são bons" (Perry). A ética intuicionista sustenta que essas afirmações são sintéticas (informativas, sobre fatos de algum tipo etc.). Ela afirma que, quando se usam termos éticos (a + b + c + bom), são intuídas *propriedades éticas inigualáveis*. Os definistas, por outro lado, negam qualquer intuição desse tipo e afirmam que os termos éticos, como, por exemplo, "bom" e "certo", se referem somente a propriedades não-éticas como tais. Dizer que *x* é um bom estudante, por exemplo, é referir-se especificamente a algumas ou todas dentre determinadas características, como vivo interesse, boa freqüência, atitude cooperativa, excelente compreensão etc., e não a qualquer coisa *em adição* a estas.

Relativismo ético

O *relativismo* na teoria ética nega a existência de padrões morais universais, como, por exemplo, negaria a afirmação de Platão de que existe um Bem absoluto e universal.

Relativismo sociológico

O relativismo *sociológico* ou *cultural* sustenta que, *como matéria de fato*, as convicções morais não são as mesmas em diferentes grupos culturais. O que se considera certo em uma cultura não é necessariamente considerado certo em outra cultura.

Relativismo ético

O relativismo *ético* sustenta que todas as convicções morais são *verdadeiras*. Não existe um padrão universal ou absoluto de certo e errado. O que é considerado certo em uma cultura, como, por exemplo, a amabilidade, *é* certo, mas não precisa *ser* certo em outra cultura. "Tudo o que é, é certo".

Relativismo metaético

O relativismo metaético sustenta que, quando existe uma divergência moral, ambas as posições podem ser corretas, como, por exemplo:

1) "x está certo" *significa* "O que eu *acho* está certo". (Objeção: "O que eu *acho* está certo" = "O que eu acho é o que eu acho...")
2) "x está certo" *significa* "O que eu *aprovo*". (Objeção: Não poderia haver juízos morais opostos, visto que, se uma pessoa aprovasse e outra desaprovasse, nenhuma delas iria contradizer a outra. Elas não estariam se referindo à mesma coisa.)
3) "x está certo" é *verdade* para você. "x está errado" é *verdade* para mim. (Objeção: As afirmações são verdadeiras ou falsas, ponto final. Surge uma confusão quando se pensa que as afirmações acima são o mesmo que dizer que é verdade que *você gosta* de morangos, mas também é verdade que *eu não gosto* deles.)

Relativismo metodológico

O relativismo *metodológico* sustenta que não existe um modo *racional* de resolver disputas morais. Nada pode ser provado na ética. Nenhum juízo moral específico é sugerido por quaisquer fatos ou conjunto de fatos.

Liberdade e responsabilidade

"O princípio da moralidade e a liberdade da vontade são duas das questões mais importantes a serem tratadas por uma filosofia moral" (Castell). Se os juízos morais são destituídos de *padrões* de julgamento, não há sentido em indagar se os homens devem escolher um ou outro curso de ação. Por outro lado, se os homens não podem escolher os seus cursos de ação, há pouco sentido em tentar estabelecer padrões de julgamento. Também não se pode atribuir responsabilidade nem se justificar elogios ou repreensões, visto que os mesmos pressupõem cursos alternativos de ação, a menos que o seu uso seja limitado à alteração do comportamento antes que à elaboração de juízos morais.

Os juízos morais da vida diária — "Ele *pode* fazê-lo", "Ele o fez *voluntariamente*", "Ele é *responsável*" — estão fixados em contextos específicos de uso e assinalam distinções genuínas dentro desses contextos. Eles *funcionam* na linguagem moral ordinária. O problema é analisar e esclarecer essa função. Aristóteles, por exemplo, observou que uma pessoa é responsável pela sua ação a menos que seja ignorante ou compelida.

ESPECTRO DA LIBERDADE E RESPONSABILIDADE

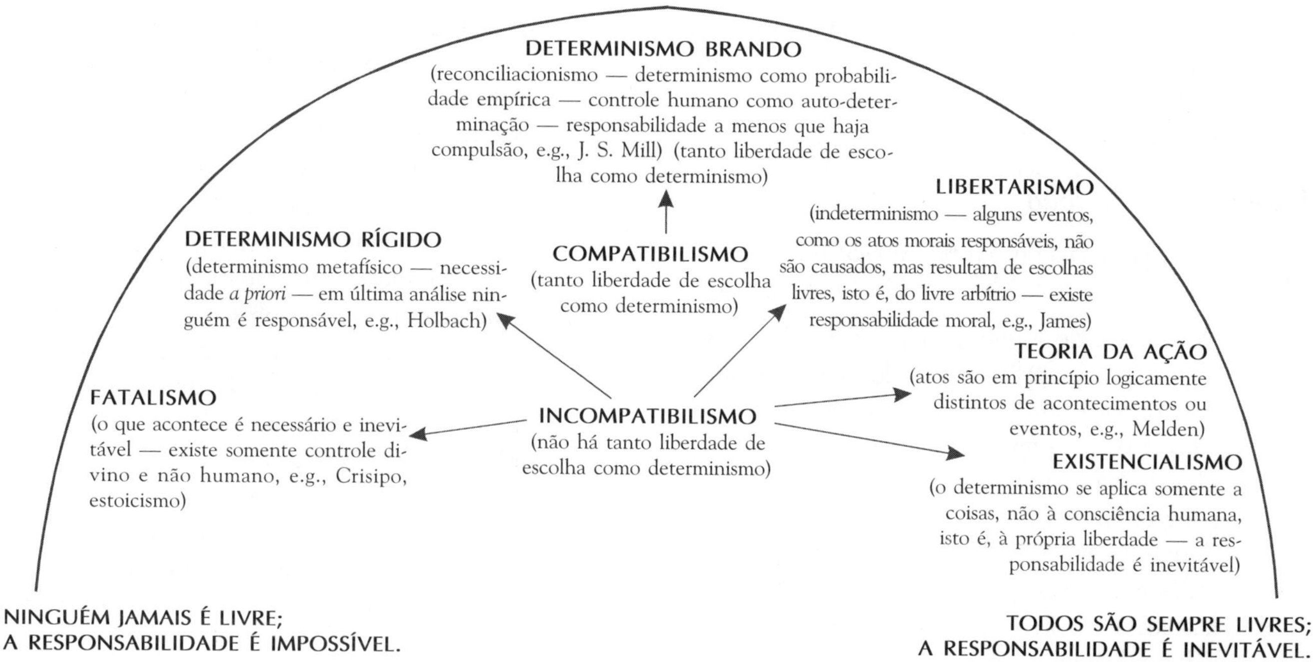

Questões metaéticas e metafísicas

A questão *metaética* (isto é, lógica) tem a v. com o que *significa* dizer de uma ação ou de uma decisão que ela foi livre (voluntária), determinada (causada), responsável (justificável), inevitável (compelida) etc. Por exemplo, "Ser determinado não significa necessariamente ou mesmo simplesmente ser compelido".

A questão *metafísica* (isto é, substantiva) tem a v. com perguntas como: "Levando em conta tudo como é, poderia alguém jamais agir de modo diferente do que age?", "Existem alternativas genuínas?", "Coisas como escolher, decidir ou agir são eventos e, como todos os eventos, são causadas?", "Elogios e repreensões são justificados?"

Determinismo

O *determinismo* é a crença de que

1) Tudo o que acontece tem uma causa.
2) Para cada acontecimento do universo, existe um conjunto de condições tais que, se as condições fossem repetidas, o acontecimento seria repetido.
3) Todos os eventos (fatos, estados etc.) são *legais* no sentido de que, aproximadamente, para qualquer evento *e*, existe um evento distinto *d* mais uma lei (causal) que afirma "sempre que *d*, então *e*".

Fatalismo

O *fatalismo* (por exemplo, no estoicismo) é a crença de que os acontecimentos são pré-determinados por um propósito, plano ou vontade cósmica:

1) Tudo o que é preordenado irá ocorrer não importa o que aconteça.
2) O controle humano está limitado à atitude, como, e.g., resignação à vontade de Deus etc.
3) Nada acontece por acidente ou acaso.

Determinismo rígido

O *determinismo rígido* (*metafísico*) (Holbach, Espinosa, Darrow) sustenta o seguinte:

1) A causalidade é uma *verdade* necessária ou *a priori* acerca do mundo.
2) Nada acontece para o que não exista uma *razão suficiente*.
3) O mundo é um *mecanicismo*.
4) A causa das escolhas morais é estabelecida no início e é independente do caráter. Mesmo as escolhas para alterar condições não-humanas já estão elas mesmas determinadas por condições antecedentes. Elas não podem ser diferentes do que são.

5) O *incompatibilismo* é verdadeiro — ou determinismo ou indeterminismo (não ambos). Visto que o determinismo é verdadeiro, nenhum ato é, em última análise, evitável. Assim, a responsabilidade é uma questão de boa sorte, antes que de bom caráter ou livre escolha.

Determinismo brando

O *determinismo brando* (*reconciliacionismo*) (Hume, Mill, Moore, Nowell-Smith, Schlick, Ayer, Hook) afirma que

1) A causalidade é uma generalização descritiva e, portanto, empírica acerca do mundo ou uma pressuposição útil para a investigação científica. Ela não é *a priori* ou prescritiva.
2) Causalidade não é compulsão, embora a compulsão seja um tipo de causalidade.
3) A questão não é se as escolhas morais são causadas, mas como.
4) Escolhas e atos livres são escolhas e atos não-compelidos determinados conscientemente por interesses, objetivos etc., pelo *eu* ou caráter da pessoa.
5) Não pode haver liberdade, isto é, autodeterminação, sem determinismo (compatibilismo).
6) A responsabilidade está relacionada com o grau de autodeterminação ou controle consciente por parte do indivíduo.
7) Os atos evitáveis são livres; atos inevitáveis (inadvertidos etc.) não são livres.
8) Ao contrário de determinismo rígido, a causa das escolhas morais é estabelecida mais tarde e pelo caráter humano.
9) A responsabilidade está limitada ao que uma pessoa irá escolher, dado o tipo de pessoa que ela é. O agente é responsável, por exemplo, na medida em que ele poderia ter sido um tipo diferente de pessoa.
10) Elogios, repreensões, recompensas e punições são justificadas somente na medida em que mudam uma pessoa ou o seu comportamento.
11) Liberdade é a possessão do poder necessário para agir e a *ausência de interferências* em quaisquer destes pontos:

desejos possíveis → desejos atuais → decisões → atos

Libertarismo

O *libertarismo* (*indeterminismo*) (Agostinho, Tomás de Aquino, Descartes, Kant, James, Campbell) é a crença de que

1) Nem todos os eventos, como, e.g., as escolhas morais, são causados (indeterminismo).
2) O eu é um agente com *livre-arbítrio* que transcende o caráter formado e pode agir de modo contrário ao caráter ou à inclinação ao fazer escolher morais.
3) Uma pessoa é livre se, e somente se, ela pudesse ter agido ou escolhido de modo diferente. Esse não poderia ser o caso se o determinismo fosse verdadeiro (incompatibilismo).
4) O determinismo se aplica somente à pessoa como é *observada*, isto é, como fenômenos empíricos sujeitos a leis, não ao *eu*.
5) Escolha consciente e racional (ato) e "ser causado por X" são coisas diferentes.
6) A responsabilidade é possível ou ao se agir de acordo com inclinações que acontecem de serem boas *ou* ao se agir de modo contrário a inclinações que não o são, como, por exemplo, em casos de tentação moral.
7) O *livre-arbítrio* é uma condição necessária da responsabilidade.

Teoria da ação

A *teoria da ação* (Melden, P. Taylor, MacIntyre) pode ser sintetizada da seguinte maneira:

1) Faz-se uma distinção *lógica* entre uma ação, isto é, o que é *feito intencionalmente*, e o que *acontece de modo inadvertido*. As ações são diferentes em princípio.
2) As explicações causais se aplicam ao que acontece — não às escolhas morais como ações. As ações não são definíveis em termos de acontecimentos ou suas relações. O determinismo não tem nenhuma conexão com ações por razões lógicas — não factuais.
3) Escolher, decidir ou agir é resolver uma questão de acordo com *razões*, e não *causas*.
4) Relatos deterministas de escolhas morais fazem violência aos usos ordinários da linguagem moral.
5) Enquanto que o libertário argumenta que existem *de fato* atos não-causados, a teoria da ação argumenta *a priori* que os *atos* são em princípio não-causados.

Existencialismo

O *existencialismo* (Sartre; v. tb. a tabela 3 e a Parte V) argumenta que

1) A consciência transcende e dá sentido ao mundo do qual está consciente. "O ambiente só pode agir sobre o sujeito na medida em que ele o compreende, ou seja, transforma-o em uma situação... sobre a qual se impõe um valor [por exemplo, causalidade]."
2) A consciência é *nulidade*, e daí indeterminada, isto é, *liberdade*. Ela surge no ato de intencionar, isto é, dar significado, e.g., causalidade, ao mundo — ser-em-si. "O ato é a expressão da liberdade". "Agir é modificar [...] o mundo".
3) As decisões morais são análogas às decisões criativas de artistas em situações concretas. Nas decisões morais, se exerce *liberdade*. O indivíduo se torna *ser-para-si*. "A recusa da liberdade somente pode ser concebida como uma tentativa de se apreender a si próprio como ser-em-si [...] A realidade humana pode ser definida como um ser tal que, em seu ser, sua *liberdade* está em jogo porque a realidade humana tenta perpetuamente recusar-se a reconhecer a sua liberdade."
4) A responsabilidade é absoluta. O homem não tem desculpa.

Condições de isenção

Condições de isenção são condições de exoneração de culpa, como, e.g., "Ele não pôde deixar de fazer o que fez". As condições são

1) *ignorância*, se inevitável;
2) *compulsão*, se além do controle da pessoa, inclusive as exigências de *boas razões*, como, e.g., "Eu poderia ter deixado que ele atirasse em mim, mas salvar a minha vida foi uma boa razão para aquiescer"; e
3) *tentativa*, se frustrada, como, e.g., "Ele tentou fazer a coisa certa, mas fracassou".

Observar que ignorância evitável, falta de boas razões, ausência de tentativa etc., não se constituiriam em condições de isenção.

Tentativa

Tentar é definido como fazer o esforço necessário. Alguns conceitos de liberdade e responsabilidade são definidos em termos de *tentativa*, como, e.g., "Ele era livre (ou responsável)" = "Ele poderia ter feito X *se tivesse tentado*" ou "Ele *pode* fazer X" = "Ele *pode* fazer X *se tentar*".

Mas, outra vez, "tentar" é ele mesmo causado, não menos que "escolher", "decidir", "agir" (determinismo), ou é não-causado ou é simplesmente algo diferente? "O esforço da vontade tal como o experimentamos é um fenômeno singular incapaz de ser analisado em termos de qualquer coisa a não se de si mesmo" (Campbell) (libertarismo, teoria da ação e existencialismo).

A tentativa não é entendida como algo que não existe se o determinismo for verdadeiro. Entende-se que é o que a liberdade significa para o *determinismo brando*, por exemplo, visto que se refere ao que a *pessoa faz* para causar aquilo que está fazendo.

Teorias da arte

O estudo das teorias da arte é a *estética* (do grego *aesthetikos*, perceptivo), que é o estudo sistemático da natureza da beleza e das artes nos sentidos *normativo* e *descritivo*. Uma tendência contemporânea tende a fazer uma dissociação entre *beleza* e *arte* por causa de variações nos conceitos referentes à natureza da beleza e ao papel da arte que a exemplifica; por exemplo, a arte pode ser interpretada como algo que retrata tanto o feio como o belo.

A arte tem sido definida em diferentes termos que, sem serem mutuamente exclusivos, ilustram distintos pontos de vista. Os mesmos são mencionados a seguir.

Como imitação

(Platão, Aristóteles, Leonardo da Vinci, Kant e outros)

Para Platão, a arte era uma imitação das aparências, e assim uma cópia de segunda mão da realidade (v. Platão, Parte V). Aristóteles modificou esse conceito ao sugerir que o artista procura reproduzir o ideal ou real, isto é, a *forma* nas aparências ou particulares.

Como prazer

(Santayana)

"A beleza é o prazer considerado como qualidade de uma coisa". Embora *subjetiva*, a beleza possui *valor intrínseco* como o *bem supremo da vida*. Ela tende a tornar-se *objetivada* como uma qualidade das próprias coisas.

Como diversão

(Kant, Schiller, Spencer, Lange, Groos e outros)

A arte é vista como a expressão criativa da energia excedente do homem. A diversão é a arte da criança; a arte é a diversão dos adultos.

Como fuga

(Lange, Schopenhauer, Nietzsche, Vaihinger e outros)

Para Lange, através da arte o homem foge do mundo das preocupações diárias para um mundo de ideais. A arte pode servir como um ópio. Para Schopenhauer, a arte — particularmente a música — é o meio de fuga das garras da *vontade* cósmica irracional que está na raiz da realidade (v. Schopenhauer, Parte V).

Como percepção

(Platão, Schopenhauer, Croce, Alexander e outros)

Essa teoria da arte a vê como um meio de percepção da realidade. Schopenhauer via a arte como uma percepção das *idéias* mediante as quais a *vontade* cósmica irracional se objetiva como o mundo. Para ele, a música proporciona uma percepção direta da natureza da própria *vontade*. Para Croce, a arte é uma percepção da realidade do espírito. Ela é também uma *expressão* dessa realidade.

Como empatia

(Titchener, Lotze, Lipps e outros)

O psicólogo E. B. Titchener utilizou o termo *empatia* em conexão com a arte. Para Lipps, tratava-se de *Einfühlung* — "sentir em". Segundo esta teoria, a arte é a tentativa de reproduzir a experiência de certos objetos ou ações através do cultivo de certas "atitudes motoras simpáticas" ou "estados de mente".

Como a qualidade da experiência

(Dewey [*Art as experience*, 1934], Hirn e outros)

De acordo com Dewey, a arte deve "idealizar qualidades encontradas nas *experiências comuns*", isto é, realçar as experiências ordinárias da vida diária. Para Hirn, a arte é também o compartilhamento social das melhores experiências do homem. Ela serve para estimular os valores sociais e inclui uma parte vital da "busca de ressonância social".

Como comunicação

(Tolstoy [*What is art*], McMahon, Ducasse e outros)

Ducasse descreve a arte como "a linguagem da sensibilidade, disposição, sentimento e atitude emocional", a ser distinguida da "linguagem da asserção, através da qual expressamos fatos". Tolstoy também acreditava que a arte é um meio de comunicar sentimentos, mas também viu uma função moral na arte no fato de que ela deve comunicar um amor e entendimento que podem unir os homens. Para ele, "a arte é uma atividade humana que consiste em transmitir a outros sentimentos que temos experimentado".

Como expressão

(Tolstoy, Croce, Santayana, Parker e outros)

Parker vê a arte como a expressão imaginativa de um desejo. Croce dá à arte o nobre status de expressar a vida da realidade (espírito). Para Tolstoy, a arte tanto expressa quanto comunica sentimento. O critério da sua eficácia é a sua capacidade de evocar ou comunicar sentimentos semelhantes nos outros.

Filosofia da religião

O problema dos valores abrange não só valores éticos e estéticos, mas também religiosos. Para alguns, a fonte dos valores é essencialmente religiosa. Outros insistem que os valores são estritamente uma preocupação humana, não tendo nenhuma relação necessária com a religião ou com um *Ser Supremo*.

A filosofia da religião se concentra no *problema de Deus*, isto é, o problema *teológico*. Esse problema envolve questões como a *existência* ou *não-existência* de Deus e a *natureza* de Deus. Há também o problema do conhecimento de Deus. Surgem perguntas como esta: A *teologia natural* é possível ou Deus deve manifestar-se através de uma *revelação*, como na *teologia sobrenatural*?

Outros problemas dizem respeito à relação de Deus com o mundo. Deus é idêntico ou co-extensivo com o mundo, como no *panteísmo* de Espinosa, ou *transcendente* como um Criador separado do mundo, como no *sobrenaturalismo* e *teísmo* de Agostinho? Além disso, a divindade é *onipotente* (todo-poderosa), como Agostinho também cria, ou *limitada*, como Platão e os filósofos americanos Brightman e James acreditavam?

Poder-se-ia indagar acerca da bondade e do caráter geral da divindade e por que, por exemplo, existe o mal no mundo; ou se poderia concluir, como alguns têm feito, que o mal é ilusório, mas perguntar por que se permite que essa ilusão aflija o ser humano. Pode ser examinada a natureza de Deus como *Ser Supremo* (Agostinho), *Pessoa Suprema* (Brightman), *Processo Supremo* (Whitehead), *Idéia, Razão ou Mente Suprema* (Hegel) ou *o Próprio Ser* (Tillich). Depois, existe a questão da linguagem religiosa. Ela é informativa? moral? simbólica? Tudo isto?

Finalmente, as provas da existência de Deus têm ocupado tradicionalmente a atenção da filosofia da religião. Como uma observação geral, pode-se observar que a filosofia *católica romana* da religião (como o *neotomismo*), geralmente exibe maior confiança na capacidade da filosofia da religião no sentido de demonstrar a existência de Deus do que a filosofia *protestante* da religião. A filosofia *secular* da religião ou de orientação não-religiosa (como, e.g., o *humanismo*) geralmente tem sido *agnóstica* (não conhece) acerca de Deus ou tem negado categoricamente as evidências ou a necessidade da existência de Deus, ou ambas (*ceticismo* e *ateísmo*).

A religião tem sido definida de diversas maneiras, dependendo da filosofia particular de religião que propõe a definição. Literalmente a palavra "religião" deriva do latim *religio*, que significa "atar" aquilo que de outro modo poderia se desagregar. A maior parte dos observadores concorda que a religião atua em prol da integração pessoal e social dos valores e em prol de uma orientação geral da existência humana pessoal. Alguns identificam a religião com ignorância ou com formas primitivas de pensamento.

Teorias características da religião e de Deus

Definições de religião essencialmente positivas

1) Oman (*teísmo*): Religião é aquilo que trata da "esfera invisível de valor absoluto que requer adoração".
2) Tillich (*existencialismo religioso*): "Religião é a resposta do homem a preocupações últimas em termos do absoluto".
3) Schleiermacher (*liberalismo*): "Religião é um sentimento de dependência da criatura em relação a Deus".
4) Bewkes (*liberalismo*): Religião é aquilo que "dá forças à fragilidade, realização à frustração, plenitude ao que é incompleto".
5) Brightman (*personalismo*): "Religião é o interesse por experiências que são consideradas como de valor supremo".
6) James (*teísmo empírico*): "Religião é a resposta do homem a um senso indiferenciado da realidade, ao 'mais'".
7) Fromm (*neofreudianismo*): "Religião é qualquer sistema de pensamento e ação partilhado por um grupo que dá ao indivíduo uma estrutura de orientação e um objeto de devoção".
8) Malinowski (*antropologia cultural*): A religião e o conceito de Deus satisfazem certas necessidades *funcionais* específicas de indivíduos e grupos.
9) Royce (*idealismo absoluto*): "Religião é a devoção a um código moral reforçado por crenças acerca da natureza das coisas".
10) Barth (*neo-ortodoxia*): Religião é o homem esforçando-se para se tornar justo diante daquilo que ele reconhece como supremo e decisivo.

Definições de religião essencialmente negativas

1) Feuerbach (*materialismo*): Religião é um fenômeno puramente psicológico. É a "condição infantil da humanidade". A consciência de Deus é "autoconsciência e o conhecimento de Deus é autoconhe-cimento".
2) Freud (*freudianismo*): "Religião é uma neurose infantil e Deus é uma projeção paterna".
3) Durkheim (*positivismo sociológico*): Religião é um aspecto do *totemismo* para o qual Deus se torna a expressão de uma deificação do grupo.
4) Lucrécio (*epicurismo*): A religião e os conceitos de Deus resultam da ignorância e do medo. Se existirem deuses, eles são distantes e indiferentes.
5) Tylor (*antropologia cultural*): Religião é uma tentativa de dar explicações pré-científicas para os mistérios da vida.
6) Santayana (*humanismo estético*): Religião é uma expressão de valor estético como são a poesia e o mito. Deus é o *símbolo* mais elevado dos ideais mais elevados do homem.

ESPECTRO DE ALTERNATIVAS RELIGIOSAS CONTEMPORÂNEAS

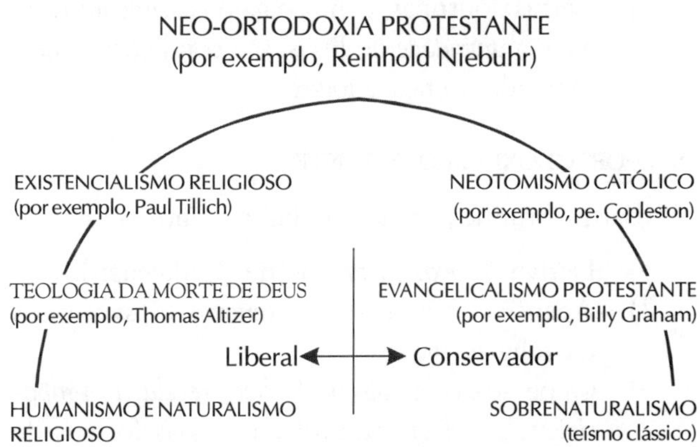

ESPECTRO DE CRENÇAS CONTEMPORÂNEAS ACERCA DE DEUS

Filosofias contemporâneas da religião

NEOTOMISMO (NEO-ESCOLASTICISMO)

(Maritain, Gilson, Grabmann, Copleston e outros)

1) Reafirma a filosofia da religião de Tomás de Aquino (v. Parte V).
2) O conhecimento religioso é um produto da *razão* completado pela *revelação*.
3) Acentua a *teologia natural* e o *teísmo*.
4) Ensina que *Deus* possui todas as qualidades da *perfeição*.
5) A *Bíblia* como interpretada pela *Igreja* é dotada de *autoridade*.

EVANGELICALISMO PROTESTANTE (FUNDAMENTALISMO)

(Henry, Carnell, Machen, Montgomery, van Til e outros)

1) Acentua o *sobrenaturalismo*, o *teísmo* e a *regeneração pessoal*.
2) A *Bíblia* é a *autoridade suprema* como a *Palavra de Deus* verbalmente inspirada.
3) Certas doutrinas, como, e.g., o *nascimento virginal* e a *divindade* de Jesus, são condições necessárias da crença *ortodoxa*.

NEO-ORTODOXIA PROTESTANTE

(Barth, Brunner, irmãos Niebuhr e outros)

1) Deriva do *existencialismo* de Kierkegaard.
2) Acentua os aspectos *existenciais* e *psicológicos* da religião.
3) Opõe-se ao *literalismo bíblico*, *revelação proposicional*, *teologia natural* e todas as formas de *humanismo religioso*. "A Escritura só é revelação quando conjugada ao Espírito de Deus no presente" (Brunner).
4) O conhecimento de Deus não é apreendido pela razão, mas através de um ato de auto-revelação *pessoal* de Deus (*Palavra de Deus*).
5) Reafirma e reinterpreta o papel do pecado no entendimento religioso e no problema da situação humana.

EXISTENCIALISMO RELIGIOSO (TEOLOGIA RADICAL)

(Tillich, Buber, Bultmann, Bonhoeffer, Robinson, Pike, Altizer, Dewart e outros; v. Tillich, Parte V, e a tabela 24)

1) Deus é uma dimensão da qualidade da existência (ou ser, realidade etc.).
2) "O elemento supremo do ato de fé e o elemento supremo significado no ato de fé são um só e o mesmo" (Tillich). Deus é *participação* no *fundamento* ou *profundeza* do próprio ser do indivíduo.
3) A *fé* não é um tipo de conhecimento. O conhecimento está limitado à ciência.
4) "Fé é o ato total e centralizado [isto é, *compromisso*] do eu pessoal" (Tillich).
5) Exceto quanto a asserções como "Deus é o Ser em Si Mesmo", todas as asserções acerca de Deus são *simbólicas*, inclusive a asserção "Deus está morto" (qualificada). Afirmações sobre Deus referem-se à relação experimental do indivíduo com a existência (ou ser), como, e.g., "Deus existe" significa "Eu experimento uma profundeza no meu ser quando respondo à realidade com *interesse supremo*" (Tillich) (v. tb. linguagem religiosa).

Embora este tipo de filosofia religiosa receba diferentes nomes (*nova teologia*, *teologia radical*, *teologia secular* ou *existencialismo religioso*), trata-se em muitos aspectos de diferentes formas de *idealismo*, como, e.g., em Tillich, Robinson ou Altizer — cujas idéias são distintamente hegelianas, como, por exemplo, em seu conceito de que a história é Deus se encarnando na vida concreta do homem, um Deus-em-processo-de-transformar-o-mundo.

A dicotomia secular-sagrado da teologia tradicional é rejeitada, visto que Deus é uma dimensão ou qualidade do ser humano, isto é, algo *deste* mundo, daí tais caracterizações como teologia *secular*, cristianismo *sem religião* ou, na sua forma mais radical, *ateísmo* cristão (Altizer, Hamilton e outros).

Liberalismo protestante (modernismo)

(Schleiermacher, Rauschenbusch, Case, Mathews e outros)

1) Inclui a maior parte das filosofias religiosas protestantes que buscam uma conciliação entre ciência, humanismo e cristianismo tradicional.
2) Realça os ensinos éticos de Jesus e um *evangelho social*.
3) Deus é visto como colaborador do homem na reforma do mundo.
4) A natureza humana é essencialmente boa.

Misticismo

(Jones, Inge, von Hügel, Otto e outros)

1) Deus é o Inefável — transcendente, todavia não o absolutamente Outro.
2) Como *Eu Absoluto*, Deus está ligado ao Verdadeiro Eu dos indivíduos. "A alma encontra Deus em suas próprias profundezas" (Ruysbroeck).
3) O conhecimento de ser "um com Deus" é diretamente experimentado na *intuição*.
4) Conhecer a Deus é compreender *que* Ele é, não *o que* Ele é.

Pragmatismo religioso (teísmo empírico)

(James e outros)

1) Deus é limitado — um dos muitos "reais" — e é conhecido através da "vontade de crer" como uma "consciência sobre-humana".
2) O homem está consciente desse "mais" do universo, que "é no seu lado de cá o lado subconsciente de nossa [própria] vida consciente".
3) A *teologia natural* é inadequada; a *experiência* e a *fé* são fundamentais.

Filosofia Whiteheadiana da Religião (Teologia Processual)

(Whitehead, Hartshorne, Weiman e outros; v. Whitehead, Parte V)

1) Ensina uma filosofia do processo e um platonismo modificado pela teoria da relatividade; três fatores são enumerados: princípio formativo, matéria indeterminada e formas ideais (objetos eternos).
2) Deus é o princípio de *concreção*.
3) Ele determina que formas irão se atualizar a partir de possibilidades ilimitadas.
4) *Deus* e o *mundo* são mutuamente *interdependentes*, mas *não idênticos*.
5) Ensina um *panenteísmo* — "o conceito de que a divindade é, em algum aspecto real, distinguível e independente de todo e qualquer item relativo e, no entanto, tomada como um todo concreto, inclui todos os itens" (Hartshorne).
6) Deus é *limitado* por uma natureza "primordial" e "conseqüente" e assim está se desenvolvendo.

Humanismo ou naturalismo religioso

(Dewey, *Humanismo Pragmático*; Santayana, *Humanismo Estético*; Russell e Huxley, *Humanismo Científico*, e outros)

1) Essas filosofias da religião são *naturalistas*; não existe uma divindade sobrenatural e pessoal, nenhum fundamento do ser.
2) A religião é vista como a busca de uma vida mais vantajosa.
3) O valor supremo consiste em "todas as forças e condições naturais — inclusive o homem e as associações humanas — que promovem o crescimento do ideal e favorecem a sua realização" (Dewey). Dewey, por exemplo, distingue a "atitude religiosa", que ele aprova, da "religião" como tal, que ele desaprova. A atitude religiosa é o "senso das possibilidades da existência e de devoção à causa dessas possibilidades".
4) Santayana descreve a religião como a "expressão simbólica dos ideais mais elevados".
5) Russell exorta o homem a desenvolver os seus ideais e aspirações mais elevados em face da indiferença cósmica.
6) Julian Huxley defende a plena implementação da evolução — tanto biológica quanto cultural — para o bem humano.
7) Teilhard de Chardin acha necessária a hipótese de Deus para explicar o movimento consistente de evolução em direção à produção de níveis cada vez mais elevados de consciência no que ele denomina um "universo irreversivelmente personalizador".

Linguagem religiosa

As duas principais questões no que diz respeito à linguagem religiosa são 1) a *natureza* das afirmações acerca de Deus — factuais? simbólicas? 2) a *função* da linguagem religiosa — informativa? moral?

Por exemplo: *Bom* em "Deus é bom" não é *exatamente* o mesmo que "Aqui está um homem bom". Alguém que diz "Deus é bom" não quer dizer que Deus é julgado bom por um padrão independente de bom, nem quer dizer que, como alguns homens, Deus pode resistir a tentações etc. O que então significa dizer que Deus ama, Deus perdoa, Deus cuida etc.? Estão sendo dadas informações acerca de Deus? A linguagem religiosa é *cognitiva* em algum sentido literal ou figurado, como sustentam as teorias tradicionais e conservadoras (por exemplo, tomismo e evangelicalismo)? A linguagem religiosa é claramente *não-cognitiva*, isto é, simbólica, moral ou outra, como sustentam as teorias existenciais e liberais (por exemplo, existencialismo religioso, misticismo, empirismo e humanismo)? As versões mais fortes das teorias não-cognitivas cujos critérios de significado são a verificabilidade ou a falsibilidade sustentam que a linguagem religiosa é literalmente *sem sentido*, mas tem uma *função emotiva*.

A linguagem religiosa pode ser 1) informativa, 2) moral, 3) simbólica, 4) existencial, 5) emotiva, ou qualquer combinação das mesmas.

1) Tomás (*tomismo*): "Bom" é aplicado a Deus *analogicamente* (doutrina da predicação analógica); isto é, a bondade de Deus se assemelha à bondade do homem ou é a mesma em certo sentido, mas não é exatamente a mesma (unívoca) nem inteiramente diferente (equívoca). As perfeições de Deus são conhecidas *indiretamente* através do conhecimento das características das suas criaturas. A razão disso é que nós conhecemos criaturas que são em certo sentido semelhantes a Deus antes de conhecermos a Deus, de modo que, visto que o nosso conhecimento da bondade, por exemplo, é derivado de criaturas, a idéia da bondade e a palavra "bom" são aplicadas primariamente às criaturas e analogicamente a Deus, muito embora a bondade mesma pertença em primeiro lugar a Deus e seja depois incorporada de modo imperfeito nas criaturas.
2) Braithwaite (*empirismo religioso*): "A finalidade *básica* das asserções religiosas é *proclamar* fidelidade a um conjunto de princípios morais". No caso das asserções cristãs, será o pronunciamento da "intenção de seguir um estilo de vida agapístico" embasado por histórias ou mitos cristãos, isto é, bíblicos (v. mitos adiante). Somente na medida em que as afirmações religiosas se referem ao *comportamento* elas são *cognitivas*, isto é, literalmente significativas, embora Braithwaite substitua verificabilidade por "uso". Dizer, por exemplo, "Jesus é Senhor" é fazer o pronunciamento não-cognitivo "Doravante pretendo me dedicar a um comportamento semelhante a Cristo."
(3) Tillich (*existencialismo religioso*; v. Parte V): Somente a afirmação de que Deus é o próprio ser não é simbólica. Todas as outras declarações religiosas são simbólicas. Porém, "Deus é o próprio ser" parece ser uma definição de Deus antes que uma descrição de Deus. Tillich alterou a sua asserção para dizer que a única declaração não-simbólica sobre Deus é "a afirmação de que tudo o que dizemos sobre Deus é simbólico". Porém, essa asserção parece tratar de *afirmações* e não de Deus. A solução de Tillich foi dizer que "Deus é o próprio ser" é tanto simbólico quando não-simbólico, isto é, um tipo "fronteiriço" de asserção.

Ao contrário dos sinais que são *usados* para se referir a alguma coisa, isto é, como convenções arbitrárias, os *símbolos* "apontam para além de si mesmos enquanto também *participam* daquilo para o que apontam". Os *símbolos religiosos* expressam o *interesse supremo* do ser humano. Eles "abrem níveis de realidade que de outro modo estão fechados a nós", como, por exemplo, nas artes criativas. Mediante o uso do conceito "fronteiriço", Tillich procura dizer, ao mesmo tempo, que a linguagem religiosa "aponta para além de si mesma", isto é, tem uma referência objetiva, e que ela também simboliza o que ela mesma faz como *símbolo religioso* para aquele que a usa. Os *símbolos religiosos* podem mudar no caso de deixarem de expressar adequadamente o interesse *supremo*. Assim, a verdade última — como algo existencial — pode ser *re*-mitificada (comparar com Bultmann e a desmitificação, adiante).

O problema dos mitos nas crenças religiosas

Embora concebidos popularmente como relatos imaginários e literalmente falsos de eventos que se acredita terem acontecido, os mitos das crenças religiosas não são entendidos como histórias *meramente* imaginárias por aqueles que se interessam pelo seu papel na crença e na linguagem religiosa. Algumas teorias contemporâneas características acerca dos mitos nas crenças religiosas são mencionadas a seguir.

1) Malinowski (*antropologia cultural*): "Mito [...] não é simplesmente uma história contada, mas uma realidade vivida. Não é [...] uma ficção tal como lemos em uma novela, mas uma realidade viva que se acredita ter acontecido [...] e que continua [...] a influenciar [...] o destino humano [...] A história sagrada [...] governa a fé e controla a conduta".
2) Braithwaite (*empirismo religioso*): Mitos são histórias que servem para sustentar pronunciamentos que são de fato pronunciamentos morais acerca da intenção de viver um determinado tipo de vida.
3) Bultmann (*existencialismo religioso*): "O verdadeiro propósito do mito não é apresentar uma imagem objetiva do mundo como ele é, mas expressar a compreensão do ser humano acerca de si mesmo no mundo em que vive. O mito deve ser interpretado [...] *existencialmente*". A preocupação de Bultmann é a *desmitificação* da verdade cristã, isto é, a identificação da sua verdade existencial interior e a remoção da visão mítica do mundo na qual essa verdade foi colocada nos relatos bíblicos, como, por exemplo, a crença no *sobrenaturalismo*, um universo de três níveis e assim por diante.
4) Reinhold Niebuhr (*neo-ortodoxia protestante*): "O mito da queda de Adão tanto universaliza quanto individualiza [...] a revolta do ser humano contra Deus [...] O mito [...] *simboliza* o consistente diagnóstico bíblico do mal moral e histórico".
5) Carnell (*evangelicalismo*): "Os relatos bíblicos devem ser distinguidos de outros relatos primitivos acerca da origem da crença e da fé religiosa, visto que aqueles foram dados sob *inspiração divina* e são literalmente factuais, embora de um modo como que *figurado*".

Argumentos a favor da existência de Deus e objeções

Os argumentos a favor da existência de Deus se reduzem a várias formas padronizadas. Existem numerosos argumentos que podem ser apresentados em objeção aos mesmos. Os que se encontram abaixo são apenas representativos. A filosofia da religião nem sempre se sente obrigada a propor um argumento em apoio da existência de Deus, como, por exemplo, para o crente existencial que afirma que "Deus não existe; ele é eterno" (Kierkegaard) ou "Deus não existe; ele é o fundamento da existência" (Tillich).

1) ARGUMENTO *da experiência*: A experiência religiosa nos coloca frente a frente com uma realidade para a qual somente explicações teístas são adequadas (Trueblood e outros). OBJEÇÃO: Suponha-se que concordemos que a experiência religiosa aponta para Deus. Assim, por definição, uma experiência de Deus significa que Deus existe. Mas pode-se dar existência a Deus por uma definição?
2) ARGUMENTO *da utilidade* (argumento moral): A crença em Deus é justificada por razões morais e pelas necessidades práticas da vida diária (Kant). Visto que a existência de Deus não pode ser provada lógica ou factualmente, pode-se exercer uma "vontade de crer" que as conseqüências justificam (James e outros). OBJEÇÃO: Se a crença em fantasmas melhorasse o comportamento humano, os fantasmas existiriam por causa disso?
3) ARGUMENTO *da intuição*: "Não existe uma coisa como a teologia natural. Deus é conhecido por revelação [...] por *intuição* — ou então não é conhecido [...] Nenhum argumento científico [...] poderá jamais ter a menor tendência de provar ou negar a existência de Deus" (Stace). OBJEÇÃO: Não existe um modo sistemático de verificar a intuição, de saber, por exemplo, quando ela está errada, ou de obter um consenso público quanto às suas descobertas.
4) ARGUMENTO do consenso: A única explicação suficiente da consciência generalizada de Deus é o próprio Deus. OBJEÇÃO: A crença generalizada de que o mundo era achatado não nos persuade agora de que ele de fato era assim.
5) ARGUMENTOS da razão:
   a) *Argumento ontológico* (Agostinho, Anselmo e, em forma modificada, Duns Scotus, Descartes, Leibniz, Espinosa, Royce, Malcolm, Hartshorne e outros).

Trata-se de um argumento *a priori* de que a própria idéia de Deus implica na sua existência. OBJEÇÃO: Atribuir existência a alguma coisa nada acrescenta à idéia da coisa; por exemplo, a nossa idéia de uma sereia não é alterada ao se dizer que ela existe (Kant).

Por *Deus* se quer dizer *aquilo do qual não se pode imaginar nada que seja maior*. Visto que aquilo que existe *de fato* (*in res*, na coisa) bem como *em idéia* (*in mente*, na mente) é maior do que aquilo que existe somente *em idéia*, Deus deve existir. (OU) Deus seria menos perfeito somente *em idéia*, mas ele é perfeito, e assim tem de existir (primeira forma do argumento de Anselmo). Também se pode dizer que Deus não somente existe, mas também que existe *necessariamente*, visto que Deus é definido de tal maneira que é impossível imaginá-lo como não existente (segunda forma do argumento de Anselmo).

A versão de Descartes é que a idéia de um Deus perfeito necessariamente requer a existência como uma das características definidoras de Deus. Além disso, somente Deus poderia ser a causa da idéia de Deus. OBJEÇÃO: Mesmo que a existência fosse incluída na *idéia de perfeição*, não se segue que a existência seria de fato uma realidade. Somente significaria que, a fim de se pensar em perfeição, também é preciso pensar em existência. Somente *se houvesse* um Deus, ele *teria* de existir, isto é, existir necessariamente.

b) *Argumento cosmológico (ou causal)* (Platão, Aristóteles, Agostinho, Tomás de Aquino e outros).

O argumento parte de uma *Causa primeira ou não-causada* porque a regressão infinita de causas é impossível ou inconcebível. OBJEÇÃO: Mesmo que fosse válido, o argumento causal nada nos diria sobre a natureza da *Primeira causa*. Além disso, "o princípio da causalidade não tem nenhum significado e nenhum critério de aplicação exceto somente no mundo sensível" (Kant).

(OU) O argumento parte da *contingência* porque todas as coisas podem ser ou não ser. Deve haver alguma coisa que exista como *Ser necessário* para que possa haver *contingência*. OBJEÇÃO: Se Deus fosse *atemporal* — fora do tempo — a sua relação com o mundo não seria causal, pois causalidade é uma relação que existe entre eventos no tempo (Kant).

c) *Argumento teleológico* (ou argumento do desígnio) (Platão, Tomás de Aquino, Paley e muitos outros).

O desígnio das coisas implica na necessidade de um designador. OBJEÇÕES: Kant sustenta que o argumento *teleológico* se apóia no argumento *cosmológico*, que por sua vez depende do argumento *ontológico* (que pressupõe que aquilo em que somos obrigados a pensar é, em algum sentido, real). O argumento teleológico é um argumento tênue que provém da analogia. (E) Podem se encontrar fatos que o apóiam e que o refutam.

Hume argumentou que, se o universo consiste em um número finito de partículas, o movimento aleatório em um tempo ilimitado produziria a ordem observada.

6) OS CINCO ARGUMENTOS de Tomás de Aquino: Embora não sejam exaustivos ou conclusivos, os argumentos de Tomás de Aquino são clássicos. Ele infere a existência de Deus a partir
   a) do movimento para um *Motor Imóvel*;
   b) da causação para um *Causa Primeira*;
   c) do "pode ser" para o "tem de ser" (*contingência*);
   d) do "mais" para o "máximo" (*perfeição*); e
   e) do desígnio para o designador (*teleologia*).

Explicações do mal e objeções

O problema do mal tem desconcertado muitas gerações de filósofos. Supõe-se que Epicuro tenha dado a formulação clássica abaixo:

Ou Deus quer remover o mal deste mundo, e não pode; ou ele pode, e não quer; ou ele não tem o poder nem a vontade; ou ele tem tanto o poder como a vontade. Se ele tem a vontade, e não o poder, isso demonstra fraqueza, o que é contrário à natureza de Deus. Se ele tem o poder, e não a vontade, isso é malignidade, e é não menos contrário à sua natureza. Se ele não pode nem quer, ele é tanto impotente quanto maligno, e conseqüentemente não pode ser Deus. Se ele tanto quer como pode (e somente isso se harmoniza com a natureza de Deus), então de onde provém o mal, ou por que ele não o impede?

1) O mal é resultado da perversidade humana. OBJEÇÕES: Que dizer dos males não-humanos? Que dizer das pragas e coisas semelhantes? As crianças que sofrem são más?
2) O bem pode resultar do mal. OBJEÇÃO: O mal não gera mais mal?
3) O mal produz o bem a longo prazo. OBJEÇÃO: Os seres humanos têm de viver a curto prazo.
4) O mal é um exercício moral. OBJEÇÃO: Para pessoas inocentes que sofrem?
5) O mal é um aspecto indesejável, mas inevitável, do melhor dos mundos possíveis. OBJEÇÃO: Deus não é responsável pela concepção do mundo?
6) O que denominamos mal não é realmente mal, mas bem. OBJEÇÃO: "Mesmo que tudo o que consideramos mal seja realmente bem, ainda assim o consideramos mal, e [...] esse erro [...] seria no mínimo um mal" (Hospers).

7) O mal é necessário para realçar o bem. OBJEÇÃO: O bem não é capaz de recomendar a si mesmo?

Filosofia da educação

"Educação" pode referir-se a

1) o que os pais, professores e escolas fazem, isto é, a *atividade* de educar;
2) o que acontece no aprendiz, isto é, o *processo* de aprender;
3) o que o aprendiz obtém como *produto final*, isto é, a educação; ou
4) o que é tratado pela *disciplina* da educação, isto é, o *estudo* de 1, 2 e 3 acima.

Uma filosofia *da* educação depende do que se tem em mente (isto é, 1, 2, 3 ou 4 acima) quando se fala sobre educação, bem como a posição *metafísica* geral de alguém, isto é, os princípios básicos dos quais deriva a sua filosofia da educação.

A *metafísica* inclui teorias de valor (*axiologia*), bem como teorias da realidade (*ontologia*) e teorias do conhecimento (*epistemologia*). As filosofias que apresentam teorias ou propostas acerca da natureza da realidade, do conhecimento ou dos valores, como, e.g., o *idealismo*, são metafísicas. Aquelas que não o fazem ou, pelo menos, não pretendem fazê-lo, como, e.g., a *filosofia da linguagem ordinária*, são não-metafísicas.

Com poucas exceções, as filosofias da educação *pressupõem* ou *propõem* posições metafísicas. Isso de deve ao fato de que a filosofia da educação é essencialmente uma atividade *construtiva* que procura oferecer um entendimento sistemático da natureza e alvos da educação. Assim, nessa medida, ela é uma disciplina *normativa*. No entanto, ela também pode ser uma disciplina analítica na medida em que a sua atenção se concentra em conceitos, definições, distinções etc., antes que na natureza e alvos da educação como tal.

Desse modo, as filosofias da educação podem ser identificadas por suas abordagens históricas e metafísicas gerais como formas de 1) *idealismo*, 2) *realismo* e 3) *pragmatismo*, ou em suas expressões mais recentes como formas de 1) *existencialismo*, 2) *marxismo* e 3) *filosofia analítica* (isto é, filosofia *não*-metafísica ou *anti*metafísica). As mesmas são sintetizadas a seguir:

Idealismo

As filosofias idealistas da educação afirmam que

1) A *realidade última* é espiritual ou está se tornando tal.
2) O espiritual contrasta com o material de modo significativo.
3) O mundo depende da mente ou de um ponto de vista.
4) O alvo da educação é
    a) a preservação das excelências culturais, sociais e espirituais;
    b) a promoção das coisas do espírito, tais como a vida intelectual; ou
    c) o desenvolvimento do homem ideal e da sociedade ideal.
5) O pessoal é mais importante do que o factual em si; o autoconhecimento é mais importante do que o conhecimento do mundo. "Conhece a ti mesmo" (Sócrates). (Os idealistas buscam a *auto-realização*, que também foi buscada por realistas como Aristóteles.)
6) A *verdade* é objetiva e descoberta, mas está
    a) na *coerência* ou "propriedade" dos juízos (Hegel, Blanshard); e
    b) no entendimento das coisas como elas são, auxiliado pela *Idéia do Bem* (Platão) ou *Deus* (Agostinho), isto é, a *correspondência* entre os juízos e os fatos.

Alguns idealistas do passado na teoria educacional são Sócrates, Platão, Agostinho, Berkeley, Kant, Hegel, Harris e Froebel. Idealistas recentes na teoria educacional são Bradley, Croce, Gentile, Royce, T. H. Green, T. M. Greene, Hocking, Blanshard, Ulich, Bagley, J. D. Butler, Antz e Castell.

Realismo

As filosofias realistas da educação afirmam que

1) A *realidade última*, embora independente da mente, ainda assim é conhecida pelas mentes, como, por exemplo,
    a) Descartes, para o qual tanto a mente como a matéria são *criadas* por um Deus teísta, que é Substância;
    b) Espinosa, para o qual tanto a mente como a matéria são *aspectos* de Deus, que é Substância (panteísmo); e
    c) Whitehead, para quem tanto a mente como a matéria são *aspectos de um processo criativo* no qual Deus é o princípio da *concreção* (panenteísmo).
2) O alvo da educação é a transmissão
    a) de verdades universais que são independentes das mentes ou pontos de vista — ênfase intelectual;

b) do conhecimento de Deus, além do conhecimento do ser humano e da ordem natural, se existe um Deus, como em Tomás de Aquino ou Maritain; ou
c) de valores ou excelências culturais. "A educação deve tornar as pessoas conscientes do mundo real, incluindo os valores e potencialidades da vida" (Broudy).

3) A *verdade* é objetiva e descoberta.
4) O *homem racional* é o descobridor da verdade objetiva. De acordo com o *realismo*, o idealismo está correto na sua ênfase no intelectual, mas incorreto em crer que o mundo depende do intelecto ou da mente.

Realistas do passado na teoria educacional são Aristóteles, Tomás de Aquino, Comênio, Descartes, Espinosa, Locke, Rousseau (com reservas), Hobbes e Pestalozzi. Realistas recentes na teoria educacional são Herbert, Broudy, Maritain, Newman, Whitehead, Hutchins, Adler e Wild.

Pragmatismo

As filosofias pragmáticas da educação afirmam que

1) A *realidade última* é o processo geral da experiência, a partir do qual sujeito (mente) e objeto (matéria) são diferenciados como fatores explícitos. O pensamento, por exemplo, é um comportamento inteligente. Não existe nenhuma realidade espiritual ou transempírica como tal.
2) O *alvo* da educação é
   a) a organização e reorganização bem-sucedida da experiência como adaptação à vida, isto é, a *ciência* como um fim em si mesma;
   b) a promoção do crescimento de "uma vida frutífera e inerentemente significativa" (Dewey); ou
   c) "o processo através do qual a necessária transformação [social] pode ser efetuada" (Dewey) ou "aquela reconstrução ou reorganização da experiência que se acrescenta ao significado da experiência e que aumenta a capacidade de dirigir o curso da experiência subseqüente" (Dewey), isto é, adaptação prática às necessidades presentes antes que somente excelência intelectual.
3) O *conhecimento* é
   a) *relativo* e *instrumental* antes que universal ou representacional. "A única utilidade de um conhecimento do passado é equipar-nos para o presente" (Dewey);
   b) *investigação experimental para a solução de problemas*, uma atividade prática, saber *como*, antes que saber *que* ou um correto juízo ou idéia intelectual como tal; ou
   c) iniciado em uma *situação indeterminada* que é transformada em uma *situação problemática* com um problema específico que é resolvido através do método científico ou experimental.
4) A verdade é uma "coisa feita" (*pragmatismo*), uma função de valor prático, *feita acontecer*, isto é, produzida antes que descoberta como um fato (comparar com Platão, no qual o valor é uma função da verdade).

Embora os precursores históricos da filosofia pragmática da educação sejam filósofos como Protágoras, Bacon e Comte, essa filosofia é relativamente recente e talvez seja na atualidade a filosofia da educação predominante. Ela é encontrada explicitamente nos escritos de Dewey, para quem o *pragmatismo* é basicamente uma teoria de significado e verdade (*instrumentalismo* ou *experimentalismo*), e em Kilpatrick, Childs, Counts, Raup, Brubaker, Neff, Bode, Axtelle, Thomas, Bayles, Stanley, Benne, Rugg, Hook e Brameld, que identificou a sua teoria como *reconstrucionismo*.

As categorias da filosofia educacional de Brameld são:

1) *essencialismo*, no qual a educação é vista como a transmissão de elementos essenciais da cultura, como no *idealismo* e no *realismo*;
2) *perenialismo*, no qual a educação é vista como a transmissão de verdades perenes ou absolutas e universais, como, por exemplo, em realistas como Maritain ou Adler ou naqueles que defendem absolutos religiosos;
3) *progressivismo*, no qual a educação é tida como o processo de solução inteligente de problemas, com ênfase no método, como na teoria de Dewey; e
4) *reconstrucionismo* (a própria posição de Brameld), no qual a educação é considerada a fonte e implementação de novos fins sociais para a reconstrução social. Dá-se ênfase não somente ao método, mas também aos alvos.

Existencialismo

As filosofias existencialistas da educação afirmam que

1) Até onde tem sentido falar sobre ela, a *realidade última* é a perspectiva criada pela escolha humana.
2) O mundo como tal é indiferente, sem sentido e absurdo; *mas* a liberdade, isto é, a *existência humana*, é a possibilidade de significado e transcendência. "O homem faz a si mesmo" (Sartre; v. tb. a tabela 24).
3) A *existência humana* é única em si mesma e contrasta tanto com a sociedade quanto com a natureza em geral. A sua essência é determinada pela escolha; ela não é predeterminada, pré-estabelecida ou fixada.
4) O *alvo* da educação é
   a) a melhoria da condição humana de ausência de sentido e responsabilidade;
   b) o incentivo do exercício da liberdade;
   c) abertura para o "ser-em-si" ou possibilidade como caminho para a *autenticidade*;
   d) experiência da verdade existencial da autenticidade;
   e) relevância pessoal através da ação, antes que excelência intelectual em si; ou
   f) humanístico antes que científico.
5) A *verdade* é existencial antes que proposicional ou factual. Como no pragmatismo, ela é criada — não encontrada; vivida — não pensada; contextual e relativa — não universal ou absoluta; subjetiva e particular — não objetiva e geral. Porém, ela não é *instrumental* ou prática. Antes, é um estado de orientação pessoal.
6) O educador deve incentivar a convicção e o compromisso.
7) Os problemas da existência humana transcendem as ciências do comportamento.

Idéias existenciais acerca da educação podem ser encontradas em Kierkegaard, Nietzsche, Sartre, Heidegger, Jaspers, Merleau-Ponty, Marcel, Buber, Tillich, Morris e Kneller.

Marxismo

As filosofias marxistas da educação afirmam que

1) A *realidade última* é um processo dinâmico de transformação natural e cultural no qual a mente é uma expressão da consciência de classe ou de grupo.
2) O *alvo* da educação é o condicionamento dos aprendizes para agir em prol e como parte da inevitável transformação cultural e social que leva à sociedade ideal sem classes, isto é, para implementar a revolução social.
3) A *verdade* depende das necessidades revolucionárias; ela é um produto da consciência social e da oportunidade histórica — não é descoberta nem universal.
4) O socialismo e finalmente o comunismo são os ideais que a educação deve implementar.

Alguns filósofos marxistas da educação são Marx, Makarenko e Koralev.

Teorias analíticas

As filosofias da educação analíticas ou em geral não-metafísicas afirmam que:

1) O homem é essencialmente uma criatura de comunicação que utiliza símbolos.
2) O *alvo* da educação é
   a) o uso e o entendimento eficaz da linguagem — "As línguas são formas de vida" (Wittgenstein);
   b) a transmissão do método científico, evitando o seu uso não-crítico;
   c) o desenvolvimento de sofisticação lógica e de clareza conceptual;
   d) o aperfeiçoamento do aprendizado como um bem intrínseco antes que como meio para algum bem extrínseco; ou
   e) "Existe uma qualidade de vida embutida nas atividades que constituem a educação" (Peters).
3) A educação é primordialmente exortatória, mas...
4) Neutralidade e abertura metafísicas são melhores do que compromisso doutrinário.
5) As alegações metafísicas tanto dos tradicionalistas quanto dos progressistas carecem de análise.

Alguns teóricos educacionais analíticos são Wittgenstein, Feigl, Scheffler, Peters, O'Connor, Lenz, Frankena, Hardie, Stevenson, Steinberg, Hirst, Atkinson, Best e L. M. Brown.

Os analistas filosóficos são classificados em dois grupos gerais: 1) aqueles que, como o Wittgenstein inicial do *Tractatus*, são positivistas ou analistas da linguagem *ideal*, e 2) aqueles que, como o Wittgenstein posterior das *Investigações*, são analistas da linguagem *ordinária*.

Estes últimos têm uma atitude mais benigna em relação à metafísica como um legítimo empreendimento filosófico, mas preferem um tipo de metafísica *descritivo* em vez de *revisionário* (Strawson), no qual as categorias metafísicas ou categorias da realidade são extraídas das pressuposições e formas da linguagem em uso (linguagem ordinária) ao invés de serem apresentadas como propostas para aperfeiçoar a maneira de se v. as coisas. De acordo com Strawson (v. tabela 23), a metafísica transcendental de Kant, e.g., é descritiva, ao passo que a de Berkeley é revisionária.

Por outro lado, os positivistas lógicos e os empiristas, como, e.g., Ayer, cujo interesse está no aperfeiçoamento da linguagem *ordinária*, isto é, a linguagem *ideal*, rejeitam explicitamente toda a metafísica tradicional em favor do que equivale a uma forma de empirismo *anti*metafísico (v. tabela 23). "A filosofia não é nada senão análise lógica" (Ayer). Até agora, os filósofos analíticos têm dedicado considerável atenção a quase todas as áreas de problemas filosóficos, exceto a filosofia da educação.

Teorias naturalistas

A filosofia educacional também pode ser considerada de maneira geral como *naturalista* ou *não-naturalista*.

As filosofias naturalistas da educação afirmam que

1) A *realidade última* está limitada à natureza física.
2) O "espiritual" ou "mental" é um aspecto ou forma do "material", isto é, observável, ou não é nada.
3) O alvo da educação é
   a) o alvo natural do desenvolvimento evolutivo do homem (Pestalozzi);
   b) os alvos sociais e culturais da dialética materialista (Marx);
   c) o crescimento natural e espontâneo não-coagido dos indivíduos (Rousseau); ou
   d) o natural e "equilibrado crescimento da individualidade" através de crescente sensibilidade aos valores, precisão de pensamento e criatividade (Whitehead).

As filosofias naturalistas da educação podem ser formas de 1) realismo (e.g., Aristóteles), 2) existencialismo (e.g., Nietzsche), 3) marxismo (e.g., Makarenko), 4) filosofia analítica (e.g., Peters) ou 5) pragmatismo (e.g., Dewey).

Observação: Uma filosofia naturalista da educação pode defender uma teoria do conhecimento ou pragmática ou realista.

Teorias não-naturalistas

As filosofias não-naturalistas da educação afirmam que

1) A natureza física não é a *realidade última* (e.g., Platão, Agostinho, Hegel ou Maritain).
2) O *alvo* da educação é
   a) o cumprimento da vontade de Deus para o homem (Agostinho, Tomás de Aquino ou Maritain); ou
   b) a realização do homem ideal como espírito (Kant ou J. D. Butler).

AS PALAVRAS E SEUS SIGNIFICADOS EM RELAÇÃO AO PROBLEMA DOS VALORES

Altruísmo. Doutrina de que é dever do indivíduo ignorar a própria felicidade exceto na medida em que possa afetar a felicidade dos outros.

Antropomorfismo. (do grego *anthropos*, homem + *morphe*, forma) A crença de que Deus é como o homem em pelo menos algum aspecto, como, e.g., "Deus é uma Pessoa" ser por "uma Pessoa" se entende que Deus possui traços como um rosto etc.

Asseidade. (do latim *a se esse*, ser de si mesmo) Auto-existência. Conforme aplicada ao conceito de Deus, significa que Deus não é dependente, seja para a sua existência seja para as suas características, de qualquer realidade que não ele próprio, e que Deus é eterno, isto é, sem princípio ou fim. Fundamental para a noção do ser *necessário* de Deus em contraste com a contingência do ser *criado*.

Ateísmo. Negação da existência de Deus ou, como em Sartre, e.g., a crença de que a própria *idéia* de Deus é contraditória.

Deísmo. Ou a crença em um Deus "ausente" que coloca o mundo em movimento e o deixa só ou a crença do século XVIII de que a teologia natural é suficiente.

Eudemonismo. Teoria ética grega de que o objetivo da ação correta é o bem-estar ou felicidade pessoal, como, e.g., em Aristóteles (Parte V, tabela 17).

Formalismo. Qualquer teoria ética na qual os princípios básicos para se determinar os nossos deveres são puramente formais, como, e.g., em Kant (Parte V, tabela 20).

Hedonismo altruísta. (do grego *hedone*, prazer) A crença de que se deve sacrificar qualquer quantidade de felicidade pessoal a fim de produzir *qualquer* aumento de felicidade para os outros.

Henoteísmo. A crença de que existem muitos deuses, mas somente um ao qual se deve tributar fidelidade.

Imanentismo. Doutrina de que Deus está diretamente envolvido com o mundo ou, como na *teologia radical*, e.g., a crença de que Deus *é* o envolvimento responsável dos seres humanos no mundo ou o *fundamento* desse envolvimento.

Encarnação, doutrina da. A incorporação de Deus ou de certos atributos de Deus em uma vida ou existência humana finita, como, e.g., a *encarnação* dos atributos morais de Deus em Jesus (*liberalismo*) ou a encarnação da divindade de Deus em Jesus (*evangelicalismo*).

Valor instrumental (extrínseco). O valor como um meio para outro fim ou valor.

Valor intrínseco. O valor por sua própria causa e não como meio para um fim, como, e.g., a felicidade em Aristóteles.

Teologia querigmática. Rejeita a teologia natural, que procura raciocinar a partir dos fatos do mundo para chegar a Deus, e em vez disso argumenta que o conhecimento de Deus é iniciado por Deus na *revelação*, como, e.g., em Barth.

Melhorismo. Doutrina de que, qualquer que seja a situação do mundo, ela pode ser melhorada. Associada ao pragmatismo (v. James, Parte V).

Naturalismo. Em filosofia da religião, a crença de que todos os aspectos da experiência humana podem ser devidamente explicados em termos da existência humana como um produto da evolução biológica e cultural.

Panteísmo. A crença de que Deus é idêntico com o mundo. Um tipo de panteísmo sustenta que a natureza de Deus é eternamente completa e necessária, todavia ele é constituído de partes mutáveis e incompletas cujas possibilidades ainda não estão realizadas. Outro tipo afirma que "na natureza das coisas, nada contingente é certo, mas todas as coisas são determinadas pela necessidade da natureza divina de existir e atuar de uma certa maneira" (Espinosa; v. a Parte V).

Parapsicologia. Tentativa de comprovar a crença na vida após a morte por meio da comunicação entre os vivos e os mortos, como, e.g., a psico-cinese e a percepção extra-sensorial. Associada, e.g., à Sociedade de Pesquisas Psíquicas, cujos líderes incluíram filósofos como Bérgson, James, Sidgwick, Broad e Price.

Politeísmo. Crença de que existem muitos deuses que controlam diferentes aspectos da vida.

Princípio da utilidade. Princípio de que são certos aqueles atos ou regras que produzem a maior felicidade ou o maior bem para o maior número de pessoas (*utilitarismo*).

Summum bonum (latim, o bem supremo). O objetivo último da conduta humana para aqueles que insistem que existe um único e supremo objetivo ou valor em termos do qual todos os valores devem ser definidos (v. Aristóteles, Parte V).

Teísmo absoluto. A crença em um Deus pessoal (*monoteísmo*) que possui todas as qualidades da perfeição, isto é, poder (*onipotência*), bondade (*amor*), conhecimento (*onisciência*) etc., que é *externo* ao mundo como criador e sustentador, mas também está ativamente envolvido e interessado no mesmo, como, e.g., Agostinho.

Teísmo limitado. A crença em um Deus que possui bondade, mas não poder absoluto, como, e.g., em Platão, James, Brightman, Montague e outros. De acordo com Platão, Deus é o artista cósmico que molda uma matéria incriada e recalcitrante ("receptividade") externa a ele, de acordo com a Idéia do Bem.

Teodicéia. A tentativa de reconciliar (explicar) a existência do mal em um mundo governado por uma divindade benevolente, como, e.g., nos escritos de Agostinho (antigo), Leibniz (moderno) e Toynbee (contemporâneo).

Quinta Parte

Filósofos

Esta seção esboça de maneira resumida alguns aspectos relevantes das filosofias dos filósofos cujos nomes aparecem em vermelho nas tabelas. Esses homens não são necessariamente os pensadores mais importantes, nem as idéias arroladas são necessariamente suas contribuições mais destacadas. Antes, as informações aqui fornecidas *complementam* aquelas encontradas em outras partes deste livro.

ALEXANDER, Samuel (1859-1938). *Espaço, tempo e divindade*.

Teoria da mente — **emergentismo, novo realismo** • A mente evolui da matéria e da vida. • A evolução produz novidades genuínas não redutíveis aos elementos dos níveis inferiores. • Cada elemento emergente tem 1) uma estrutura que difere da estrutura dos seus elementos constituintes e 2) uma função peculiar ao seu nível. • A tendência para emergir é identificada como um *nisus* (esforço) (comparar com o *élan vital* de Bergson abaixo). • Existe uma contínua interação e interdependência de todos os níveis, como, e.g., entre cérebro (vida) e mente (interacionismo.

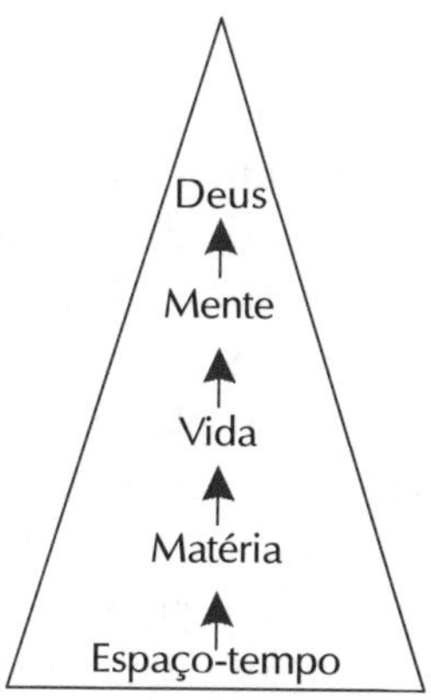

ARISTÓTELES de Estagira (384-322 a.C.). Lista parcial de obras — Lógica: *Organon* (instrumento). Física: *Física*. Metafísica: *Metafísica*. Psicologia: *De anima* (Sobre a alma). Ética: *Ética a Nicômaco*. Política: *Política*. Retórica: *Retórica*. Estética: *Poética*.

Teoria do conhecimento — **racionalismo** • Desenvolve a lógica como um método de conhecimento. • Ao contrário de Platão, considera objeto do conhecimento não o mundo das idéias, mas "aquela relação entre idéia e fenômeno que capacitará o conhecimento conceptual [racional] a explicar o que é percebido" (Windelband). • Combina o racionalismo científico de Demócrito com o racionalismo axiológico de Platão — materialismo com idealismo. • As idéias ou formas estão somente nas coisas. • A lógica torna-se o meio de relacionar o geral (isto é, idéias) ou o ser, com os particulares (isto é, fenômenos) dados nas percepções. • "A tarefa da ciência [é] exibir [demonstrar] a necessidade lógica pela qual a intuição particular (de percepção) resulta da intuição geral (de concepção)" (Windelband). • O mecanicismo da dedução é o silogismo, no qual são dadas duas proposições presumidas como verdadeiras e um terceira é inferida. • A dedução pode demonstrar princípios gerais em particulares, mas não estabelece os próprios princípios gerais ou novos conhecimentos. • Aristóteles abstraiu princípios gerais a partir de particulares pela indução ou investigação. • "Em Aristóteles, a investigação procede do particular dado à percepção [...] para o geral a partir do qual o particular pode então ser provado e explicado" (Windelband). • Aristóteles associa os conceitos da investigação — primeiros princípios — à realidade como as causas dos particulares. • Ao contrário da ciência contemporânea, a ciência aristotélica buscava as causas gerais ou metafísicas das coisas. • A indução não-aristotélica contemporânea chega a princípios prováveis antes que princípios gerais intuitivamente certos; certeza e não probabilidade caracteriza a ciência e a teoria do conhecimento aristotélicas.

Teoria da realidade — **teleologia, aristotelismo, vitalismo** • Realidade é aquilo que se desdobra nos fenômenos; envolve matéria e forma. • A matéria é

MÉTODO ARISTOTÉLICO

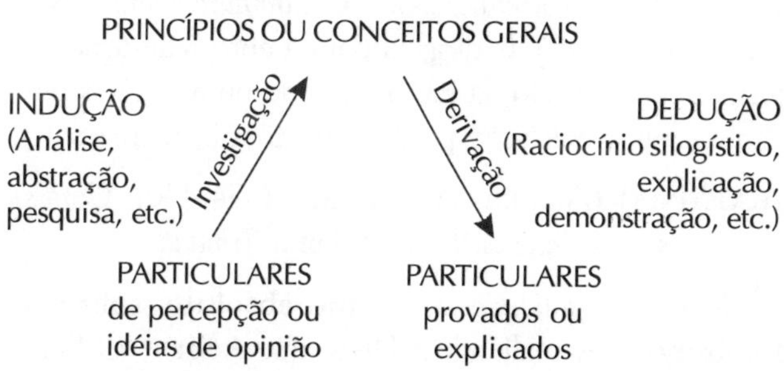

aquilo em que as coisas consistem. • Forma é aquilo que organiza ou dirige a matéria. • Forma e matéria são inseparáveis; onde existe forma, existe matéria, exceto que a Primeira Causa — o Motor Imóvel — é forma pura transcendente. • Em seu conjunto, a matéria e a forma constituem a substância; e.g., a essência do homem é forma; sua constituição física e psicológica é matéria. • A substância (e.g., o homem) possui atributos ou universais, como, e.g., vermelhidão. • Os universais (vermelhidão etc.) estão somente nas coisas particulares — em contraste com Platão. • Existem dez categorias de realidade, das quais a *substância* é primordial porque é "aquilo que nem é predicável de um sujeito nem está presente em um sujeito"; somente a substância é sujeito; todas as outras categorias, tais como, e.g., qualidade (e.g., vermelhidão) ou quantidade (e.g., *x* cm de comprimento), devem ser predicados a uma *substância*. • As categorias se referem não somente ao pensamento e à linguagem, mas também à realidade. • Matéria e forma são relativas, e.g., tábuas são a forma da madeira, mas a matéria de uma casa. • A matéria possui a potencialidade de se tornar forma. • Forma é atualidade; e.g., uma bolota é a atualidade de si mesma, mas a potencialidade de um carvalho. • A atualização ou devir resulta de causa. • As causas ou fatores de mudança são 1) materiais — as limitações da matéria; 2) formais — o padrão de forma adquirido; 3) eficientes — a força que produz a mudança; e 4) finais — o fim (entelequia) ou propósito da atualização. • A Causa Final de toda a realidade é um motor imutável e imóvel ou forma pura. • A realidade é um processo eterno, mas teleológico, pelo qual a potencialidade adquire atualidade no interesse de atualizar a forma pura (razão).

Teoria da mente (alma) e ética — **funcionalismo, eudemonismo** • A mente (alma) é a "atualidade primária de um corpo natural dotado de vida" e está relacionada com ele como a visão está relacionada com o olho. • A entelequia do corpo é a natureza inerente do corpo. • A mente é aquilo para o que existe o corpo como ser racional. • A mente é aquilo que anima o corpo para a auto-realização. • O *summum bonum* (bem supremo) é atividade dirigida para a auto-realização em termos do exercício da razão ativa ou pura. • A obtenção da auto-realização produz eudemonia (bem-estar).

AGOSTINHO (Aurelius Augustinus) (354-430). *Confissões. A cidade de Deus. Sobre a Trindade.*

Teoria da realidade — **teísmo absoluto, sobrenaturalismo** • A realidade é Deus, que é Ser. • O Ser é bom; o não-Ser é mau (comparar com Plotino adiante). • Deus tem personalidade e impersonalidade, transcendência e imanência, onipotência e vontade perfeita. • Assim, "ser, conhecer e querer constituem toda a realidade, e na onipotência, onisciência e bondade perfeita, a divindade abrange o universo" (Windelband). • Como Ser, Deus dá realidade aos fenômenos. • Como *Pessoa Suprema* (teísmo), Deus exerce uma perfeita vontade pela qual o mundo é criado a partir do nada, sustentado, aperfeiçoado e consumado. • Toda existência, inclusive o espaço e o tempo, é absolutamente dependente da vontade de Deus. • A realidade é dupla (dualismo): Deus como Ser, o Bem, o Eterno; e a sua criação como fenomenal, dependente, temporal.

AUSTIN, John L. (1911-1960). Não deve ser confundido com o filósofo utilitário da jurisprudência John Austin (1790-1859), que fundou a escola analítica inglesa de jurisprudência. *Papéis filosóficos* (compilados por Urmson e Warnock). *Como fazer coisas com palavras* (editado por Urmson).

Teoria da linguagem — **Escola de análise de Oxford, análise lingüística, filosofia da linguagem ordinária** • Mais ainda do que Wittgenstein, Austin tentou uma "descrição" cuidadosa, detalhada e precisa dos *usos* da linguagem — especificamente, seus usos em exemplos concretos, plenamente realizados, que com freqüência são mal-compreendidos ou mal-interpretados na filosofia. • Ao contrário de Wittgenstein, Austin não achava que todo o propósito da análise filosófica era a solução de perplexidades filosóficas. • Existe algo a ser aprendido *da* linguagem, bem como *sobre* a linguagem; e.g., a análise do conceito de responsabilidade moral pode ser implementada de modo frutífero pela observação da multiplicidade de expressões ordinárias usadas em conexão com casos concretos de responsabilidade. • Não é somente de interesse verbal que alguém queira dizer a respeito de uma determinada ação que ela foi, e.g., "deliberada" ou "acidental", visto que a linguagem é criada para *realizar* um grande número de funções extremamente importantes. • Assim, não é provável que as distinções idiomáticas ordinárias sejam *meramente* acidentais ou arbitrárias; a sua sobrevivência no uso sugere a sua importância funcional. • Strawson, e.g., desenvolveu mais plenamente o interesse de Austin pela *análise descritiva* na direção de uma *metafísica descritiva*, mediante a qual são investigadas as estruturas da linguagem em uso com o propósito de identificar fatos básicos acerca do mundo. Quanto à sua teoria da verdade da correspondência.

Ayer, Alfred (1910-1989). *Linguagem, verdade e lógica. Os fundamentos do conhecimento empírico. O problema do conhecimento.*

Teoria do conhecimento — **positivismo lógico, fenomenismo** • Para uma descrição do *fenomenismo* de Ayer como teoria do conhecimento. • Para uma descrição da natureza e desenvolvimento do seu *positivismo lógico*, v. tabela 23.

Bergson, Henri (1859-1941). *Introdução à metafísica. A evolução criadora. As duas fontes da moral e da religião.*

Teoria do conhecimento — **intuicionismo** • "Por intuição quero dizer o instinto que se tornou [...] autoconsciente, capaz de uma reflexão sobre o seu objeto e de ampliá-la indefinidamente". • A intuição transcende o intelecto ou razão, que é simplesmente "uma estação intermediária entre Instinto e Intuição". • A intuição é superior como fonte de conhecimento porque coloca o conhecedor em uma relação de identificação e simpatia inteligente com o objeto. • A intuição é superior porque requer uma apreensão da realidade como processo contínuo. • A razão é analítica, fragmentada, estática e externa — incapaz de captar o fluxo da realidade.

Teoria da realidade — **vitalismo** • A realidade revelada pela intuição é a sempre móvel corrente do tempo como duração (*dureé*). • A realidade é movida por um impulso vital (*élan vital*) que evolui em todas as direções e com infinita novidade e liberdade. • Existe um dualismo de matéria (como os objetos criados de espaço) e tempo (como o impulso criador). • A matéria opõe o seu mecanicismo à liberdade do impulso vital.

Berkeley, George (bispo) (1685-1753). *Tratado sobre os princípios do conhecimento humano. Três diálogos entre Hilas e Filonous.*

Teoria do conhecimento — **subjetivismo**

Teoria da realidade — **idealismo subjetivo** • A realidade consiste em perceptores e suas percepções (*esse est percipi et percipere*). • Perceptores individuais são espíritos reais, mas dependentes. • O supremo perceptor é Deus, que apresenta a natureza como idéias aos perceptores individuais. • A realidade é tríplice: idéias como conteúdos mentais, espíritos individuais ativos como mente finitas e Deus como causa espiritual última.

A TEORIA DA REALIDADE DE BERKELEY

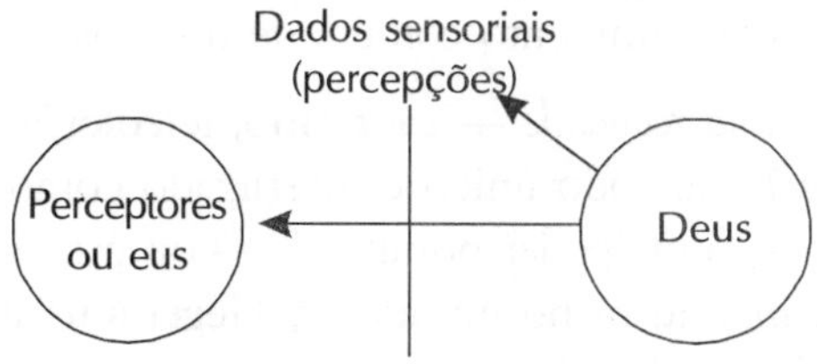

Carnap, Rudolf (1891-1970). *A sintaxe lógica da linguagem. Filosofia e sintaxe lógica. Significado e necessidade: Estudo de semântica e lógica modal. Fundamentos lógicos da probabilidade. O contínuo dos métodos indutivos.*

Teoria do conhecimento — **empirismo científico, fisicalismo** • Membro importante do Círculo de Viena (v. tabela 23). • Os relatos básicos de observações diretas, isto é, *afirmações de protocolo*, pelas quais a verdade de todas as outras afirmações empíricas é testada, devem, como todas as outras afirmações de fato, ser *intersubjetivamente verificáveis*, isto é, devem referir-se a eventos físicos (fisicalismo). • Todos os cientistas investigam o mesmo mundo físico e, embora usem vocabulários diferentes, falam a mesma linguagem (unidade de ciência e realismo empírico). • Rejeitou a anterior teoria-da-verdade da correspondência, do Círculo de Viena, isto é, a teoria de Schlick a favor de uma teoria-da-verdade da coerência revista, segunda a qual o critério da verdade não é a correspondência com o fato, mas a consistência com outras afirmações.

Teoria da linguagem — **teoria da linguagem ideal, formalismo** (v. tabela 23) • A linguagem pode conter consistentemente a formulação da sua própria sintaxe. • Diz-se que uma sentença está em um *modo material*, isto é, sintático, quando ela expressa uma afirmação verbal que se faz parecer enganosamente como se fosse factual, isto é, sobre o mundo, e.g., afirmar "Uma rosa é uma coisa" como se estivesse afirmando "Uma rosa tem espinhos". • A tradução para o *modo formal* torna explícito o caráter verbal de uma afirmação. • Afirmações filosóficas, isto é, metafísicas, são sintáticas, isto é, estão no *modo material*, e são, portanto, enganosas.

Crisipo (como representante do estoicismo) (282-209 a.C.).

Teoria do conhecimento — O conhecimento resulta somente de percepções. • Conceitos de classe (idéias) são subjetivos, mas, apesar disso, são partilhados por todos os homens como uma racionalidade comum, daí a existência do senso comum e de idéias inatas. • Verdade é aquilo que está de acordo com o senso comum como o consentimento comum de homens racionais.

Teoria da realidade — **monismo, teleologia** • A realidade é um todo único e interligado como ser-do-mundo — um "poder primitivo" — ou princípio vital que se manifesta no mundo (v. Hegel adiante). • É uma "Razão (*logos*) que cria e dirige intencionalmente [...] a Providência que a tudo governa" (Windelband). • A Razão (*logos*) se impõe a todas as coisas como Necessidade ou Destino (determinismo). • O determinismo como necessidade se combina com a teleologia para tornar-se direção providencial.

DEMÓCRITO de Abdera (c. 460-360 a.C.).

Teoria do conhecimento e da realidade — **materialismo atômico, mecanicismo, determinismo, realismo representativo, reducionismo** • Combina o sensualismo de Protágoras com o racionalismo dos pré-socráticos. • As percepções produzem opiniões; a razão dá conhecimento da realidade. • A realidade consiste em um número infinito de formas-atômicas materiais que possuem qualidades básicas (forma, inércia etc.) e se redistribuem em um espaço infinito. • A razão deve abstrair o conhecimento dos mesmos a partir das qualidades secundárias de percepção (cor, sabor etc.). • A razão é ela mesma um produto da matéria em movimento. • Os átomos-mentais são "atingidos" por imagens (pequenas cópias) dos objetos, dando origem a percepções das quais se deve abstrair o conhecimento científico.

DESCARTES, René (1596-1650). *Meditações. Discurso sobre o método.*

Teoria do conhecimento — **racionalismo, intuicionismo** • O objetivo do conhecimento é a certeza. • A certeza deriva da 1) intuição — "a luz natural da razão" que produz clareza indubitável; e 2) dedução — "toda inferência necessária de outros fatos conhecidos com certeza". • A certeza requer a dúvida sistemática (ceticismo metodológico). • Essa dúvida sistemática leva a primeiros princípios indubitavelmente claros e necessários, dos quais se pode deduzir todo o conhecimento necessário e genuíno, como, e.g., na ciência da geometria. • O método cartesiano invoca quatro regras como guias no caminho da opinião para a ciência: 1) Nunca aceitar nada como verdadeiro a menos que o seja de modo claro e inevitável. 2) Analisar ou reduzir um problema a partes resolúveis. 3) Organizar os particulares em conhecimento geral. 4) Verificar a inteireza e os casos negativos.

Teoria da realidade — **dualismo** • A realidade para o homem são duas substâncias: 1) matéria (*res extensa*), isto é, extensão no espaço e no tempo; 2) mente (*res cogitans*), isto é, espírito pensante não-estendido que espelha o mundo material. • Deus é substância absoluta, incriado, imóvel e perfeito — criador da matéria e das mentes humanas. • Como o mundo interior da consciência, a mente é livre e motivada por Deus. • Como o mundo exterior do espaço, a matéria constitui o mecanicismo da máquina mundial colocada em movimento por Deus, que é a causa primeira, e continua em movimento segundo as leis inerentes e necessárias da natureza (determinismo).

DEWEY, John (1859-1952). *Como pensamos. Reconstrução em filosofia. A natureza e a conduta humana. A arte como experiência.*

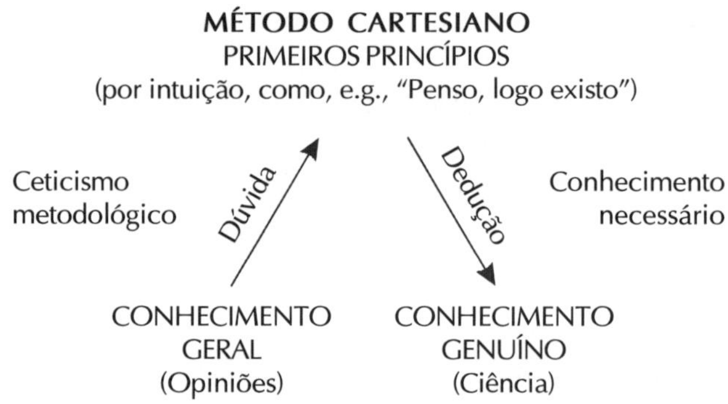

Teoria do conhecimento — **instrumentalismo, experimentalismo, pragmatismo** • Conhecer é um "tipo de interação que ocorre com o mundo da experiência [...] O conhecer é um participante do que é finalmente conhecido". • O conhecimento é hipotético e preditivo, "não final ou completo, mas intermediário e instrumental", porque a vida é um processo que requer constante reavaliação de idéias como instrumentos de adaptação (comparar com James e Peirce adiante). • "A experimentação entra na determinação de toda proposição justificada"; o método experimental é o método do conhecimento. • O conhecimento é a "experiência de fundo de reserva" da comunidade humana, que se justifica em termos que têm significado na experiência futura.

ESPINOSA, Baruch (Benedito) (1632-1677). *A ética baseada na geometria. Tratado teológico-político.*

Teoria da realidade — **monismo, panteísmo** • A realidade é Substância Infinita ou Deus. • "Por Deus, eu quero dizer um ser absolutamente infinito — uma substância que consiste em atributos infinitos." • Do ponto de vista humano, dois atributos são inteligíveis: consciência (mente) e extensão (matéria) (comparar com o cartesianismo). • Mente e corpo, pensamento e movimento, são paralelos; a sucessão causal de eventos físicos corresponde à sucessão lógica das idéias (paralelismo). • Deus e o universo são um só (panteísmo). • Deus é causa imanente — não o criador. • Todos os eventos são interdependentes e necessários (determinismo). • "Toda a série interminável de corpos, com suas divisões, formas e movimentos, são os modos de extensão (matéria), assim como a série infindável de mentes, com suas idéias e volições, são os modos da consciência (mente)" (Windelband). • O monismo de Espinosa tenta reconciliar o idealismo com o materialismo.

FREUD, Sigmund (1856-1940). *Introdução geral à psicanálise. A civilização e seus descontentes.*

Teoria da mente — **freudismo, psicologia profunda, psicanálise, materialismo** • A mente (o eu) é concebida como uma unidade dinâmica de três componentes interagentes e inter-relacionados: 1) *id* — a força propulsora inconsciente originalmente identificada com o instinto sexual, mas depois associada com os impulsos opostos de *eros* (instinto da vida) e *arakne* (instinto da morte); 2) *ego* — a atividade pensante e consciente do eu, calculadamente egocêntrica na busca apenas de sua própria satisfação (egoísmo psicológico); 3) *superego* — originalmente o censor ou a consciência do eu como uma moralidade social internalizada desenvolvida inteiramente na primeira infância e como resultado do conflito entre o *id* (como criança) e a sociedade. • O *ego* ou consciência (a mente no sentido usual) se desenvolve a partir do *id* no seu encontro com o meio físico e social.

HEGEL, Georg Wilhelm Friedrich (1770-1831). *A fenomenologia da mente. A ciência da lógica. Filosofia da história.*

Teoria da realidade — **idealismo absoluto** • A realidade é a realização ou desdobramento do Espírito (*Geist*). • A realidade é um processo análogo ao pensamento, uma dialética (tese-antítese-síntese) na qual o Espírito se objetiva como o mundo e desenvolve um conhecimento de si mesmo no mundo. • "Todo o sistema de Hegel está construído sobre a grande tríade: Idéia-Natureza-Espírito. A Idéia-em-si [tese] é aquilo que se desenvolve, a realidade dinâmica do e por trás do — ou antes do — mundo. A sua antítese, a Idéia-fora-de-si, a saber, o espaço, é a natureza. A natureza se desenvolve... no homem, em cuja consciência a Idéia se torna consciente de si mesma. Essa autoconsciência da idéia é o Espírito, a antítese de Idéia e Natureza, e o desenvolvimento dessa consciência é a *História* [...] A história é... 'a autobiografia de Deus'... a realidade de Deus" (Hartman). • Através da história, isto é, a vida do homem e suas instituições, o Espírito alcança o seu objetivo de autoconsciência e liberdade. • Em e através do homem e da sua crescente autoconsciência e liberdade, o Espírito obtém a sua própria realização como liberdade — a Idéia que entende a si mesma. • Paralela à dialética racional está a dialética de eventos. • De cada tese em pensamento e evento surge uma oposição necessária em antítese. • A oposição é resolvida como uma síntese, isto é, uma realidade ou verdade mais elevada que incorpora, mas transcende, a oposição (comparar com Marx, adiante). • O Espírito é o processo dialético tomado como um todo. • "O que é racional é real e o que é real é racional". • Entidades ou eventos particulares são reais somente como aspectos da vida do Espírito.

DIALÉTICA HEGELIANA

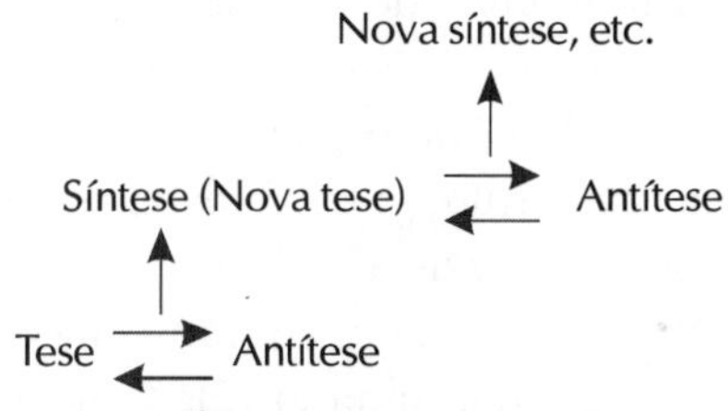

TRÍADE HEGELIANA

	Tese IDÉIA (Idéia-em-si)	Antítese NATUREZA (Idéia-fora-de-si)	Síntese ESPÍRITO (Idéia-em-e-para-si)
Estrutura: como manifestação fundamental	Dialética lógica ou racional	Tempo-espaço físico	Tempo (como tempo "vivido" ou tempo de autoconsciência)
Ciência: como disciplina fundamental	LÓGICA	GEOMETRIA	HISTÓRIA

Teoria da mente — As mentes individuais são a *Mente Absoluta* (*Espírito*) que se objetiva e se torna autoconsciente na autoconsciência humana. • A mente existe 1) subjetivamente como conhecimento e raciocínio; 2) objetivamente como natureza e história; 3) e absolutamente como a Idéia. • O mundo não é realidade interior e aparência exterior; o interior é o exterior — a mente é o corpo; a natureza é o absoluto objetivado no espaço e no tempo. • A natureza é o Espírito visível; o Espírito é a natureza invisível. • A mente evolui como 1) alma, isto é, mente dependente da natureza; 2) consciência, isto é, mente oposta à natureza; 3) Espírito, isto é, a mente reconciliada com a natureza em entendimento e conhecimento. • O Absoluto 1) incorpora-se primeiramente no individual, isto é, na alma; 2) torna-se consciente de si mesmo como outro que não é apenas corpo, isto é, na consciência; 3) então se desenvolve a autoconsciência como Espírito. • Na autoconsciência, a mente combina sujeito e objeto e se torna Espírito, isto é, Realidade. • Em outras palavras, alma e corpo são anulados por sua oposição, mas em outro sentido são preservados pela síntese resultante como Espírito, em um nível mais elevado. Hegel caracterizou esse fim com a palavra alemã casual *aufgehoben*.

HEIDEGGER, Martin (1889-1976). *Existência e ser. O ser e o tempo. Introdução à metafísica.*

Teoria da realidade — **fenomenologia existencial, ontologia fenomenológica, ateísmo** • A pergunta fundamental é "Qual é o *significado* do Ser?" • Inicialmente, Heidegger está interessado na análise fenomenológica do *Dasein*, isto é, a existência humana. • Mais tarde, lhe parece que o Ser é anterior ao *Dasein* e se revela no *Dasein* como uma irrupção da verdade, isto é, o significado de tudo o que existe. • O *Dasein* — o humano "ser-no-mundo" — é caracterizado como um campo de relações antes que uma entidade ao lado de ou entre outras coisas. • Ele é caracteristicamente "caído" ou alienado (*Verfallenheit*), cuja superação recupera a "verdade". • O homem não cria o seu mundo, isto é, lhe dá significado; antes "é o [próprio] Ser que cria para si mesmo o ouvido destinado a ouvir e as palavras que levam a sua revelação". • Mas o Ser não é Deus no sentido teístico tradicional. • Heidegger usa a etimologia do grego *a-létheia* — "verdade" como "o ser oculto que se revela". • A verdade existencial é "abertura" para a existência antes que a apreensão intelectual de uma idéia. • A pessoa existe "*na* verdade" antes que "*conhece* a verdade".

HOBBES, Thomas (1588-1679). *O leviatã. A natureza humana. Do corpo político. Sobre o cidadão. Sobre o corpo. Sobre o homem.*

Teoria da realidade — **naturalismo, materialismo mecanicista, behaviorismo** • Tudo o que é, é "corpo". • Se Deus existe, Deus também é "corpo". • O *mecanicismo* que Galileu e Descartes atribuíram ao mundo material ou *estendido* também é atribuído ao mundo humano. • Absolutamente nada é imaterial (naturalismo). • Todos os "corpos" estão sujeitos a *causas eficientes* (materialismo mecanicista). • O homem é unicamente um "corpo" sujeito a forças que o movem tanto emocional como fisicamente (behaviorismo).

Teoria do conhecimento — **nominalismo, racionalismo (mas também ceticismo)** • As sensações (*fantasmas* ou *imagens sensórias*) produzidas pelos movimentos físicos associadas à razão constituem o conhecimento. • Mas a razão não é uma "luz" que aclara verdades universais, como na filosofia medieval ou cartesiana, nem é uma atividade de uma mente em qualquer sentido (*não* existe *mente*). • Antes a razão é um epifenômeno do corpo humano que permite a ocorrência de certas operações como nomear, identificar causas naturais ou referências simbólicas. • Embora o entendimento humano possa atribuir nomes gerais, não existem universais, seja como entidades independentes (como, e.g., as Idéias de Platão), seja como entidades mentais (como, e.g., os conceitos de Abelardo) (nominalismo). • O pensamento de qualquer tipo surge como um "esforço" ou reação (resposta) a forças externas (estímulos) na forma de *fantasmas* ou *imagens sensórias*; o pensamento é a sucessão desses ou de seus epifenômenos. • A verdade consiste na coerência entre discurso e pensamento como um sistema simbólico, antes que na correspondência ao fato. • O conhecimento é a organização coerente e bem-sucedida de símbolos lingüísticos antes que a apreensão de alguma realidade objetiva. • O propósito do conhecimento é o controle da natureza, inclusive a natureza humana. • Embora fosse racionalista e determinista, Hobbes mostrou o seu *ceticismo* nas suas hesitações acerca da objetividade das demonstrações causais e no seu conceito — ao contrário de outros racionalistas — de que a razão é epifenomenal e não metafísica. Não existe, e.g., nenhum *cogito*, como em Descartes.

Teoria moral, psicológica e política — **naturalismo, egoísmo psicológico e ético, autoritarismo, legalismo, positivismo, epifenomenismo** • A aprovação ou desaprovação moral é resultado de *esforços* — sendo o desejo o esforço positivo e a aversão o esforço negativo. • "Aquilo que os homens desejam [isto é, o "bem"] também se diz que ele amam, e odeiam aquelas coisas pelas quais sentem aversão [isto é, o "mal"]. • Sem lei e ordem, os homens estão no *estado da natureza*, no qual "cada um [tem] direito a tudo", isto é, toda coisa que alguém deseja é o "bem" para ele. • Devido ao caráter contencioso dos homens, o estado da natureza é "solitário, odioso, brutal e breve". • Mediante acordo, os homens vivem debaixo de leis mediante as quais o seu direito "a tudo" é entregue a uma *autoridade soberana* cuja decisão determina a moralidade, isto é, aquilo que é legal, e cujo poder a aplica. • Direito é o que a lei diz, e o que a lei diz é o que o soberano diz. • A sociedade e a moralidade surgem como alternativas racionais ao estado da natureza para homens que buscam exclusivamente os seus próprios interesses (egoísmo psicológico) e que descobrem que os seus interesses são melhor atendidos com uma autoridade soberana e leis estritamente aplicadas; sem essas, não existe sociedade ou moralidade.

HUME, David (1711-1776). *Ensaios filosóficos sobre o entendimento humano.*

Teoria do conhecimento — **ceticismo, fenomenismo puro, empirismo** • Todo o conhecimento deriva de percepções. • As percepções consistem em 1) impressões, isto é, experiências originais; 2) idéias, isto é, có-pias ou memórias de impressões. • As impressões são 1) anteriores a e mais vívidas do que as idéias; 2) sensações de dados sensórios externos, isto é, cor etc.; (3) reflexões sobre sentimentos internos, isto é, emoções; (4) copiadas pela memória ou imaginação para formar idéias simples. • Idéias simples se combinam para formar idéias complexas segundo as leis de associação de idéias: lei da semelhança — idéias semelhantes se associam; lei da contigüidade — idéias juntas no espaço ou tempo se associam; lei da causalidade — a constante conjunção ou seqüência de idéias sugere associação causal. • O conhecimento válido consiste em idéias redutíveis a impressões específicas. • Idéias como causalidade, substância, o eu e Deus não podem ser reduzidas a impressões e assim são ficções gramaticais convenientes. • Nós não podemos conhecer um mundo externo. • "Como quaisquer seres jamais estão presentes à mente exceto percepções, nunca podemos observar uma relação de causa e efeito entre percepções e objetos."

HUSSERL, Edmund (1859-1938). *Idéias. Meditações cartesianas.*

Teoria do conhecimento e da realidade — **fenomenologia transcendental** • A filosofia é uma ciência rigorosa (fenomenologia) das estruturas da experiência consciente significativa das "coisas em si mesmas" (v. tabela 24). • A estrutura básica é a *intencionalidade*. • A atenção é dirigida para os "objetos" na medida em que eles são tencionados pela consciência, isto é, as "essências ideais" das "coisas em si mesmas". • Essas essências não são realidades ideais (Platão) nem psicológicas (Hume). • A *fenomenologia transcendental* é a análise descritiva tanto das essências tencionadas pela consciência *quanto* da consciência no ato de tencionar os objetos, isto é, dar significado ao mundo. • "Ego transcendental" é o nome dado por Husserl à intencionalidade constitutiva da consciência; é concreto antes que formal, como em Kant. • Existe somente um mundo — não coisas-em-si e coisas-como-aparecem, como em Kant. • O objeto (o mundo) não é construído pela consciência sob categorias *a priori*; ele já está ligado à consciência pela intencionalidade em um "Mundo-Vida". • O mundo se dá à consciência, que retribui dando sentido. • A consciência ou o ego transcendental também não é uma "coisa pensante", como em Descartes, que olha "para fora" para o mundo; ela está imersa no "Mundo-Vida" e se torna consciente de si mesma reflexivamente no ato de tencionar o mundo e refletir sobre ele.

JAMES, William (1842-1910). *Pragmatismo. Um universo pluralista. Ensaios sobre empirismo radical. A vontade de crer e outros ensaios. O sentido da verdade. As variedades da experiência religiosa.*

Teoria do conhecimento — **pragmatismo, empirismo radical** • Como o existencialismo posterior, James sustentava que a esfera do filósofo é o "mundo de experiências pessoais concretas", no qual se aplica o *método* pragmático, antes que o mundo das idéias abstratas, no qual se incentiva a especulação. • "O método pragmático é um método de resolver disputas metafísicas que de outro modo poderiam ser intermináveis." • "Não pode *haver* [...] qualquer diferença na verdade abstrata que não se expresse em uma diferença nos fatos concretos." • As disputas metafísicas são resolvidas ao se considerar a diferença prática (isto é, observável) que faria *para o indivíduo* se uma ou a outra alternativa fosse verdadeira. • "Verdadeiro é o nome de tudo aquilo que prove ser bom em termos de crença" (v. teorias da verdade). • "A verdade *acontece* a uma idéia; ela *se torna* verdadeira, é *tornada* verdadeira pelos eventos."

Teoria da realidade — **pluralismo** • A realidade consiste em muitos "reais" conforme experimentados em um universo frouxamente relacionado ("em processo") e não rigidamente estruturado ("bloqueado"); é um "*pluriverso*". • Esses reais incluem um "Deus real" e se relacionam uns com os outros externamente como uma parte do "processo de vir a ser". • A realidade, inclusive Deus, está "inacabada", "em construção". • A consciência não é uma entidade, mas uma *função da experiência*. • "Essa função é *conhecer*" (comparar com Husserl e a fenomenologia, acima).

KANT, Immanuel (1724-1804). *Crítica da razão pura* (um exame da razão teórica ou ciência). *Crítica da razão prática* (um exame da razão prática ou moralidade). *Crítica da faculdade de julgar* (um exame dos juízos estéticos e teleológicos na arte e na natureza).

Teoria da realidade — **idealismo crítico ou transcendental** • A realidade como coisa-em-si (*Ding an Sich*) ou como númenos é incognoscível. • Os númenos se apresentam às mentes como fenômenos que são cognoscíveis (v. fenomenismo). • Os fenômenos são o produto conjunto da mente e dos dados sensoriais. • Os fenômenos somente são possíveis porque a mente é capaz de ordená-los no espaço e no tempo. • A mente só conhece o que ela ordena no espaço e no tempo como fenômenos ou experiências de acordo com o princípio da causalidade. • A mente não pode conhecer o que ela é como "coisa-em-si". • A mente conhece somente fenômenos porque possui a faculdade necessária para tornar possíveis os fenômenos. • A mente fornece a agência organizadora e unificadora que torna os fenômenos não somente possíveis e inteligíveis, mas também uniformes, universais e comunicáveis. • A realidade como númenos — inclusive o eu — pode ser livre, como é sugerido pelas exigências da razão prática e da necessidade moral. • A liberdade e imortalidade do homem e a existência de Deus podem ser afirmadas como uma necessidade moral. • Portanto, a realidade é tríplice: 1) númenos, isto é, as coisas-em-si; 2) fenômenos, isto é, as coisas-como-experimentadas; e 3) o eu, isto é, o agente ativo, organizador e transcendental ou o que Kant denominou a "unidade transcendental de apercepção". • A unidade transcendental de apercepção de Kant é análoga à substância dos racionalistas (Descartes, Espinosa e outros); ela é a suprema condição ou pressuposição necessária da possibilidade da experiência. • Observação: para uma adequada compreensão, a filosofia crítica de Kant requer leituras adicionais.

KIERKEGAARD, Søren A. (1813-1855). *Temor e tremor. O conceito de angústia. Migalhas filosóficas. Pós-escrito conclusivo não-científico.*

Teoria da realidade e do valor (*como ética*) — **existencialismo cristão** • "O indivíduo é a categoria através da qual [...] esta era, toda a história e a raça humana como um todo deve passar." • O indivíduo existente particular é a categoria básica. • O real é o particular — não o racional ou universal, como em Hegel. • A oposição de Kierkegaard a Hegel é mostrada na sua teoria de que o eu particular existente é anterior a qualquer *conceito* de um eu universal. • Para Hegel, cada eu é um exemplo do universal em virtude do qual o particular é um eu, isto é, o que se *pensa* ser um eu. • A essência — o que é pensado e é universal — precede a existência, isto é, o que é concretamente vivido pelo sujeito particular. • O pensamento é a essência universal das coisas em Hegel; Kierkegaard reverte a prioridade de pensamento e existência. • Para ele, pensar *é* agir. • Pensar sobre a morte de modo significativo, e.g., é experimentar e aceitar a finitude da própria existência particular — e não referir-se ao conceito geral da morte. • É saber que a pessoa tem de morrer a sua própria morte. • O pensamento conceitual é abstrato, impessoal e passivo; o pensamento existencial é concreto, pessoal e apaixonado, isto é, subjetivo. • A "verdade" existencial é subjetiva porque tem a v. com preocupações últimas. • A essência da subjetividade é a liberdade. • A liberdade não é meramente um indeterminismo metafísico; ela está implícita na escolha. • O que alguém irá se tornar deve ser livremente escolhido em um ato incondicional ou "salto" de fé. • Esse "salto" traz um movimento recíproco do incondicionado — Deus — para a existência humana e é o que se entende por viver pela fé.

KÖHLER, Wolfgang (1887-1967). *Psicologia da* gestalt.

Teoria da mente — A mente é a estrutura organizada e dinâmica do conjunto da experiência e do comportamento. • Mente é "a correspondência estrutural entre os campos excitáveis do cérebro e os conteúdos experimentados da consciência" (Warren) (isomorfismo). • Os fenômenos mentais ocorrem e interagem em campos (comparar com a física de campo). • Existe "uma correspondência psicofisiológica entre a ordem experimentada no espaço e no tempo e o contexto dinâmico subjacente de processos fisiológicos" (Patrick). • Portanto, a mente é a forma ou função do corpo.

LEIBNIZ, Gottfried Wilhelm (1646-1716). *Monadologia.*

Teoria da realidade — **atomismo espiritualista ou pan-psiquismo** • A realidade é um todo harmonioso governado pelas leis da matemática e da lógica. • Esse todo harmonioso é uma manifestação de um número infinito de forças como entidades dinâmicas. • Força é a "fonte do mundo mecânico". • Espaço é o resultado da coexistência harmoniosa das forças. • A unidade básica de força é a mônada. • Leibniz desenvolveu a idéia de Bruno acerca da mônada como um átomo espiritual (pan-psiquismo). • As mônadas são "mundos-em-si", isto é, entidades que "espelham o mundo" em si mesmas. • As mônadas não estão no espaço, mas produzem espaços que moldam ou estruturam os seus mundos particulares. • Portanto, o espaço é relativo (comparar com teoria da relatividade). • As mônadas variam ao longo de todo um espectro de consciência, desde a consciência mínima dos objetos inanimados até a plena autoconsciência do homem. • Não existem duas mônadas exatamente iguais, porque se o fossem, seriam mônadas idênticas (a lei da identidade dos indiscerníveis). • Todavia, não existem rupturas no espectro que vai desde a pedra até Deus (a lei da continuidade). • Deus é a mônada original e mais elevada — a mônada das mônadas, isto é, pura força ou atividade (*actus purus*). • Cada mônada individual se desenvolve movida por uma necessidade interior; ela está "carregada do passado" e "prenhe do futuro". • Existe uma harmonia pré-estabelecida entre o mental e o físico em todos os fenômenos. • O homem funciona como uma "máquina divina" que opera harmoniosamente no "melhor de todos os mundos possíveis" segundo o abrangente e divino propósito de Deus.

LOCKE, John (1632-1704). *Ensaio sobre o entendimento humano.*

Teoria do conhecimento — **realismo representativo, empirismo inglês** • No nascimento, a mente é uma *tabula rasa* (tabuleta em branco) sobre a qual se imprimem experiências (impressões) que produzem idéias simples. • As idéias simples se unem pela reflexão para formar idéias complexas. • Mesmo idéias abstratas como causa, substância ou implicação lógica se reduzem a idéias simples. • Não existem idéias inatas universais, necessárias ou *a priori*, independentes da experiência. • Certas qualidades — tais como extensão, forma etc. — são apresentadas a todos os conhecedores como as qualidades básicas objetivas. • Estas dão origem às qualidades subjetivas (ou secundárias), tais como sabor, cor etc.

MARX, Karl (1818-1883). *Teses sobre Feuerbach. A revolução de Dühring*, com Friedrich Engels (1820-1895).

Teoria da realidade — **materialismo dialético** • A realidade é a manifestação de um conflito fundamental em toda a matéria, expresso com movimento. • Esse conflito é uma oposição dialética, que resulta em um processo e uma autotransmutação. • A sociedade humana também reflete esse processo (comparar com Hegel acima). • Esse processo envolve três leis fundamentais (Engels): 1) lei do conflito — toda a realidade é uma unidade instável e uma interpenetração de opostos; 2) lei da transformação — a mudança qualitativa é concomitante com a mudança quantitativa; 3) lei da negação da negação — a mudança consiste em uma síntese de contradições ou oposições anteriores, isto é, teses e antíteses, as quais, por sua vez, produzem novas contradições e novas sínteses.

MERLEAU-PONTY, Maurice (1908-1961). *Fenomenologia da percepção. A estrutura do comportamento.*

Teoria da realidade — **fenomenologia existencial, existencialismo, humanismo** • Filosofia é fenomenologia. • "A verdadeira filosofia consiste em reaprender a v. o mundo", isto é, tornar-se plenamente consciente da "presença inalienável" do mundo em situações concretas. • "Eu estou presente a mim mesmo [somente] ao estar presente ao mundo." • *Estar-no-mundo*, como um conjunto concreto de relações, é anterior ao Ser (em oposição a Heidegger) ou à pura consciência (em oposição a Sartre). • O significado do mundo não é criado pelo homem (como em Sartre) nem revelado pelo próprio Ser (como em Heidegger), mas está *ambiguamente* envolvido no mundo concreto dado. • Não se pode dizer com mais certeza que tudo tem significado do que dizer que tudo é absurdo. • O significado precisa ser esclarecido em cada situação concreta, porém ambígua (v. tabela 24).

MILL, John Stuart (1806-1873). *Um exame da filosofia de Sir William Hamilton.*

Teoria do conhecimento — **fenomenismo** • Idéias tais como matéria e causalidade são admitidas se forem interpretadas fenomenalisticamente, como, e.g., "possibilidades de sensação". • O conhecimento de

Deus é possível como uma inferência do conhecimento do mundo (a partir de dados sensoriais). • A uniformidade da natureza torna possível o conhecimento de um mundo como causa dos dados sensoriais.

Teoria da realidade — "A matéria é a possibilidade permanente de sensação." • A realidade não é uma substância mental ou material independente, mas um complexo de sensações presentes ou possíveis. • As entidades materiais e mentais são construídas a partir de dados sensoriais. • Os dados sensoriais pertencem a uma mente subjetiva (como no idealismo) *e* ao mundo objetivo (como no realismo). • O realismo é ordenado por um princípio invariável de causalidade (determinismo).

Moore, George Edward (1873-1958). *Principia ethica. Estudos filosóficos.*

Teoria do conhecimento e da realidade — **novo realismo** • Como sensíveis (isto é, complexos de dados sensórios), a realidade existe independentemente da percepção, embora a percepção traduza os complexos como objetos físicos. • As qualidades primárias objetivas e as qualidades secundárias subjetivas de Locke são invertidas, no sentido de que agora são os dados sensoriais que são objetivos e os objetos que são subjetivos. • O realismo de Moore se aproxima do fenomenismo de Mill, no qual a matéria é a "possibilidade permanente de percepção" (v. acima).

Teoria do valor (como axiologia e ética) — **doutrina do bem indefinível e doutrina da falácia naturalista** • O significado do "bem" não pode ser definido como prazer ou qualquer outra coisa sem que haja perda de significado, como, e.g., o "amarelo" não pode reduzido a um comprimento de onda sem perder a qualidade indefinível da experiência do "amarelo". • Todas as tentativas de reduzir termos éticos a não-éticos resultam na falácia naturalista. • O bem "é um daqueles inumeráveis objetos de pensamento que são eles mesmos incapazes de definição porque são os termos últimos com referência aos quais tudo o que é capaz de definição precisa ser definido." • A bondade é uma propriedade única e irredutível. • Os valores envolvem qualidades indefiníveis de experiência que são peculiares à situação humana.

Nietzsche, Friedrich (1844-1900). *O nascimento da tragédia. Para além do bem e do mal. A genealogia da moral. Assim falou Zaratustra. Vontade de potência.*

Teoria do valor (como ética) — **naturalismo, niilismo, existencialismo ateu** • O homem ocidental foi corrompido por dois grandes males: por um lado, a filosofia intelectualista; por outro lado, a apoteose da fraqueza pelo cristianismo; ambos negam o espírito humano natural. • Necessita-se de uma *transmutação* ou inversão de valores: em vez de simpatia e piedade — desprezo e indiferença; em vez de amor ao próximo — egoísmo e crueldade • Por quê? "A vida é precisamente o Desejo de Poder [...] o *fato fundamental* de toda a história." • Mas a transmutação é somente para "espíritos livres", para o Super Homem. • O homem comum é uma "ponte", algo a ser "ultrapassado". • A nova moralidade está "além do bem e do mal", além dos valores da "gente comum", que sublima o seu ressentimento com os que são naturalmente superiores na forma de uma moralidade convencional que torna a virtude da superioridade em "mal" e a sua própria fraqueza em "bem". • O altruísmo é um típico ideal de "escravo". • A nova moralidade incorpora a realização das virtudes *naturais* da força e do poder. • "O tipo nobre de homem [...] considera *a si mesmo* um determinador de valores" (comparar com Sartre, adiante).

Peierce, Charles Sanders (1839-1914). *Papéis coligidos.*

Teoria do conhecimento — **realismo, pragmaticismo** • O método pragmático é interpretado aproximadamente como o método científico. • O conhecimento tem uma natureza mais social e a verificação tem uma ênfase mais pública do que em James (acima). • A teoria do conhecimento se torna em semiótica ou teoria dos sinais é realística. • O conhecimento nunca pode alcançar completa verificação ou certeza absoluta; trata-se do princípio do falibilismo.

Teoria da realidade — **pluralismo, filosofia do processo** • A realidade é um processo pluralístico multifacetado que realiza atualidades limitadas, mas tem possibilidades ilimitadas. • A matéria é apreendida diretamente através da sensação como um "fato brutal". • A única metafísica legítima é empírica ou fenomenológica e busca identificar três aspectos universais e onipresentes de todos os fenômenos: qualidade, fato e lei. • A estes Peirce rotula como as qualidades da primariedade, secundariedade e terciariedade.

Perry, Ralph Barton (1876-1957). *Tendências filosóficas atuais. Teoria geral do valor.*

Teoria da mente — A mente consiste em três elementos: interesses biológicos, comportamento adaptativo e conteúdos mentais. • O significado da mente depende de ele ser considerada a partir de dentro ou de fora. • "A mente como observada introspectivamente difere [...] da mente como observada na natureza e na sociedade."

Teoria da realidade — **novo realismo** • A realidade é um dado neutro "fornecido independentemente de quaisquer idéias que se formem sobre ela... indiferente... ao pensamento, que pode revelar, mas não constitui ou cria o seu objeto." • A realidade consiste em uma pluralidade de entidades, relações etc., apresentadas diretamente à consciência como lógicas ou materiais.

PLATÃO (Aristocles) (427-347 a.C.). Lista parcial de diálogos: 1.° período (socrático): *Apologia*, *Mênon*, *Protágoras*, *Eutífron*, *Górgias*. 2.° período: *Simpósio*, *Fédon*, *República*, *Fedro*, *Parmênides*, *Teeteto*. 3.° e 4.° períodos: *Sofista*, *Timeu*, *Leis*.

Teoria do conhecimento e da realidade — **racionalismo, intuicionismo, doutrina das idéias, dualismo, platonismo, idealismo platônico, realismo platônico, idealismo clássico** • Como Demócrito, Platão parte da teoria do conhecimento da percepção, de Protágoras. • A razão e a intuição descobrem nos fenômenos perceptuais os universais, isto é, as Idéias ou formas inteligíveis da realidade (racionalismo e intuicionismo). • O conhecimento se desenvolve através de três estágios, correspondentes ao desenvolvimento relativo dos três níveis da alma: 1) *doxa* — opinião ou mera crença que deriva diretamente dos sentidos; 2) *dianoia* — entendimento racional ou discursivo; 3) *noesis* — intuição direta das Idéias. • O conhecimento tem como seu objeto 1) o que realmente é, ou seja, o ser, a essência (*ousia*), as Idéias ou as Formas; e 2) a virtude. "A virtude só pode ser obtida através do correto conhecimento [e] o conhecimento é a cognição do verdadeiro Ser" (Windelband). • A teoria do conhecimento de Platão é melhor sintetizada pela sua figura da linha dividida encontrada no Livro VI da *República*. • Os universais morais ou ideais de Sócrates adquirem status ontológico, isto é, se tornam o fundamento da realidade (v. Sócrates adiante). • As Idéias são 1) eternas e perfeitas; 2) reais — "as 'formas' da verdadeira realidade, cujo conhecimento constitui a virtude, são a espécie dos conceitos de classe" (Windelband); 3) sugeridas, aproximadas ou imitadas pelas coisas do mundo dos fenômenos; 4) captadas pela razão e pela intuição; 5) objetivas — independentes de mentes ou conhecedores, em comparação com o idealismo moderno (v. o objetivismo como realismo platônico); 6) ordenadas em uma hierarquia sob as idéias mais elevadas e mais universais de ser, virtude, beleza e verdade, as quais, por sua vez, participam da absolutamente universal Idéia do Bem; 7) ordenadas para a idéia do bem como limitação e propósito últimos (teleologia); 8) os ideais inteligíveis que estruturam o fluxo ou devir interminável dos fenômenos; 9) reveladas à alma (mente) por um processo de evocação ou lembrança de uma existência passada. • Os dois tipos fundamentais de realidade são 1) as Idéias, que são independentemente reais; e 2) os fenômenos, que são dependentemente reais. A estes se poderia acrescentar o agente ou criador — Deus — que forma o mundo de acordo com as Idéias. • Os fenômenos abrangem o mundo espacial-temporal, que se aproxima do mundo eterno e real das Idéias.

A FIGURA DA LINHA DIVIDIDA (PLATÃO)

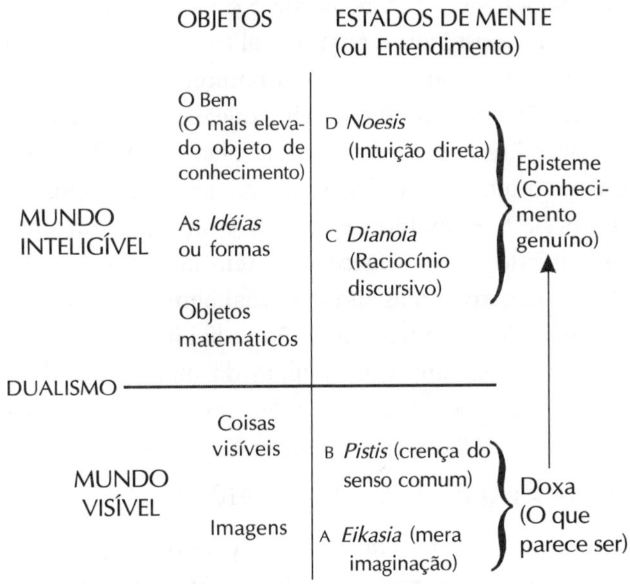

Teoria da mente (alma) e do valor (como ética) — **espiritualismo, auto-realização, doutrina da imortalidade** • A alma (mente) é pré-existente e imortal (doutrina da imortalidade — *Fédon*). • A alma (mente) liga o corpo como fenômenos (devir) às Idéias (ser). • A alma (mente) dá vida e conhecimento ao corpo. • A alma (mente) estabelece essa ligação através de três funções: 1) apetite — impulsos ou desejos sensuais (*epithymia*) que se originam no ventre; 2) vontade — ambições ou energias espirituais (thymos) que se originam no peito; 3) razão — percepção ou entendimento (*noesis*) que se origina na mente e corresponde a, bem como anseia pelo, mundo imortal das Idéias — que é a sua fonte. • A alma (mente) é assemelhada a uma carruagem; dois cavalos — apetite e vontade — a impulsionam, sob a direção da razão. • As três funções da alma são correlatas 1) dos três tipos de conhecimento (v. p. anterior); 2) das três classes do estado ideal (*República*); 3) da natureza e dos objetivos da educação (*República*). • A harmonia da sociedade é relacionada analogamente com a harmonia do funcionamento da alma. • A realização da harmonia ideal de funcionamento é a justiça (*República*). • O bem supremo (*summum bonum*) é a justiça (v. Aristóteles p. anterior). • A justiça é obtida mediante a temperança do apetite e a coragem da vontade guiados pela sabedoria da alma. • Sabedoria é o desejo e a busca (*eros*) e finalmente o conhecimento (*episteme*) do Bem (*Symposium*).

PLOTINO (205-270). *Enéadas.*

Teoria da realidade — **neoplatonismo, misticismo, emanacionismo** • A realidade é o Uno do qual emana toda a existência e para o qual tudo se esforça para retornar. • Emanar pertence à natureza do Uno. • A emanação começa com as idéias que estruturam a existência e ligam o Ser (o Uno) ao Não-ser. • As idéias emanam almas, que, por sua vez, emanam corpos ou matéria. • A matéria exaure a emanação em uma pluralidade de seres físicos que têm um tipo de existência negativa, mas são essencialmente Não-ser ou ausência de Ser. • As almas são individuais e animam corpos. • As almas participam da mente mundial. • As almas encontram o seu destino supremo na fuga da matéria (Não-ser) e no retorno ao Uno (Ser).

PROTÁGORAS de Abdera (c. 480-410 a.C.).

Teoria do conhecimento — **sensualismo, relativismo, ceticismo, fenomenismo** • Toda atividade mental consiste em, ou é redutível a, percepções, que são produto do movimento do conhecedor e do movimento das coisas conhecidas. • O que se conhece são dados sensoriais, e não objetos independentes. • O que é conhecido é relativo ao conhecedor e ao instante da percepção. • Assim, "o homem é a medida de todas as coisas, das coisas que são para que sejam e das coisas que não são para que não sejam." • Qualidades secundárias (como, e.g., cor, sabor) são subjetivas (comparar com Demócrito, Galileu e Locke).

EMANACIONISMO NEOPLATÔNICO

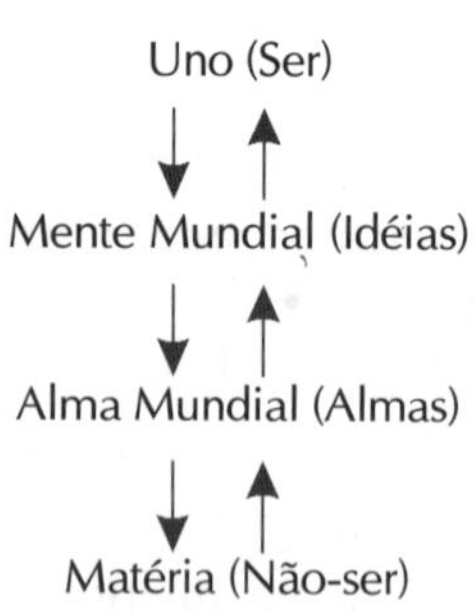

RUSSEL, Bertrand (1872-1970). *O nosso conhecimento do mundo exterior. Análise da matéria.*

Teoria da realidade — **atomismo lógico** • A realidade consiste em uma pluralidade de eventos no espaço-tempo e nas relações lógicas abstratas que estruturam esses eventos. • Os dados sensoriais não são distinguidos dos eventos materiais. • Os dados sensoriais relacionam-se tanto com os objetos que eles constituem em fatos físicos quanto com as mentes que os percebem como fatos mentais. • Os dados sensoriais são subjetivos; isto é, eles não existem não-percebidos. • Todavia, "realmente existem objetos além de nós mesmos e dos nossos dados sensoriais, os quais têm uma existência que não depende de nossa percepção dos mesmos." • Esses objetos são "objetos perceptuais" ou "construções lógicas" antes que seres físicos como tais.

RYLE, Gilbert (1900-1976). *O conceito da mente. Dilemas.*

Teoria da linguagem — **Escola de análise de Oxford, filosofia da linguagem ordinária, behaviorismo** • "Os argumentos filosóficos [...] não se destinam a ampliar o que sabemos sobre as mentes, mas a retificar a geografia lógica do conhecimento que já possuímos." • A "geografia lógica" de um conceito que carece de retificação é a "doutrina oficial" do "dogma do Fantasma na Máquina", isto é, historicamente, as crenças de Descartes acerca de mente e corpo (v. Descartes). • Esse "dogma" decorre de uma análise errônea de expressões ordinárias sobre, e.g., o que a "mente" ou o "corpo" faz etc. • O erro específico é o *erro de categoria*, que consiste "na apresentação de fatos que pertencem a uma categoria em expressões apropriadas a outra" ou na alocação de "conceitos a tipos lógicos aos quais eles não pertencem" (v. a teoria de tipos de Russell). • Quanto ao problema mente-corpo, Ryle sustenta que todas as afirmações que se referem a mentes são realmente afirmações sobre o comportamento corporal presente ou afirmações hipotéticas sobre um comportamento corporal previsto.

SANTAYANA, George (1863-1952). *Ceticismo e fé animal. Reinos do ser.*

Teoria da realidade — **realismo crítico** • A realidade consiste em uma pluralidade de existências materiais conhecidas através das essências (comparar com Platão p. anterior). • Essências são os modos ou formas de matéria idealmente possíveis. • As existências materiais, inclusive as mentes, incorporam essências. • As mentes intuem essências — e não existências materiais.

• As existências materiais têm de ser aceitas com base em uma "fé animal".

SARTRE, Jean-Paul (1905-1980). *A transcendência do ego. Náusea. Teoria das emoções. O ser e o nada. Crítica da razão dialética. O existencialismo é um humanismo.*

Teoria da realidade — **fenomenologia existencial, existencialismo, ateísmo** • Desenvolve uma "ontologia fenomenológica" (*O ser e o nada*) que se concentra em uma análise reflexiva da consciência, na qual a "consciência de algo" é distinguida da autoconsciência que está reflexivamente implícita ou "espelhada" na "consciência de algo". • Como *ser-em-si*, o mundo é tudo o que recebe significado ou é estruturado pelo *ser-para-si* no *ato* da consciência. • Como autoconsciência livre e *transcendente*, o *ser-para-si* é nada. • Quando alguém se torna autoconsciente, reflete sobre a consciência *pré*-refletiva de algo mais. • O eu do qual eu me torno consciente não é o *sujeito* que realiza a reflexão, mas o seu objeto intencional que emergiu em retrospecto. • Em-si ele não é nada. • Embora o mundo seja objetivo, o que ele é em-si — a sua estrutura — precisa ser outorgado pelo conhecedor como o criador de todo significado no ato de conhecer. • Não existe uma natureza humana antecedente como um eu substancial, como em Descartes, ou um eu transcendental, como em Kant ou Husserl (v. tabela 3). • Também não existe um Deus, cuja essência é a existência. • Existe somente o homem, cuja consciência é existência sem essência, isto é, nada. • A existência não é o *fato* de existir no sentido comum. • Existência é consciência, e consciência é nada. • "Existência [de consciência] precede a essência." • A essência, isto é, *significado*, ou o que algo é etc., deve ser escolhida. • A consciência *para-si* deve escolher a si mesma pelos seus atos ou escolhas; isso implica em liberdade. • Mas a liberdade somente existe na medida em que a consciência *age* em relação ao mundo. • O homem é somente como ele "se define a si mesmo pelos seus objetivos", isto é, somente como ele escolhe o seu futuro.

SCHLICK, Moritz (1882-1936). *Problemas da ética. Allgemeine Erkenntnisslehre [Teoria geral do conhecimento].*

Teoria do conhecimento — **empirismo científico** • Fundador do Círculo de Viena. • Rejeitou o conhecimento *a priori* sintético (v. tabela 23). • Considera-va a filosofia primordialmente como análise lógica. • Enfatizou o caráter analítico e *a priori* da lógica e da matemática. • Distinguiu entre conhecimento empírico ou factual e relacional ou lógico. • Limita o conhecimento ao empírico e ao lógico. • Defendeu a revisão da teoria da verdade da correspondência (realismo empírico).

SCHOPENHAUER, Arthur (1788-1860). *O mundo como vontade e idéia (ou Representação).*

Teoria da realidade — **idealismo voluntarista** • A realidade é uma vontade cega e irracional que se objetiva no ser humano e nos fenômenos do seu mundo. • Essa vontade é a "coisa-em-si" de Kant, mas pode ser conhecida introspectiva e intuitivamente. • No homem a vontade se torna autoconsciente e apresenta a si mesma, por construção, um mundo fenomenal de idéias ou representações. • Esse mundo é ordenado em termos do princípio da causalidade, que é necessário para a concepção dos fenômenos. • A mente é uma manifestação da vontade que é autoconsciente e capaz de entender as formas da existência, isto é, as formas pelas quais a vontade se objetiva. • Os fenômenos parecem ser plurais, mas na realidade manifestam a única vontade universal. • Os fenômenos parecem ser ordeiros e bons, mas na realidade ocultam uma vontade irracional e má.

Teoria de estética — O mundo como vontade que se representa para si mesma se desenvolve através de diversos estágios: 1) as idéias que limitam a objetivação a coisas particulares; 2) e uma objetivação final como a consciência humana e o seu mundo de fenômenos como representações. • O conhecimento ordinário é atividade da vontade. • O conhecimento das idéias ignora essa atividade e volta a vontade para si mesma e para as suas idéias ou limitações; assim, o conhecimento das idéias não mais continua a objetivar a vontade. • A arte penetra nas representações até as idéias, revelando assim a realidade. • A tragédia, e.g., revela a cegueira e necessidade da vontade. • A música é a arte mais reveladora e libertadora, pois revela a própria vontade.

SÓCRATES (c. 470-399 a.C.).

Teoria do conhecimento — racionalismo • Concordou com os sofistas (v. Protágoras acima) no sentido de que o conhecimento da realidade é incerto. • Porém, o conhecimento moral é possível: "Virtude é conhecimento", e existe virtude. • O conhecimento moral é universal (absolutismo moral). • Os princípios morais abertos à razão são aqueles conceitos morais em que todas as idéias particulares concordam. • O método socrático é dialético e indutivo: os universais são derivados dos particulares ao se observarem diferenças nas identidades e identidades nas diferenças.

A INFLUÊNCIA DE SÓCRATES NA FILOSOFIA ANTIGA

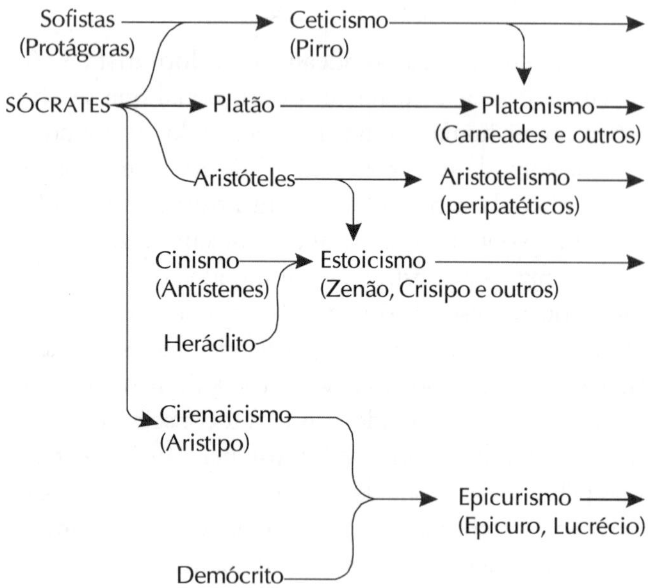

SPENCER, Herbert (1820-1903). *Os primeiros princípios*.

Teoria da realidade — **evolucionismo** • O mundo é um vasto processo evolutivo de matéria, movimento e força. • "Matéria, Movimento e Força [...] não são, eles mesmos, realidades últimas, mas representam [...] os limites do conhecimento" como modos do incognoscível. • A redistribuição de matéria, movimento e força vai do estado de homogeneidade relativamente indefinido para a integração e diferenciação da matéria relativamente heterogênea. • O princípio da evolução se aplica a todos os aspectos da existência, desde a cosmologia até a cultura. • O conhecimento da fonte da evolução — o Incognoscível — não está disponível (agnosticismo).

TOMÁS DE AQUINO (1224-1274). *Summa theologica. Summa contra gentiles.*

Teoria do conhecimento — **realismo aristotélico, realismo clássico** • A razão sozinha e sem auxílio não é suficiente para o conhecimento seja do mundo ou de Deus. • Existe um elemento "dado" tanto no conhecimento do mundo, isto é, a experiência, quanto no conhecimento de Deus, isto é, a revelação. • Tomás de Aquino acompanha Aristóteles ao sustentar que não há nada no intelecto que não esteja primeiro na experiência. • Porém, divergindo de Aristóteles, ele sustenta que o ser humano foi criado para um fim sobrenatural e é, portanto, incompleto em si mesmo ou neste mundo, assim como o conhecimento natural é incompleto sem a revelação. • Os objetos materiais são reais e devem, em *ato*, não somente existir, mas também produzir percepções para o intelecto (mente). • Os intelectos (mentes) também são reais e devem em *ato*, não somente existir, mas também *abstrair* as formas (idéias) das essências, isto é, as coisas ou substâncias. • O intelecto age para usar a experiência como um meio de conhecer coisas independentes reais; isto é, ele usa tanto imagens sensórias quanto conceitos ou idéias universais abstraídas de particulares como meios pelos quais chega a conhecer as coisas. • Conceitos tais como, e.g., curvatura, estão universalmente nas mentes, bem como as coisas, tornando possível o conhecimento objetivo.

Teoria da realidade — **teísmo absoluto, tomismo, aristotelismo, escolasticismo, sobrenaturalismo** • A tarefa da filosofia é metafísica no sentido de Aristóteles, que é começar com o mundo concreto, existente, para inquirir qual é o seu ser, como ele existe e quais são as condições da sua existência. • O mundo é criado a partir do nada (idéia de Agostinho) por um Deus que é o único que possui *essência*, isto é, substância, idêntica a *existência* (sobre-naturalismo). • Deus é Ato Puro, isto é, necessário; em vez de existência contingente, a própria existência. • Essência e existência são os dois princípios metafísicos constitutivos de todos os seres finitos. • Não há essência sem existência e não há existência sem essência. • O mundo, inclusive o ser humano, é uma pluralidade e hierarquia de coisas reais (substâncias ou essências), as quais, em diferentes graus combinam *ato* e *potência*, somente Deus sendo Ato Puro ou o Próprio Ato (aristotelismo). • Porém, Deus não é somente um primeiro princípio filosófico. • Deus possui aquelas características e mistérios do Deus pessoal cristão (teísmo). • "A existência [...] não é nem uma essência nem parte de uma essência; é o ato pelo qual a essência [isto é, substância como, e.g., uma pessoa específica] tem o ser" (Copleston).

TILLICH, Paul (1886-1965). *A coragem de ser. O novo ser. Teologia sistemática* (3 vols.).

Teoria da realidade — **existencialismo religioso, idealismo** • O ser é aquilo em que toda a existência está fundamentada, mas do qual a existência humana

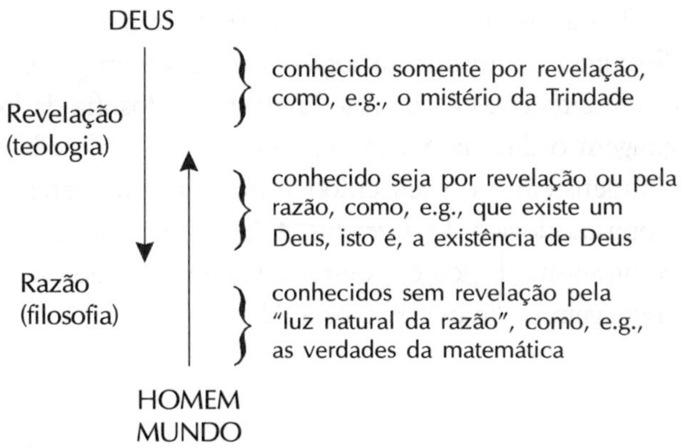

está distanciada. • "O homem está distanciado do fundamento do seu ser, de outros seres e de si mesmo." • Enquanto Sartre vê um distanciamento existencial da consciência humana em relação a tudo o que existe, isto é, o ser-em-si, e uma percepção de que, em si mesma, a consciência não é nada, Tillich vê um distanciamento existencial do *fundamento do ser*, isto é, do *fundamento* de tudo o que existe, inclusive, e.g., as relações humanas. • Ele conclama à *coragem de ser* em face das várias ameaças de *não-ser* que resultam do distanciamento. • O alvo é um *novo ser*, que ocorre em um relacionamento de abertura e aceitação do ser. • O novo ser é encontrado em um *amor* que manifesta o *poder de ser* como um poder para reconciliar os distanciados. • O distanciamento existencial, e.g., decorre de uma preocupação suprema com aquilo que não é supremo. • O que *deve* despertar o interesse supremo é o próprio *fundamento do ser* incondicionado. • Daí a preocupação, e.g., com um Deus teísta que é um ser pessoal, mas, no entanto, um ser ao lado de outros seres, não é uma preocupação com o *próprio ser*. • Essa preocupação perpetua o distanciamento porque somente o *próprio ser* transcende tudo o que existe como o seu fundamento, e somente a preocupação com ele, que se manifesta como *amor*, pode produzir o *novo ser*.

VAIHINGER, Hans (1852-1933). *A filosofia de como-se.*

Teoria do conhecimento — **ficcionismo, ceticismo, pragmatismo** • Todas as idéias abstratas são ficções úteis que servem como instrumentos da vontade de viver. • O conhecimento é um meio de orientação, predição e controle em um mundo de sensações. • "Porque o nosso mundo conceptual é um produto do mundo real, ele não pode ser um reflexo do mundo real." • O conhecimento não revela a realidade, mas nos ajuda a enfrentá-la.

WHITEHEAD, Alfred North (1861-1947). *Processo e realidade. A ciência e o mundo moderno. Aventuras com idéias.*

Teoria da realidade — **organismo, filosofia do processo, realismo** • Whitehead associa elementos do platonismo, realismo, pan-psiquismo e física da relatividade. • Originariamente, Whitehead era um realista ("Eu estou no mundo; o mundo não está em mim." — 1925). Ele se torna mais idealista ("Eu estou no mundo e o mundo está em mim." — 1933). • A realidade é retratada como uma rede ou processo de eventos inter-relacionados, que inclui campos mutuamente sensitivos que "prendem" um ao outro e formam "mentes". • Quando atualizados, os eventos são estruturados pelos "objetos eternos" ou formas de existência (comparar com Platão acima; v. tb. Whitehead a respeito de Deus).

WISDOM, John (1904-1993). *Outras mentes. Filosofia e psicanálise. Paradoxo e descoberta.*

Teoria da linguagem — **Escola de análise de Cambridge, análise filosófica terapêutica, análise lingüística** • Filosofia é terapia conceptual, mas não visa simplesmente emancipar o filósofo perplexo do "feitiço" (Wittgenstein) da linguagem. • "Um tratamento puramente lingüístico dos conflitos filosóficos muitas vezes é inadequado." • Os filósofos que se intrigam com os paradoxos *têm* observado alguma coisa sobre mundo que deve ser levada a sério. • Não se trata *simplesmente* da questão do uso confuso e enganoso da linguagem, pois aquilo que é dito que pode parecer absurdo também pode estar chamando a atenção para alguma característica do mundo que escapou da atenção ou está obscurecida por hábitos lingüísticos. • Mas "teorias filosóficas tais como 'a Matéria (ou Mente) não existe' são [...] paradoxos; e as questões filosóficas não são questões (científicas) nem problemas (lógicos) — mas [...] enigmas." • As propostas do filósofo acerca da natureza do mundo podem ser sugestões frutíferas para nos mostrar "não coisas novas, mas coisas velhas de um modo novo." • "Uma resposta filosófica é realmente uma *recomendação verbal*." • Como afirmações metafísicas, elas não são um (mero) absurdo (comparar com o positivismo lógico), mas um "absurdo" significativo. "Wisdom dá ênfase a v. o que é assim, não a dizer o que é assim" (Newell). • Embora as afirmações metafísicas não sejam afirmações factuais per se, elas não têm, em conseqüência, somente um valor emotivo; elas ajudam a ver os fatos de uma nova maneira.

• O raciocínio também não é somente indução empírica ou dedução, isto é, *demonstração* lógica, mas no uso concreto é mais uma referência a ou uma *comparação* de casos particulares. • "O raciocínio não será eficaz até que conduza a ou proceda de uma nova apreensão do que é familiar."

WITTGENSTEIN, Ludwig (1889-1951). *Tractatus logico-philosophicus. Investigações filosóficas. Os livros azuis e marrons.*

Teoria da linguagem — (Wittgenstein inicial do *Tractatus*) — **atomismo lógico** (Wittgenstein posterior das *Investigações*) — **análise lingüística, filosofia da linguagem ordinária** • Para uma exposição da filosofia de Wittgenstein e do seu enfoque filosófico, v. acerca do atomismo lógico do *Tractatus*. • Quanto à sua rejeição do atomismo lógico e o desenvolvimento da filosofia da linguagem ordinária, v. tabela 23.

Sexta Parte

Cronologia

A letra "v" indica inclusão na Parte v.

Tales (c. 600 a.C.)
Anaximandro (c. 611-547 a.C.)
Pitágoras (c. 600 a.C.)
Anaximenes (c. 550 a.C.)
Heráclito (c. 500 a.C.)
Parmênides (c. 500 a.C.)
Anaxágoras (c. 500-428 a.C.)
Zenão de Eléia (c. 475 a.C.)
Leucipo (c. 475 a.C.)
Empédocles (c. 490-435 a.C.)
v Protágoras (c. 480-410 a.C.)
v Sócrates (c. 470-399 a.C.)
v Demócrito (c. 460-360 a.C.)
Antístenes (c. 444-360 a.C.)
v Platão (427-347 a.C.)
v Aristóteles (384-322 a.C.)
Pirro (c. 360-270 a.C.)
Zenão de Cício (c. 350-258 a.C.)
Epicuro (342-270 a.C.)
Arcesilau (316-241 a.C.)
v Crisipo (282-209 a.C.)
Carnéades (214-129 a.C.)
Panécio (c. 180-111 a.C.)
Cícero (106-32 a.C.)
Lucrécio (95-52 a.C.)
Filo (nasceu c. 20 a.C.)
Sêneca (4 a.C.-65 d.C.)
Enesidemo (c. 50 d.C.)
Epicteto (c. 60 d.C.)
Marco Aurélio (121-180)
Clemente de Alexandria (c. 150)
Tertuliano (c. 155-222)
Orígenes (c. 185-254)
v Plotino (205-270)
Sexto Empírico (c. 300)
v Agostinho (354-430)
Boécio (480-524)
Scotus Erígena (c. 800-877)
Avicena (980-1036)
Anselmo (1033-1109)
Roscelino (c. 1050-1122)
Abelardo (1079-1142 a.C.)
João de Salsbury (c. 1114-1180)
Averróis (1126-1198)
Maimônides (1135-1204)
Alberto Magno (1206-1280)
Robert Bacon (c. 1214-1294)
Boaventura (1231-1274)
v Tomás de Aquino (1224-1274)
Meister Eckhart (c. 1250-1329)
Duns Scotus (c. 1274-1308)
Guilherme de Ockham (Occam) (c. 1349)
Buridan (c. 1297-1358)
Leonardo da Vinci (1452-1519)
Maquiavel (1469-1527)
Lutero (1483-1546)
Montaigne (1533-1592)
Giordano Bruno (1548-1600)
Francis Bacon (1561-1628)
Galileu (1564-1641)
v Hobbes (1588-1679)
v Descartes (1596-1650)
Pascal (1623-1677)
v Espinosa (1632-1677)
v Locke (1632-1704)
Malebranche (1638-1715)
Newton (1642-1727)
v Leibniz (1646-1716)
Wolff (1679-1754)
v Berkeley (1685-1753)
Joseph Butler (1692-1752)
Voltaire (1694-1778)
Jonathan Edwards (1703-1758)
Lamettrie (1709-1751)
Reid (1710-1796)
v Hume (1711-1776)
Helvécio (1715-1771)
Condillac (1715-1780)
Holbach (1723-1789)
v Kant (1724-1804)
Paley (1743-1805)
Bentham (1747-1832)

Fichte (1762-1814)
Maine de Biran (1766-1824)
Schleiermacher (1768-1834)
v Hegel (1770-1831)
James Hill (1773-1836)
Schelling (1775-1854)
Herbart (1776-1841)
Hamilton (1788-1856)
v Schopenhauer (1788-1860)
Cousin (1792-1867)
Comte (1797-1857)
Fechner (1801-1887)
Emerson (1803-1882)
Feuerbach (1804-1872)
v John Stuart Mill (1806-1873)
Darwin (1809-1882)
v Kierkegaard (1813-1855)
Ravaisson (1813-1900)
Renouvier (1815-1903)
Lotze (1817-1881)
v Marx (1818-1883)
Engels (1820-1895)
v Spencer (1820-1903)
Wundt (1832-1920)
Haeckel (1834-1919)
Green (1836-1882)
Sidgwick (1838-1900)
Mach (1838-1919)
v Peirce (1839-1914)
v James (1842-1910)
v Nietzsche (1844-1900)
Bradley (1846-1924)
Bowne (1847-1910)
Bosanquet (1848-1923)
Frege (1848-1925)
v Vaihinger (1852-1933)
Meinong (1853-1920)
Poincaré (1854-1912)
Royce (1855-1916)
v Freud (1856-1940)
Durkheim (1858-1917)
Peano (1858-1932)
v Bergson (1859-1941)
v Husserl (1859-1938)
v Dewey (1859-1952)
v Alexander (1859-1938)
v Whiteheas (1861-1947)
v Santayana (1863-1952)
Croce (1866-1952)
Prichard (1871-1947)
v Russell (1872-1970)
v G. E. Moore (1873-1958)
Hocking (1873-1966)
Scheler (1874-1928)
Cassirer (1874-1945)
v Perry (1876-1957)
Ross (1877-1940)
Marcel (1889-1973)
v Schlick (1882-1936)
Maritain (1882-1973)
C. I. Lewis (1883-1964)
v Tillich (1886-1965)
Broad (1887-1971)
v Köhler (1887-1967)
v Wittgenstein (1889-1951)
v Heidegger (1889-1976)
v Carnap (1891-1970)
v Ryle (1900-1976)
v Wisdom (1904-1993)
v Sartre (1905-1980)
v Merleau-Ponty (1908-1961)
v Ayer (1910-1989)
v J. L. Austin (1911-1960)

Tabelas Cronológicas e Temáticas

TABELA 1
TEORIAS SUBJETIVISTAS DO CONHECIMENTO
(As coisas em si mesmas não são conhecidas)

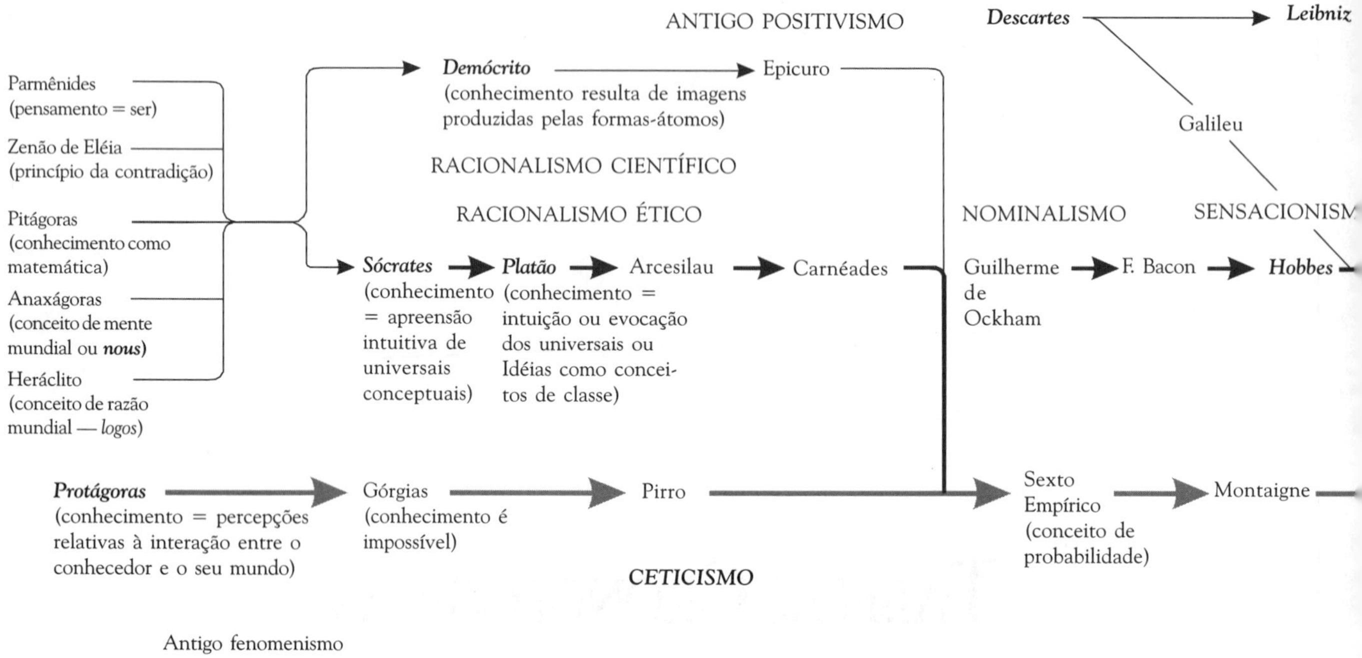

Embora o problema do conhecimento seja de interesse permanente, exigindo a atenção dos filósofos de todas as épocas, ele se tornou particularmente técnico e urgente com o surgimento da filosofia moderna pós-Renascimento e teve a tendência de ocupar o centro das atenções desde Descartes. Essa preocupação com o problema do conhecimento tem sido incentiva pelo progresso de diferentes ciências. À medida que o mundo do *senso comum* se tornou menos inteligível para o senso comum, e a ciência buscou compreensão e controle, surgiram perguntas quanto à natureza do conhecimento buscado e quanto aos usados *métodos* para obtê-lo. O desenvolvimento do *método experimental* e o surgimento de diferentes formas de *empirismo* influenciaram grandemente as teorias da *natureza da verdade* e da fonte do conhecimento.

Tradicionalmente, as teorias intuicionistas e idealistas do conhecimento têm sido fortes na filosofia ocidental, mas o século XX testemunhou o seu declínio geral e, em diferentes graus, o surgimento de diferentes formas de *realismo*, ***pragmatismo***, ***fenomenismo***, ***positivismo*** e ***filosofia analítica***. Destas, as mais recentes e, talvez, as mais influentes sejam as diferentes teorias analíticas do conhecimento. O positivismo associou os novos desdobramentos da *lógica*, da *ciência* e da *análise da linguagem* com a tradição do empirismo. É mais conhecido como positivismo lógico. Do ponto de vista do seu desenvolvimento histórico, o ***positivismo lógico*** resultou principalmente do fenomenismo e do ceticismo de Hume (v. tabela 23).

O ***ceticismo*** nega a possibilidade tanto do conhecimento como um todo quanto da apreensão imediata das coisas como tais. Em vez disso, o ceticismo dá ênfase à importância das percepções particulares. O ceticismo se manifesta de muitas formas, todas as quais duvidam de algum modo do conhecimento ou limitam o conhecimento ao que Hume chamou a "corrente de percepções". O ceticismo ocidental tem o seu primeiro grande porta-voz no sofista ***Protágoras***. Em épocas recentes, está associado ao ***positivismo lógico*** e a outras formas de ***filosofia analítica*** (v. tabela 23).

Ao contrário de ênfase intuitiva do *realismo continental* (europeu), uma certa tradição de filósofos ingleses desenvolveu teorias do conhecimento estritamente *empíricas* que podem remontar ao *nominalismo* de Guilherme de Ockham e à filosofia de Francis Bacon. Junto com Kant, essa tradição constitui a maior fonte de inspiração para as teorias contemporâneas do conhecimento. Depois de Hume, o ***empirismo inglês*** transformou-se nas atuais

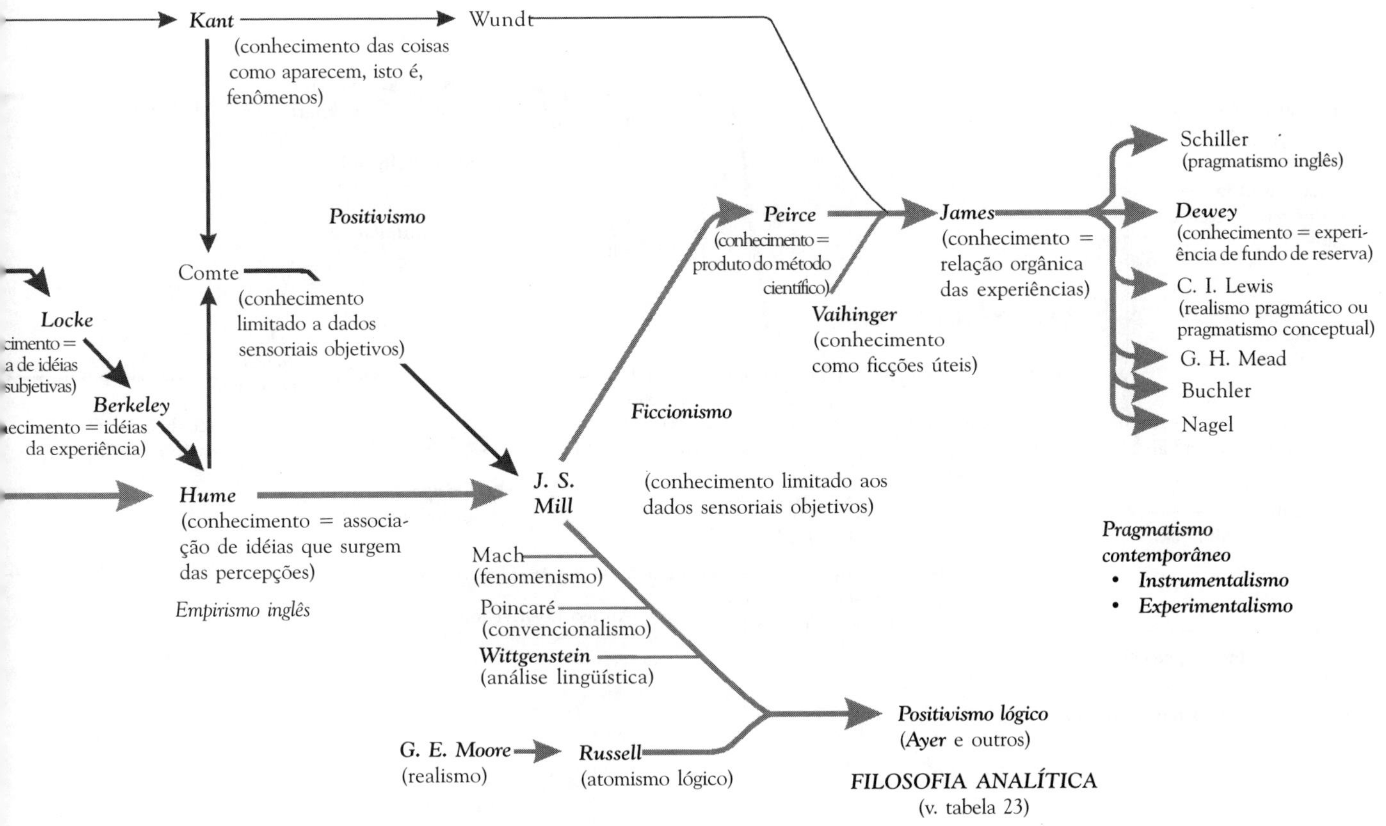

escolas empíricas do ***pragmatismo***, ***positivismo***, ***fenomenismo*** e ***filosofia analítica*** (v. tabela 23).

Todas as teorias do conhecimento desse tipo sustentam que os objetos do conhecimento são *criados* a partir de percepções, dados sensoriais ou qualquer coisa dada na experiência. As coisas são como elas nos *parecem* (Kant). As coisas são *construtos lógicos* (**Russell**, ***Ayer***). Palavras para entidades são *idéias* úteis (***James***).

TABELA 2
TEORIAS OBJETIVISTAS DO CONHECIMENTO
(O conhecimento se refere a uma realidade distinta do conhecedor)

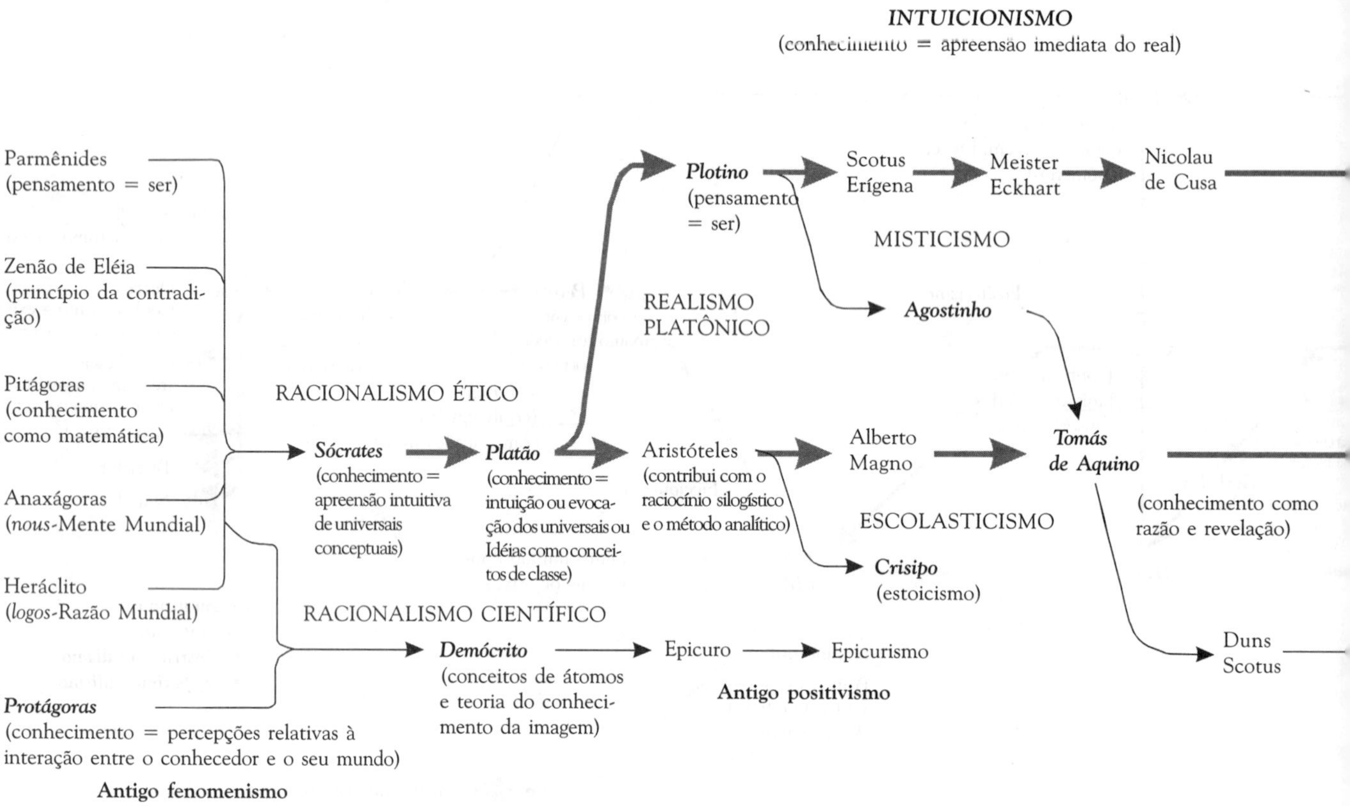

As expressões históricas das diferentes teorias objetivistas do conhecimento não são idênticas, mas são suficientemente semelhantes para sugerir que a maior parte das formas atuais de objetivismo são modificações e refinamentos de respostas antigas que sempre reaparecem para as questões relacionadas com o conhecimento. Na história das teorias do conhecimento podem ser identificadas quatro correntes objetivistas: ***intuicionismo***, ***aristotelismo-tomismo***, ***idealismo objetivo*** e ***realismo contemporâneo***. Todas as quatro são teorias metafísicas do conhecimento.

O ***intuicionismo*** é a noção de que a realidade é apreendida imediatamente como sensível ou inteligível. É invocado tanto pelo *racionalismo* quanto pelo *misticismo*. Como uma apreensão imediata da realidade, a *intuição* pode ser o produto final de um avanço progressivo de percepção (como era para Platão) ou simplesmente pode ser um meio pelo qual o conhecedor funciona psicologicamente no seu papel de conhecedor (como é para o psicólogo Jung). Como a teoria do conhecimento do misticismo, o intuicionismo liga o conhecedor diretamente à realidade. Conhecer a realidade é estar unido a ela; o conhecedor e o seu mundo são um (v. as teorias da realidade na Parte II). O intuicionismo ocidental tem as suas origens em Parmênides e em Platão e desemboca em pensadores como Bergson. Ele também constitui a base da teoria do conhecimento do *racionalismo continental*.

O ***idealismo objetivo*** tem a sua origem no racionalismo continental. Descartes e os seus sucessores até Kant acentuaram o papel da mente e dos processos do pensamento na aquisição de conhecimento do mundo investigado pela ciência. Eles acreditavam, e.g., que algum conhecimento é auto-evidente ou *inato* às mentes. Em outras palavras, ele é *a priori*, isto é, conhecido de modo independente da experiência. Poder-se-ia depender desse conhecimento para formar a base de todo o conhecimento. Além disso, visto que o mundo é racional, a razão humana tem acesso a ele.

O ***aristotelismo-tomismo*** tem a sua origem na teoria do conhecimento de Aristóteles e na sua metafísica. Ele floresceu na parte final da Idade Média como a teoria do conhecimento da maior parte do *escolasticismo* e, conforme desenvolvido por Tomás de Aquino, tem sido revivido e reafirmado na filosofia tomista contemporânea. O tomismo acredita que a experiência é o meio através do qual o intelecto consegue captar uma realidade inteligível. As coisas como realmente são, são realmente conhecidas.

Como uma teoria atual do conhecimento, o ***realismo*** *epistemológico* resultou da revolta de G. E. Moore, na Inglaterra, e de William James, nos Estados Unidos, contra a influência

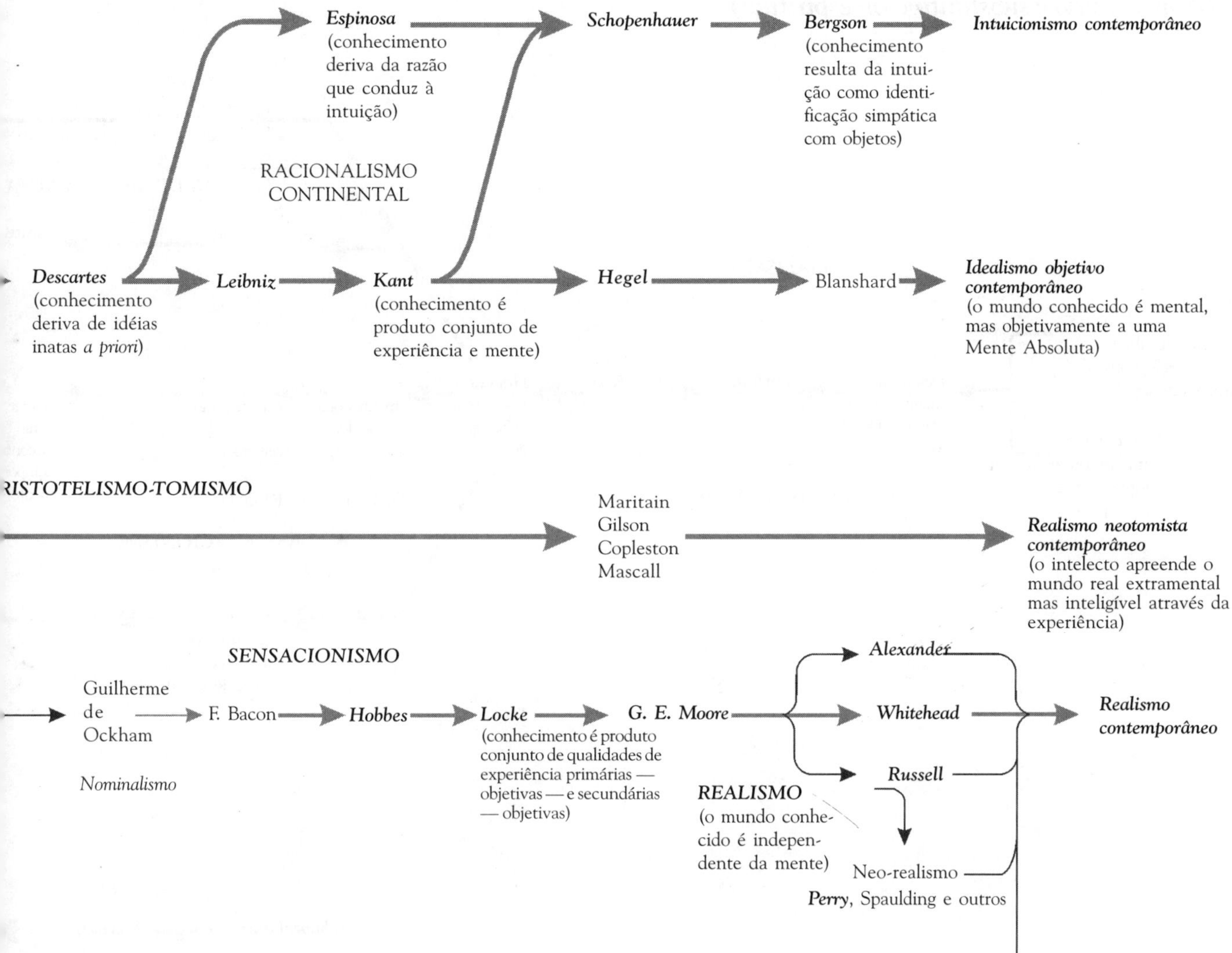

predominante do *idealismo*, especificamente o *hegelianismo*. O **realismo contemporâneo** não deve ser confundido com o *realismo platônico*, pois ensina a realidade independente dos objetos e relações materiais, e não as Idéias de Platão. Existe uma grande variedade de teorias realísticas do conhecimento. Elas vão desde um *máximo de realismo*, como no *realismo do senso comum* ou *ingênuo*, até um mínimo de realismo, como no *realismo crítico*, no qual a mente desempenha um papel muito maior no conhecimento. Em geral, o realismo epistemológico pode ser identificado pela crença de que existe, independente de conhecedores, um mundo objetivo material ou neutro de substância, processo ou acontecimentos.

TABELA 3
TEORIAS NATURALISTAS DA MENTE
(A mente não é substantiva ou espiritual)

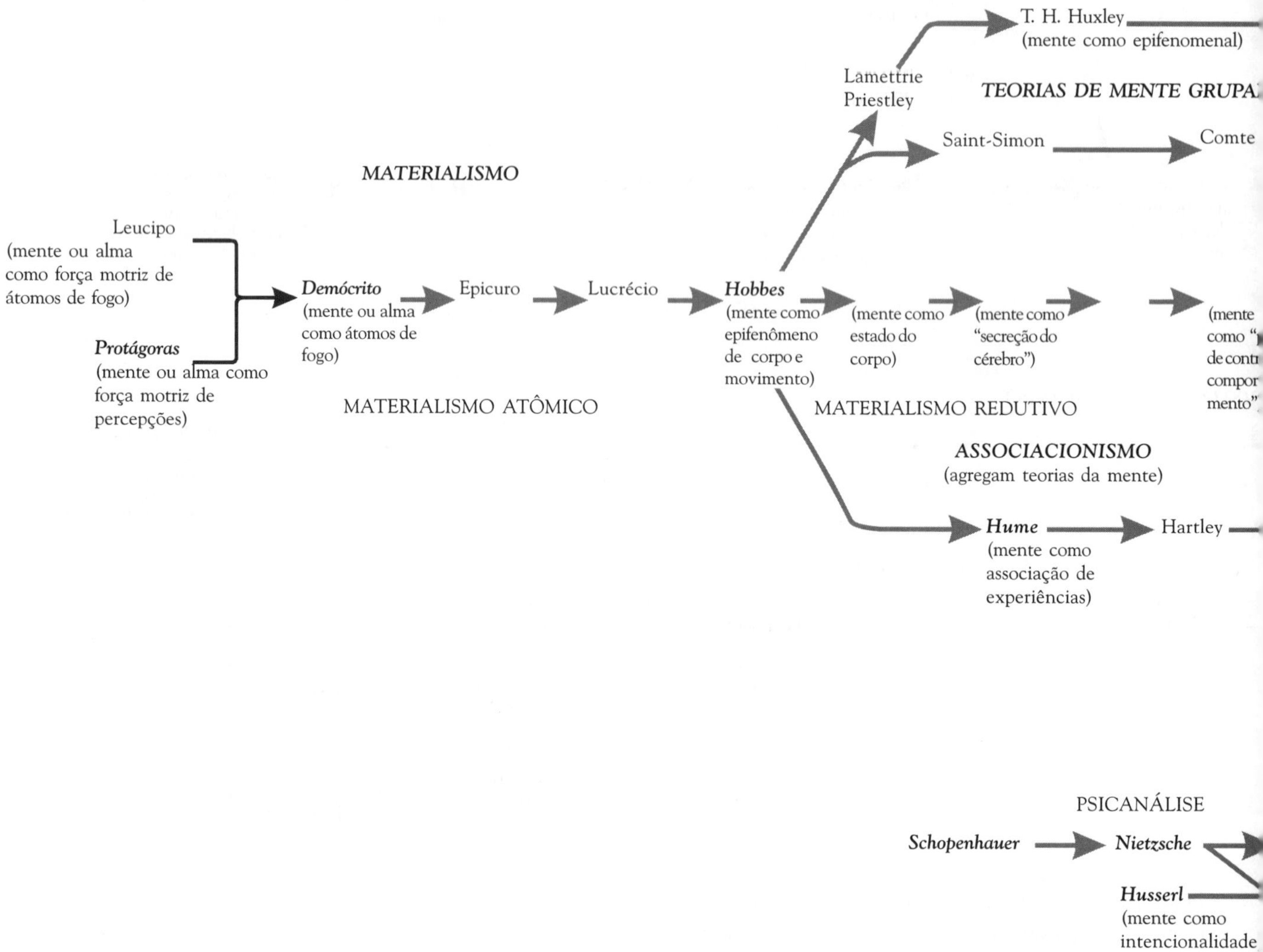

As teorias naturalistas da mente concordam em geral que não existe a entidade mente, seja como uma substância, como, e.g., em ***Descartes*** (v. tabela 16), seja como um princípio racional ativo, como, e.g., em ***Aristóteles*** (v. tabela 15). Uma teoria naturalista característica é o ***epifenomenismo***, que interpreta a mente como um subproduto da atividade corpórea e, portanto, nunca antecedente do comportamento no sentido causal.

De uma forma ou de outra, o ***behaviorismo*** caracteriza a maior parte das teorias naturalistas atuais. O behaviorismo mecanicista ou metafísico é uma forma de monismo metafísico que abraça o ***materialismo*** como teoria da realidade. No entanto, a maior parte das formas contemporâneas de behaviorismo é não-mecanicista e não-metafísica, afirmando apenas que todas as referências ao elemento mental são de fato referências a algum tipo de comportamento observável ou a uma disposição de se comportar de determinadas maneiras. A maior parte das psicologias é behaviorista nesse sentido metodológico e não-metafísico. Uma expressão filosófica bem-conhecida desse conceito é a de ***Ryle***, que é famoso pela sua negação do "fantasma na máquina" e pela sua tentativa de reduzir todo discurso sobre o mental a um discurso sobre disposições de se comportar de certas maneiras observáveis. ***Teorias analíticas*** e ***behavioristas*** recentes desse tipo tendem a ser ***teorias de identidade***, segundo as quais as referências ao mental são consideradas a mesma coisa que referências ao físico, embora não se faça nenhuma alegação metafísica de que, evidentemente, o mental nada mais seja que o material.

A maior parte das teorias naturalistas tem a sua origem em ***Hobbes***, que as antecipou de maneira notável. São importantes rivais naturalistas do behaviorismo e do epifenomenismo as ***teorias da mente grupal*** e as ***teorias psicanalíticas***. ***As teorias da mente grupal*** abordam o problema da mente sociologicamente.

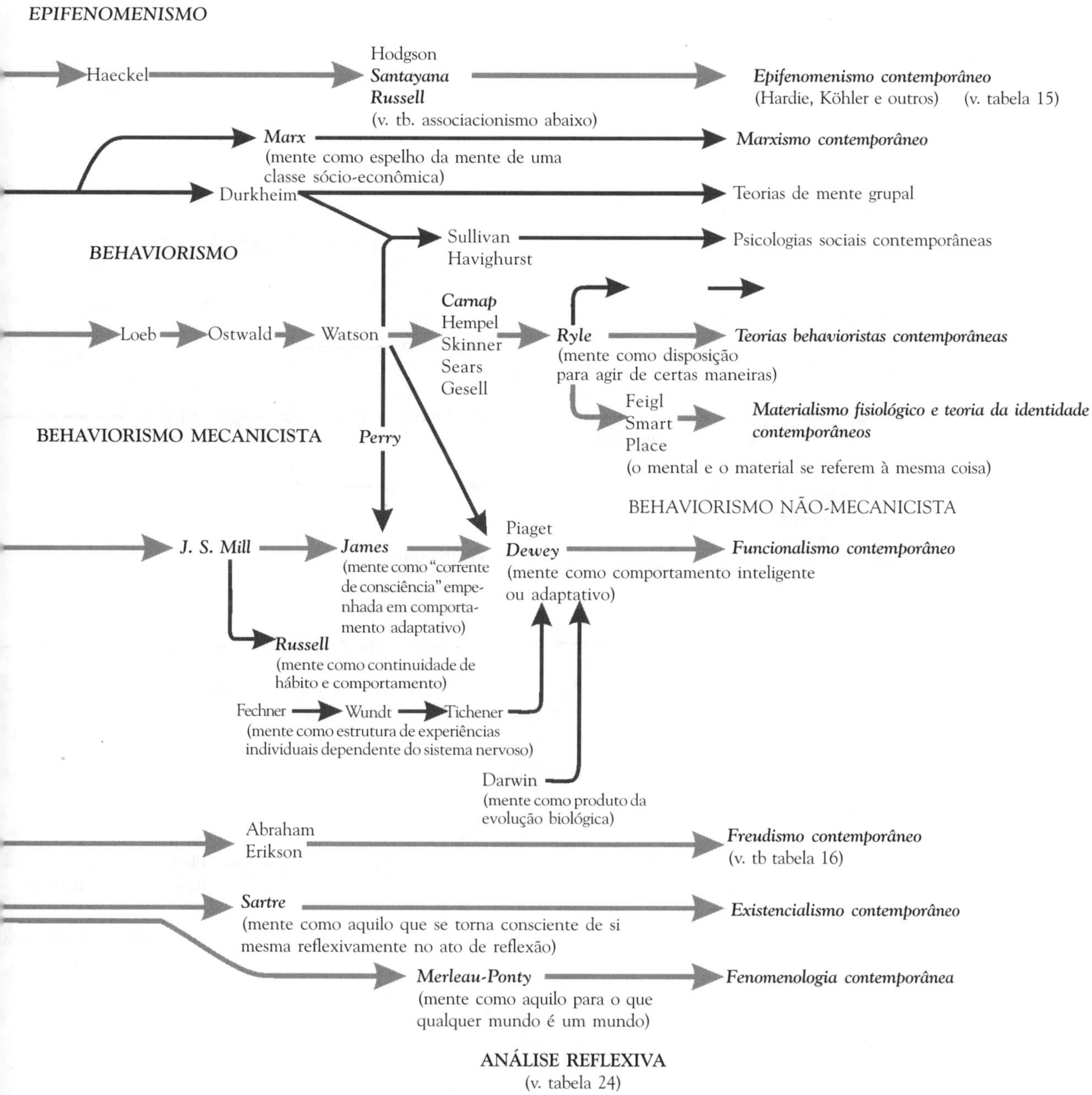

Durkheim e *Marx* acreditavam que, visto ser o homem uma criatura social, a mente individual espelha as crenças e expectativas do grupo ou classe do qual ele é parte. As ***teorias psicanalíticas*** geralmente estão associadas a ***Freud*** ou aos seus discípulos e têm a sua origem em filosofias como as de ***Nietzsche*** e ***Schopenhauer***, que dão primazia à vontade e ao inconsciente. Como ***Hobbes***, eles entendem que o homem não é primordialmente um ser racional ao qual está disponível o conhecimento de um mundo racional independente.

Uma abordagem singular do problema da mente na filosofia contemporânea é a ***análise reflexiva*** do ***existencialismo*** e da ***fenomenologia***. Ambos derivam a sua teoria principalmente de ***Husserl***, para quem a mente é aquilo que surge na consciência e atua para dar significado à experiência. Um ato de consciência "tenciona" aquilo de que está consciente dotando-o de significado e identificando-o como "algo". ***Sartre*** retrata a mente com a analogia de um espelho, isto é, como um "eu" do qual estamos conscientes no ato de estarmos "conscientes de algo". A mente não subjaz a experiência como algo antecedente a ela, mas surge na mesma como o componente significativo pretendido por nós. Nós só podemos encontrar o nosso "eu" à medida que somos "espelhados" em nossos atos e experiências. Nós podemos ser objetos para os outros, mas não diretamente para nós mesmos (v. tabela 24).

TABELA 4
DUALISMO PLATÔNICO
(A realidade é espiritual)

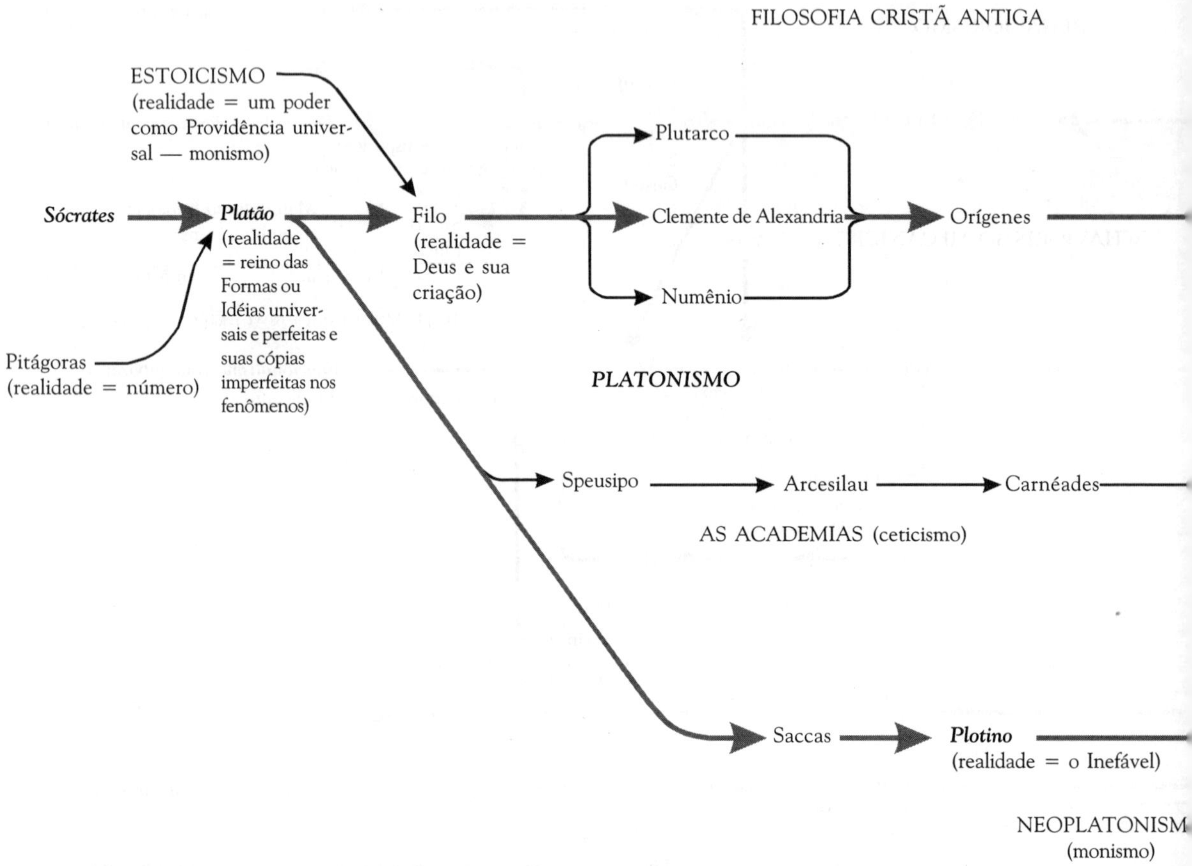

O pensamento e a experiência tendem a estruturar o mundo em termos dos opostos característicos do *dualismo*, tais como mente e matéria, bem e mal, realidade e aparência. Essa tendência predominante é oposta por outra tendência do pensamento reflexivo, no sentido de buscar unidade na aparente diversidade do mundo. Assim, quando se propõe um dualismo cósmico, ele com freqüência está subordinado a alguma realidade abrangente e absoluta como Deus ou a *Idéia do Bem*, como em ***Platão***. Todavia, o pensamento popular acha as distinções dualistas entre mental e material, este mundo e o próximo, mais fáceis de compreender.

Na filosofia ocidental, o ***platonismo*** estabeleceu o caráter de grande parte do dualismo até que este foi modificado por ***Agostinho*** em sua forma cristã como ***agostinismo***. Até ser desafiado e em grande parte substituído pelo *aristotelismo* no século XIII, o platonismo (ou, como foi chamado posteriormente, agostinismo) foi a filosofia predominante do Ocidente. O Renascimento, a Reforma Protestante e a revolta científica do início da Europa moderna tiveram a tendência de reavivar a sua influência. Ele tem demonstrado uma vitalidade perene quer como uma forma dualista de *idealismo*, quer como *misticismo*.

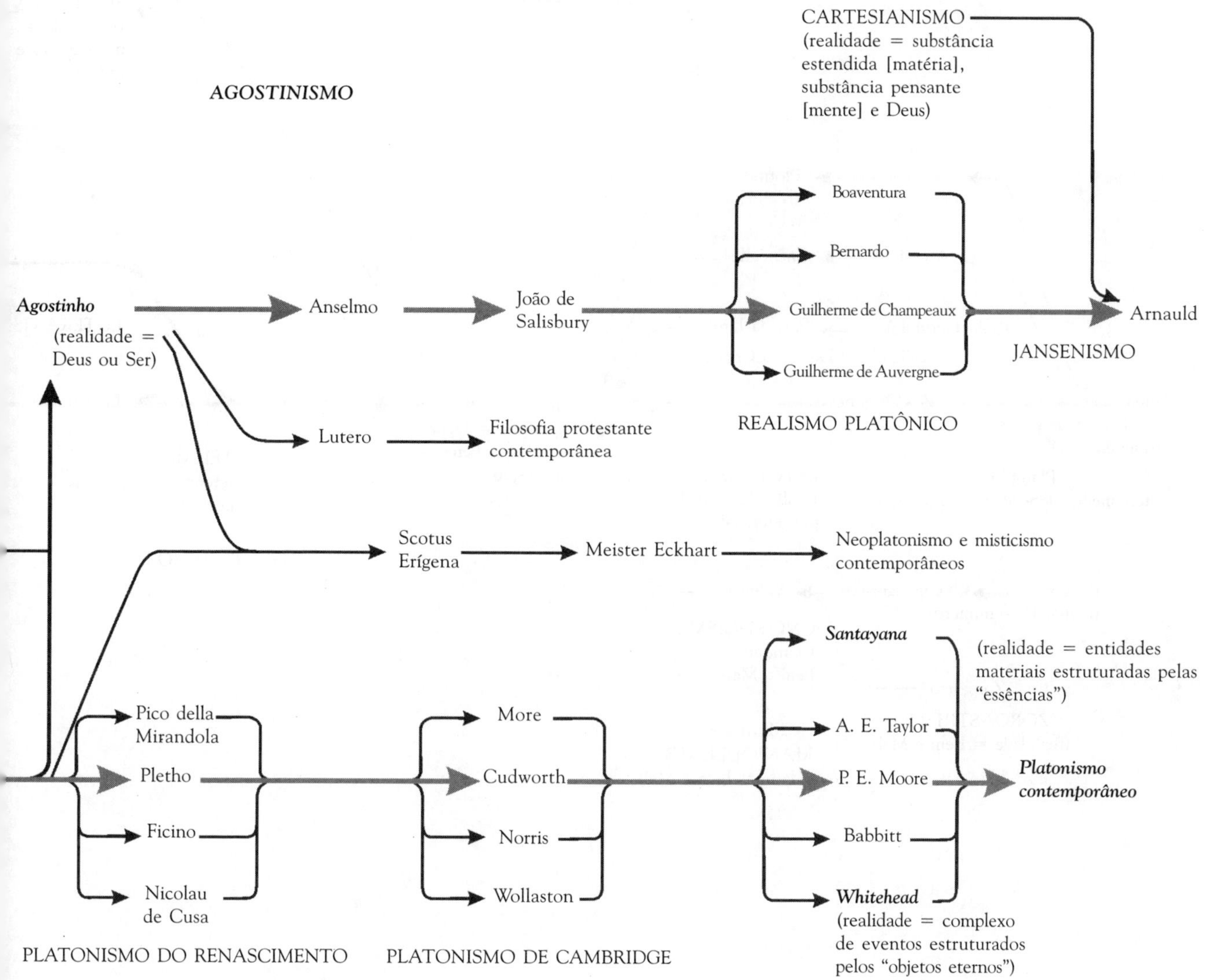

O platonismo é caracterizado por uma concepção espiritualista da vida e uma alta estima pela capacidade da mente humana no sentido de descobrir a verdade absoluta. É a origem antiga tanto do *dualismo* quando do *idealismo* no Ocidente, e tem influenciado de modo permanente o caráter e as preocupações da teologia e da filosofia cristãs.

TABELA 5
DUALISMO RELIGIOSO (AGOSTINISMO)
(A mente não é substantiva ou espiritual)

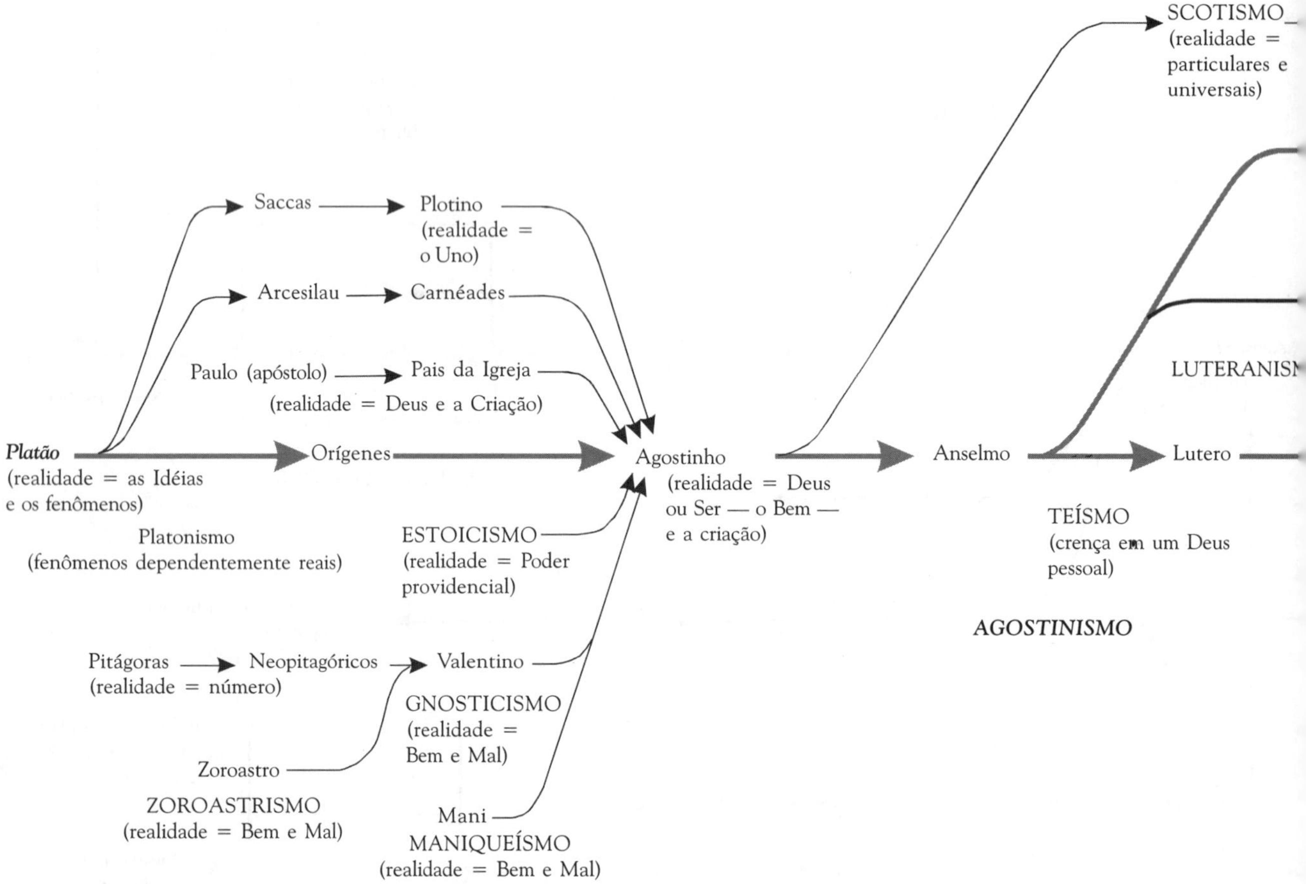

Agostinho integrou diversas filosofias no ***platonismo***, produzindo uma forma distintamente religiosa de ***dualismo*** que persiste até os nossos dias. Ao pensamento de ***Platão*** ele juntou o *neoplatonismo* de Plotino e o *cristianismo paulino*. Ele também foi influenciado pelo ceticismo das Academias e pelo *maniqueísmo*. Este último ensinava uma luta entre as forças da luz e da bondade e as forças das trevas e do mal.

Embora sempre tenha sido importante no pensamento ocidental, o ***agostinismo*** cedeu terreno ao *tomismo* no século XIII. A Reforma Protestante o reviveu e ele continua hoje no ***evangelicalismo cristão*** e em outras formas de filosofia cristã.

Como teoria da realidade, o agostinismo pode ser identificado por seu caráter distintamente dualista e religioso. Para o agostinismo, Deus é o fato central da realidade, embora em certas formas de ***existencialismo cristão*** e de teologia radical contemporânea existam algumas teorias da *morte de Deus*.

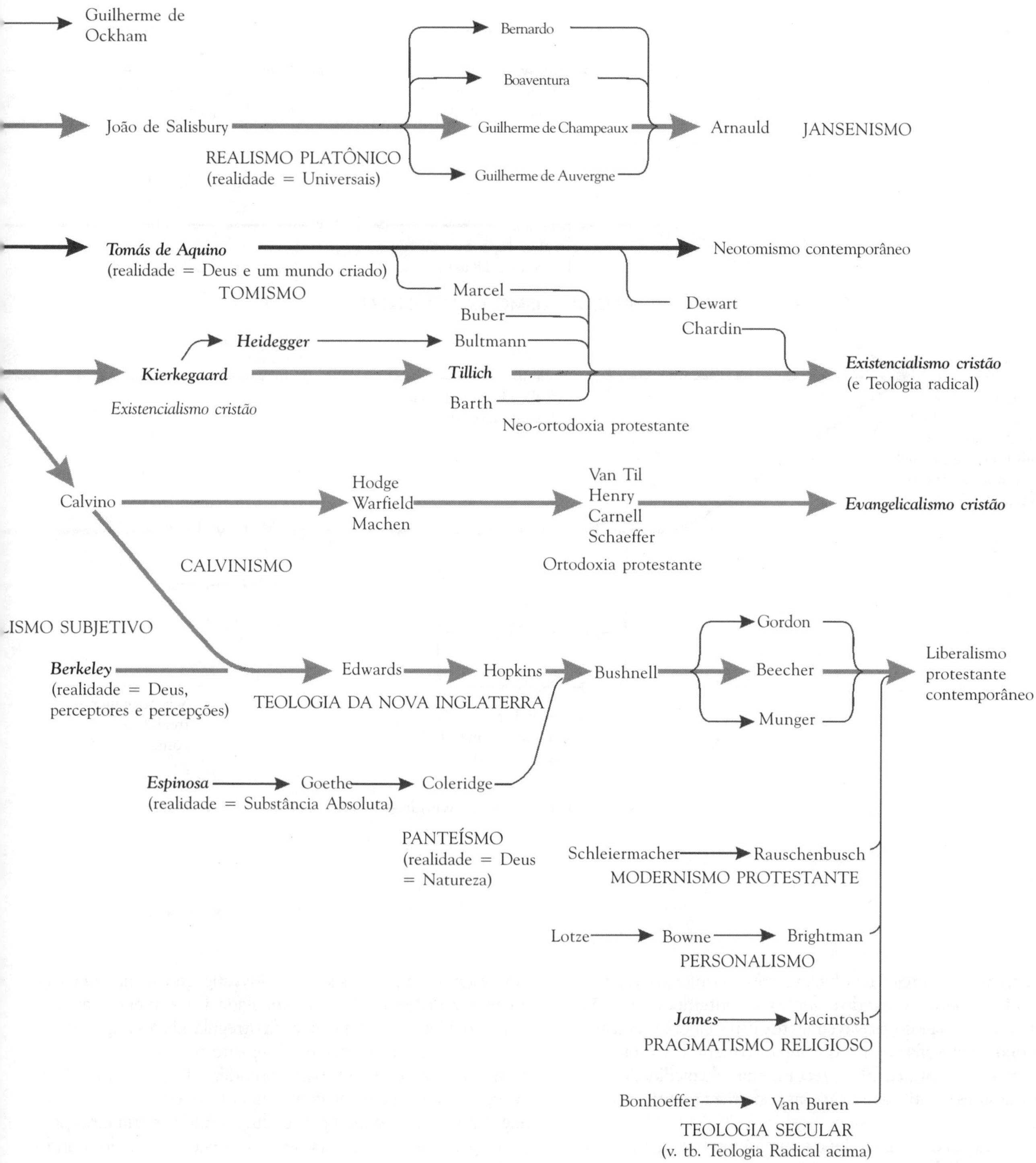
Guilherme de Ockham
Bernardo
Boaventura
João de Salisbury
Guilherme de Champeaux
Arnauld
JANSENISMO
REALISMO PLATÔNICO
(realidade = Universais)
Guilherme de Auvergne
Tomás de Aquino
(realidade = Deus e um mundo criado)
TOMISMO
Neotomismo contemporâneo
Marcel
Buber
Dewart
Chardin
Heidegger
Bultmann
Kierkegaard
Tillich
Existencialismo cristão
(e Teologia radical)
Barth
Existencialismo cristão
Neo-ortodoxia protestante
Hodge
Warfield
Machen
Van Til
Henry
Carnell
Schaeffer
Calvino
Evangelicalismo cristão
CALVINISMO
Ortodoxia protestante
ISMO SUBJETIVO
Gordon
Berkeley
(realidade = Deus, perceptores e percepções)
Edwards
Hopkins
Bushnell
Beecher
Liberalismo protestante contemporâneo
TEOLOGIA DA NOVA INGLATERRA
Munger
Espinosa
(realidade = Substância Absoluta)
Goethe
Coleridge
PANTEÍSMO
(realidade = Deus = Natureza)
Schleiermacher
Rauschenbusch
MODERNISMO PROTESTANTE
Lotze
Bowne
Brightman
PERSONALISMO
James
Macintosh
PRAGMATISMO RELIGIOSO
Bonhoeffer
Van Buren
TEOLOGIA SECULAR
(v. tb. Teologia Radical acima)

TABELA 6
DUALISMO CARTESIANO
(A realidade é mente e matéria)

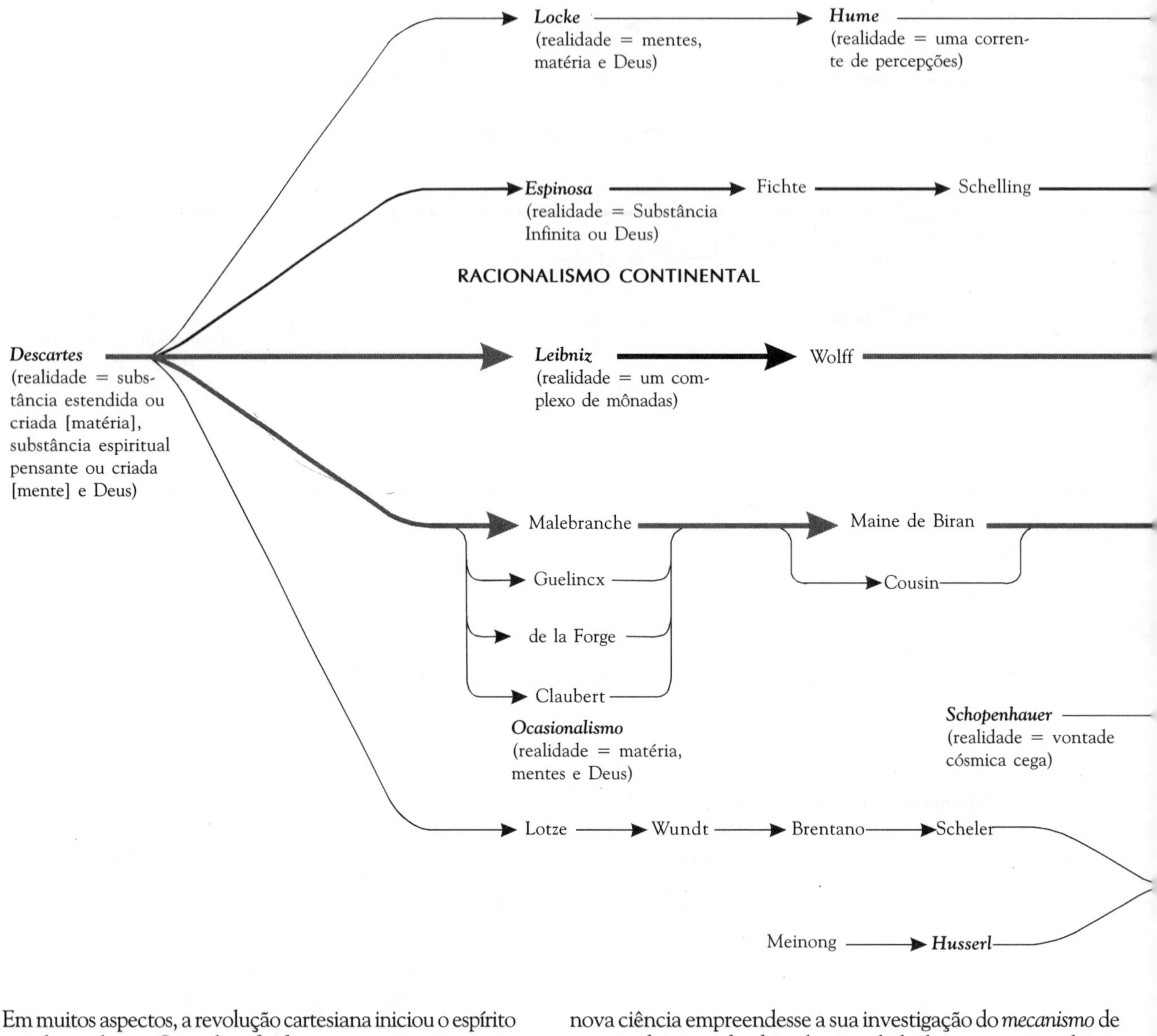

Em muitos aspectos, a revolução cartesiana iniciou o espírito do mundo moderno. Quando o ***dualismo*** contemporâneo não tem um caráter religioso, provavelmente é cartesiano. O ***dualismo cartesiano*** é a filosofia popular que separa o mental ou espiritual do material ou científico. Ele se recomenda pela facilidade com que as questões científicas e religiosas podem ser mantidas separadas.

A revolução cartesiana deve a sua importância ao fato de que a filosofia de ***Descartes*** permitiu o surgimento da moderna revolução científica. Isso se deu em parte porque Descartes concebeu o mundo como uma vasta ordem matemática que podia ser descoberta pela razão disciplinada pelo método da dúvida. Ao separar o espiritual do material, Descartes permitiu que a nova ciência empreendesse a sua investigação do *mecanismo* de um *mundo material ordeiro* desvinculada da intervenção arbitrária de um Deus providencial ou das irregularidades imprevisíveis da natureza. Deus se tornou o relojoeiro cósmico que criou um mundo ordeiro e mentes para aprender sobre o mesmo. Além disso, ao livrar a mente do conhecimento incerto, Descartes cria que se poderia prosseguir pela dedução desde os primeiros princípios para tudo o que se poderia conhecer acerca do mundo. Sustentado por convicções semelhantes de outros racionalistas, Descartes fortuitamente proporcionou uma filosofia que deu início à revolta científica.

O ***cartesianismo*** influenciou diversas filosofias que divergiram do seu dualismo. Também conhecido como ***racionalismo***

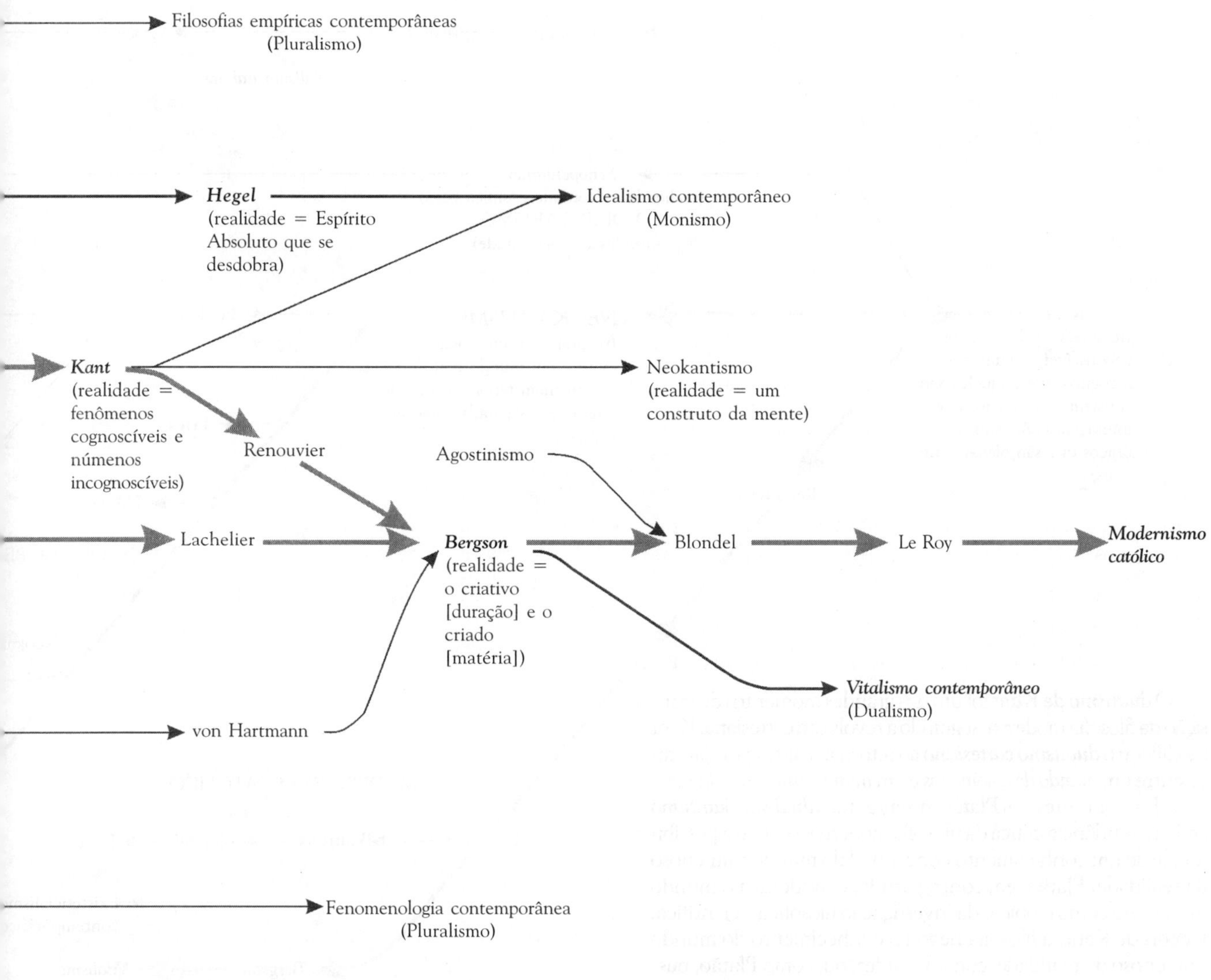

continental, o cartesianismo tornou-se monístico em ***Espinosa*** e, através de Espinosa e ***Kant***, transformou-se no ***idealismo*** monístico de ***Hegel***. Também derivou de Descartes o ***ocasionalismo*** de Malebranche e posteriormente a metafísica dualista do vitalismo de ***Bergson***. A ***fenomenologia*** contemporânea também é uma expressão do cartesianismo (v. tabela 24).

TABELA 7
KANTISMO (DUALISMO)
(A realidade inclui um reino espiritual)

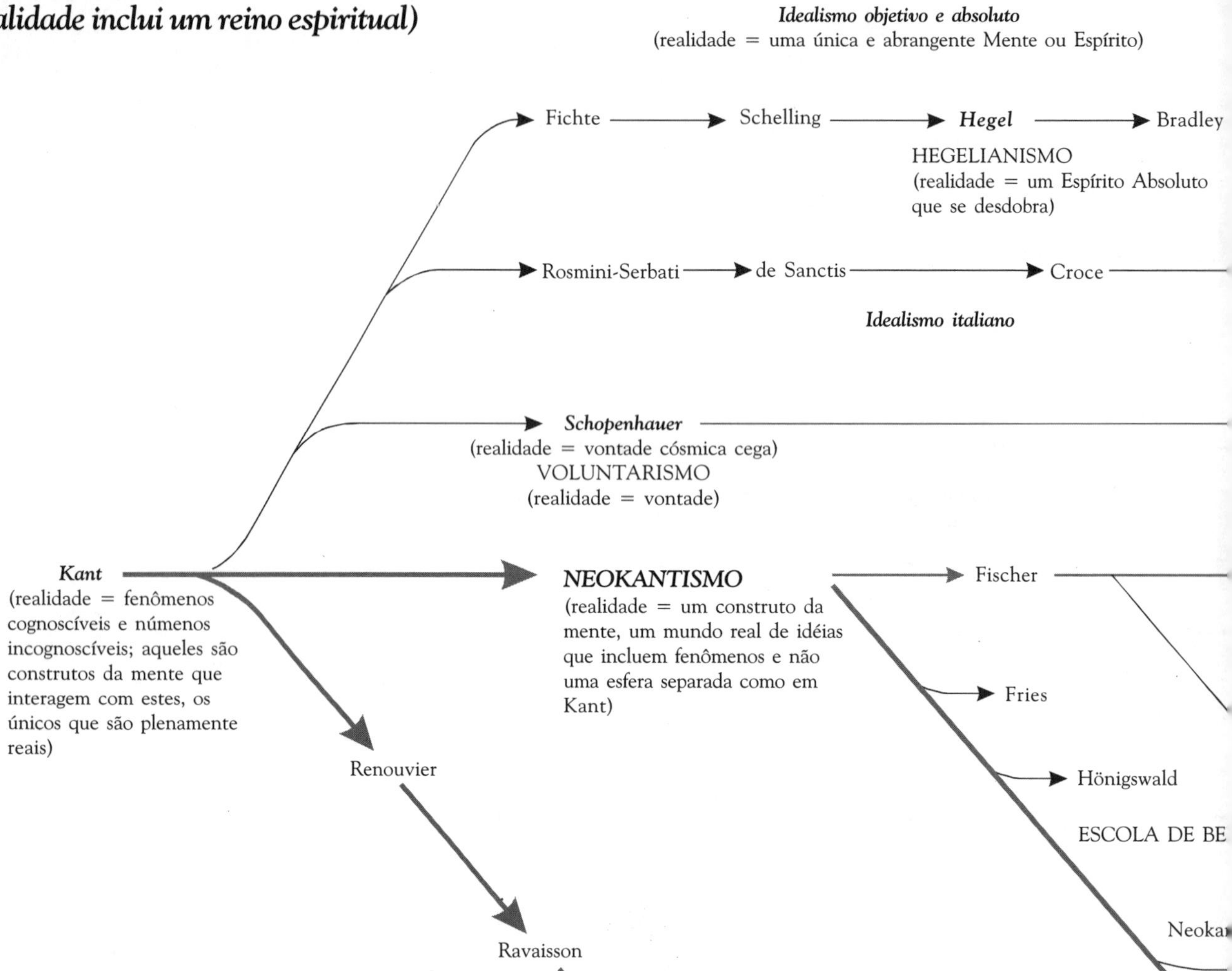

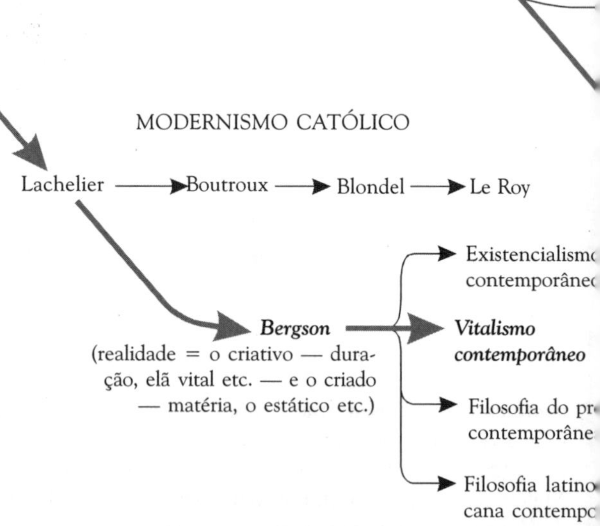

O ***dualismo de Kant*** foi um dos grandes momentos de transição da filosofia moderna, seguindo a revolução cartesiana. Kant modificou o ***dualismo cartesiano*** ao retornar à distinção platônica entre um *mundo de fenômenos* e um *mundo numenoso da realidade*. Em contraste com ***Platão***, no entanto, o ***dualismo kantiano*** cedeu à tendência cética da filosofia moderna e negou a possibilidade de um conhecimento conceptual do mundo numenoso da realidade. Platão, em contrapartida, considerava o mundo numenoso como o objeto da investigação filosófica e científica. Depois de Kant, a filosofia negou o conhecimento do mundo numenoso da realidade, como Kant fez, ou, como Platão, buscou obter conhecimento do mesmo.

A influência de Kant foi considerável e incentivou não somente teorias dualistas da realidade, mas também formas de ***idealismo*** monistas e pluralistas. Através de Kant, o ***cartesianismo*** exerceu uma influência duradoura — particularmente em ***Bergson***, que se tornou um dos grandes dualistas metafísicos do século XX.

A influência de Kant sobre o ***liberalismo protestante*** também é considerável (v. tabela 22). Quando Kant negou liberdade ao mundo fenomênico da ciência, ele sugeriu a possibilidade de que a liberdade e os valores morais e espirituais pudessem pertencer ao mundo numenoso. Além disso, ele também sugeriu que, embora o conhecimento no sentido usual não possa se aplicar à realidade, todavia as exigências morais sugerem que a realidade é uma ordem moral e que existe um propósito operante na natureza. A tentativa de Kant de estabelecer os reinos legítimos tanto da ciência quanto da religião achou favor entre certos pensadores com inclinação religiosa e exerceu grande influência sobre a ênfase ética da filosofia protestante liberal.

Certos seguidores de Kant, conhecidos como neokantianos, consideraram o mundo numenoso de Kant um conceito limitador antes que um reino concreto de realidade. O ***idealismo*** do ***neokantismo*** evitou o ***dualismo*** de Kant ao considerar a realidade

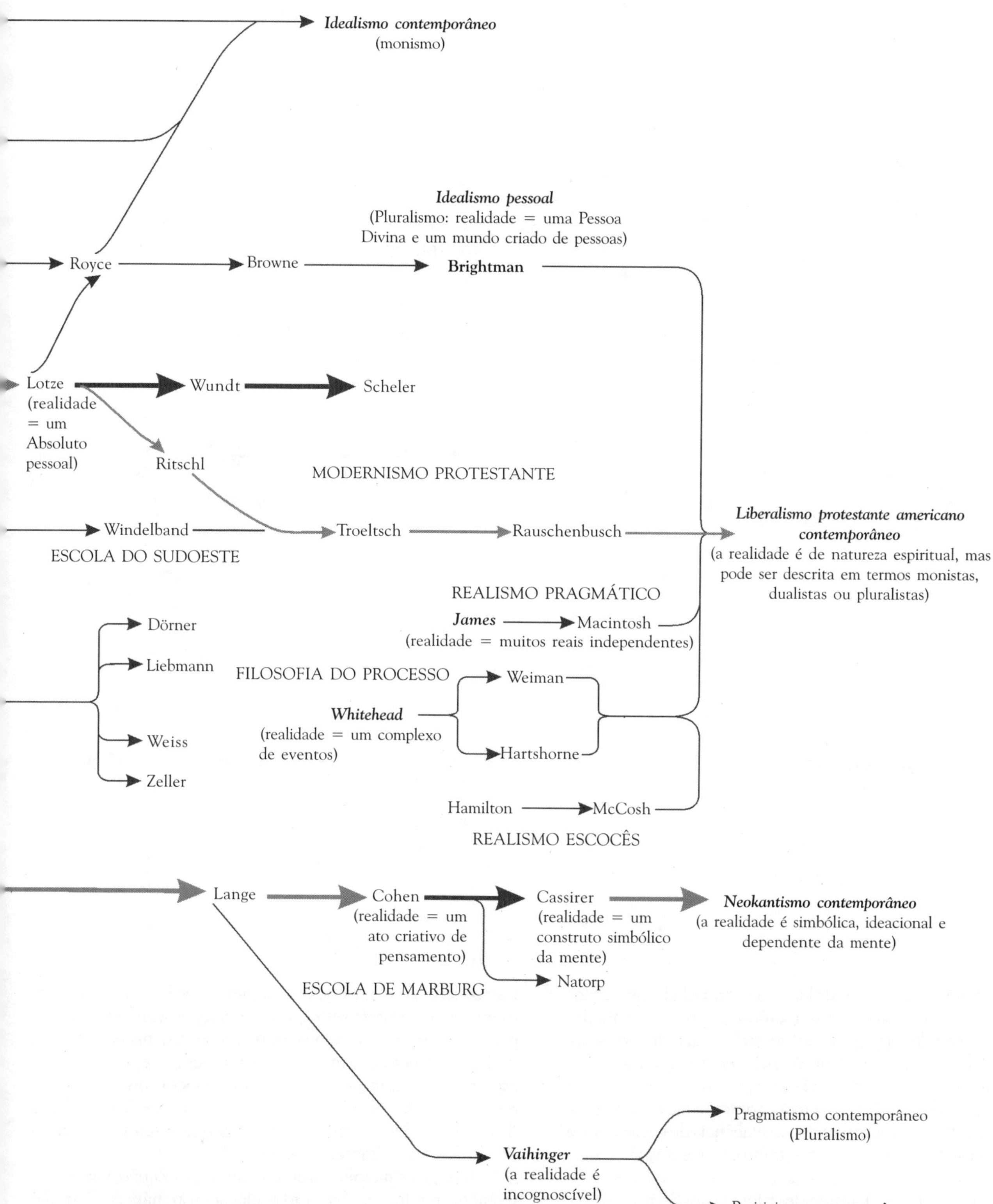

como um construto da mente que envolve todos os conteúdos do pensamento — fenomênicos ou numenosos — e consiste em um mundo ideacional ou simbólico. Uma notável expressão do pensamento neokantiano contemporâneo é a filosofia de Ernst Cassirer.

FICCIONISMO

TABELA 8
MONISMO: ESTOICISMO
(A realidade é um poder com propósito)

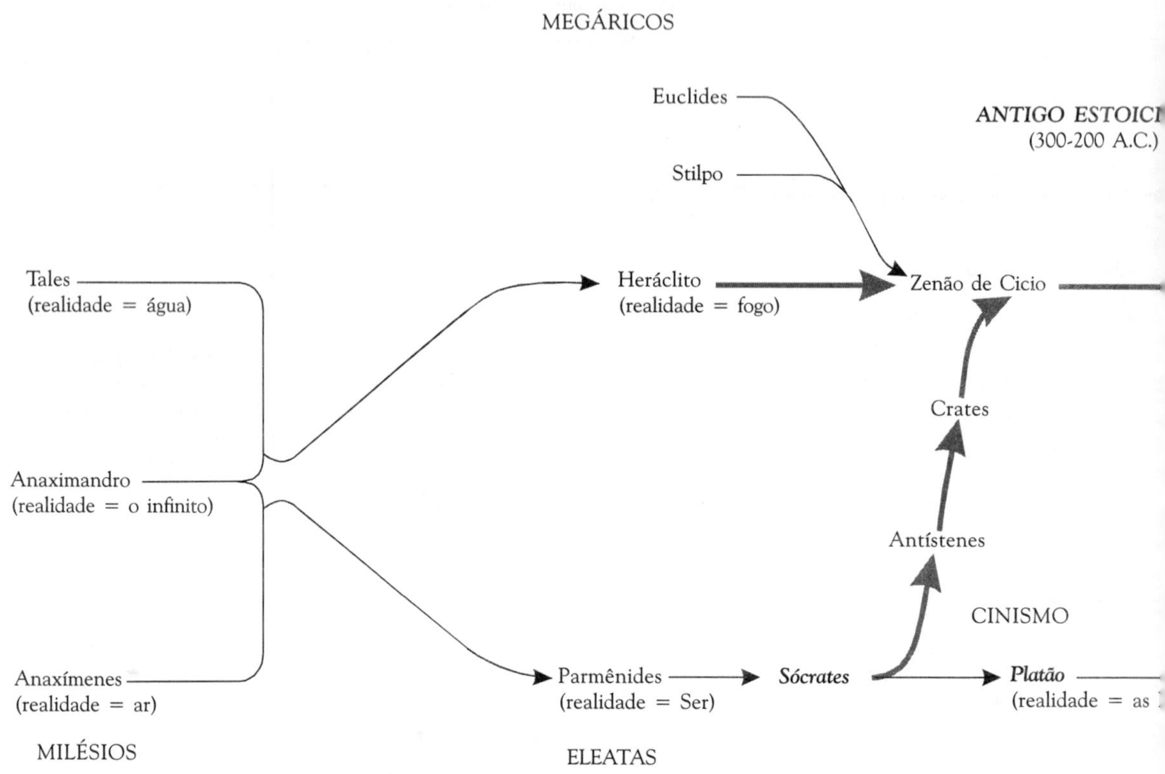

"A tendência de buscar unidade na pluralidade, de encontrar Um nos Muitos, como disse ***Platão***, é persistente na mente humana, de modo que sempre tem existido uma forte esperança entre os filósofos de encontrar alguma forma elementar de ser [...] cujas diferentes manifestações compõem o nosso mundo de experiência" (Patrick). Como a doutrina metafísica de que a realidade é una, o ***monismo*** satisfaz a exigência de economia de explicações para uma unidade satisfatória que a razão exige, embora a experiência possa contestar.

Na filosofia antiga, Parmênides falou de um *Ser* totalmente abrangente que ocupa todo o espaço e o pensamento e é imutável. Heráclito, por outro lado, ensinou que a realidade é mudança, um tipo de processo ordenado por um princípio vital, ou *logos*. O seu monismo interpretou a unidade em termos de uma estrutura ou lei cuja norma é *necessária* e *universal*. Essas idéias constituem a base do ***estoicismo***, que floresceu por séculos no mundo greco-romano e influenciou fortemente o cristianismo antigo e a filosofia ocidental. Como uma das grandes correntes de pensamento do mundo antigo, o estoicismo associou diversas teorias da realidade. Ele derivou as suas idéias principais de Heráclito e dos cínicos. Geralmente se considera que o seu fundador foi Zenão de Cício (Chipre, 340-265 a.C.).

O ***antigo estoicismo*** foi desenvolvido por Zenão, Cleantes e ***Crisipo***, que lhe deu uma formulação sistemática. O ***médio estoicismo*** surgiu quando Panécio (180-110 a.C.) introduziu o estoicismo em Roma. O ***estoicismo romano*** levou a escola ao seu apogeu. Ao contrário do antigo estoicismo, o estoicismo de Panécio voltou a sua atenção para questões éticas em vez do problema da

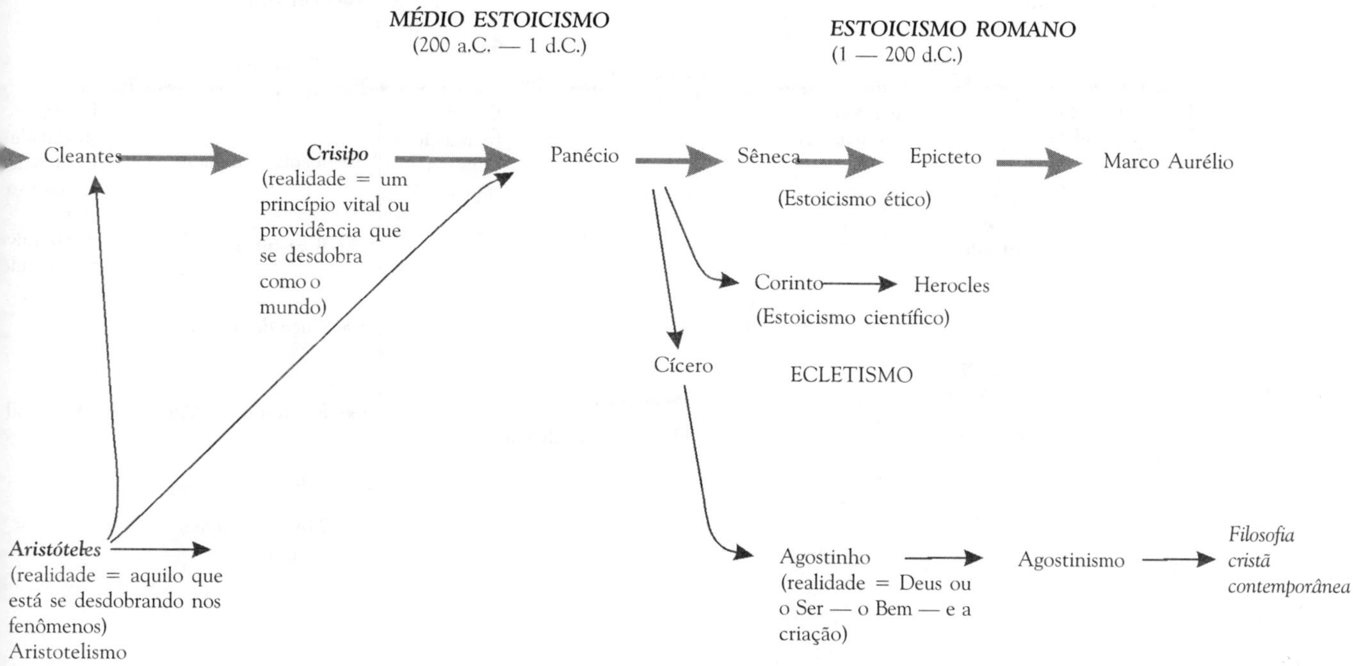

realidade. As teorias estóicas da realidade se tornaram altamente ecléticas. No período romano, elas adquiriram um caráter mais religioso.

Embora mais *eclético* do que estóico, Cícero esposou muitas idéias estóicas e, através dos seus escritos, influenciou ***Agostinho***. O estoicismo se assemelhou ao cristianismo de muitas maneiras. Quando finalmente cedeu ao cristianismo, o estoicismo deixou uma influência duradoura sobre o pensamento cristão.

TABELA 9
MONISMO: MISTICISMO
(A realidade é um fundamento divino)

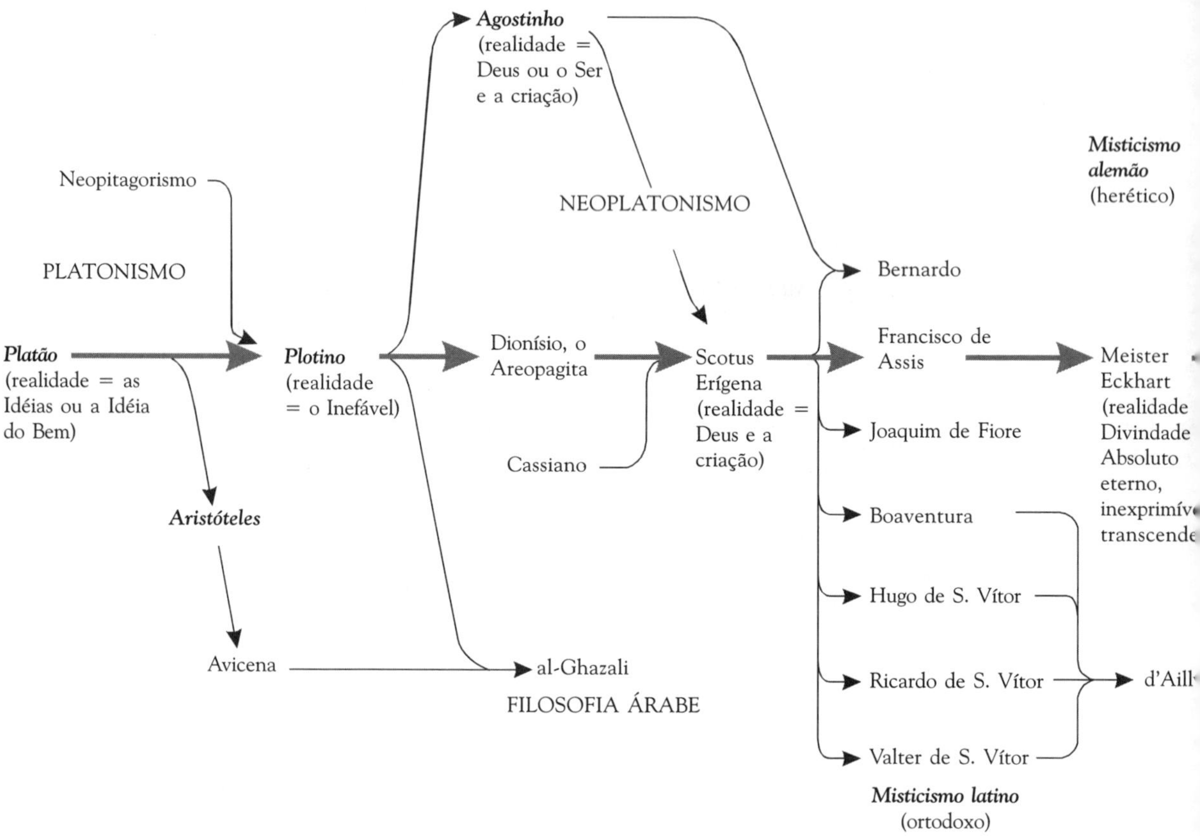

O ***misticismo*** é a filosofia supremamente monista que procura transcender a própria categoria do ***monismo*** bem como todas as categorias da *metafísica*. Embora outros monismos possam encarar a realidade como diferentes formas de uma substância ou mente, o caminho místico evita categorias de descrição tais como unidade, imutabilidade ou Ser e fala somente em *termos negativos*. Não é apropriado atribuir ao *Inefável*, à *Divindade* ou ao *Fundamento* essa ou aquela propriedade, pois ele é todas elas ou nenhuma delas e, todavia, algo mais.

O misticismo ensina quatro doutrinas gerais:

1) Todos os aspectos do mundo fenomênico são "manifestações de um Fundamento Divino dentro do qual toda a realidade parcial tem o seu ser e à parte do qual ela seria não-existente" (A. Huxley).

2) Esse Fundamento Divino pode ser conhecido por *inferência* e *intuição*. O seu conhecimento une o conhecedor à coisa conhecida.

3) Além de um ego fenomênico, o ser humano tem um *eu espiritual*. Esse é o verdadeiro eu e pode se unir ao *Eu Cósmico*.

4) O objetivo da vida é esse *conhecimento da realidade* e *unificação com a mesma*.

A corrente mística da filosofia ocidental tem a sua origem em Platão e particularmente em ***Plotino***, cujo ***neoplatonismo*** constitui a grande fonte do *misticismo ocidental*. A influência oriental é considerável. Na Idade Média, "o misticismo acompanhou o escolasticismo como uma sombra" (Wood). No século XIV, ele se dividiu em duas formas — uma que apoiou a ortodoxia e a Igreja e a outra, como, e.g., em Meister Eckhart, que pendeu para o neoplatonismo e a heresia. Seu pecado mais grave foi o *panteísmo*, em contraste com o *teísmo* da ortodoxia. A influência do misticismo foi considerável tanto na religião quanto no pensamento filosófico e científico. Pouco antes do período moderno, ele novamente se dividiu nas correntes protestante e católica, e nos séculos XIX e XX o *misticismo oriental* novamente exerceu influência. Presentemente, o misticismo pode ser encontrado em uma grande variedade de filosofias.

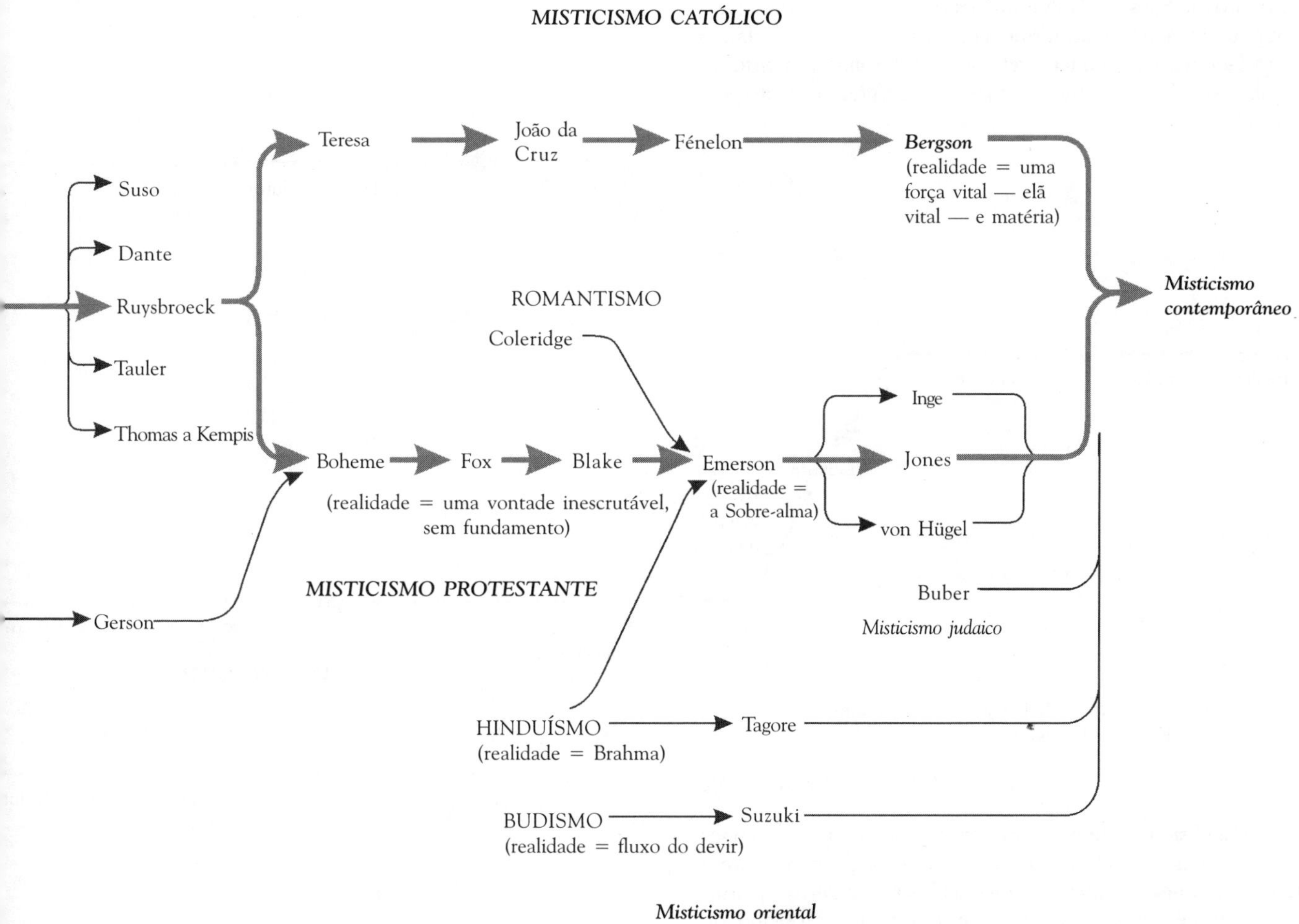

MISTICISMO CATÓLICO
Suso
Dante
Ruysbroeck
Tauler
Thomas a Kempis
Gerson
Teresa
João da Cruz
Fénelon
Bergson
(realidade = uma força vital — elã vital — e matéria)
ROMANTISMO
Coleridge
Boheme
Fox
Blake
(realidade = uma vontade inescrutável, sem fundamento)
MISTICISMO PROTESTANTE
Emerson
(realidade = a Sobre-alma)
Inge
Jones
von Hügel
Buber
Misticismo judaico
Misticismo contemporâneo
HINDUÍSMO
(realidade = Brahma)
Tagore
BUDISMO
(realidade = fluxo do devir)
Suzuki
Misticismo oriental

TABELA 10
MONISMO: IDEALISMO
(Realidade é mente)

No século XVII, o cartesianismo separou a realidade entre o mental e o material. Esse dualismo despertou uma reação monista, na qual argüiu-se que a realidade é mental ou material, mas não ambas. Todavia, ***Espinosa*** foi além do dualismo cartesiano para articular uma teoria monista da realidade que permanece uma das metafísicas monistas mais completas já elaboradas. Para ele, tudo é Substância ou Deus. Mente e matéria não passam de Atributos de Substância. A influência de Espinosa no desenvolvimento do moderno ***idealismo*** monista é importante. É claro o seu relacionamento com ***Hegel***, e.g., e as filosofias românticas e idealistas da Alemanha do século XIX têm um grande débito para com ele.

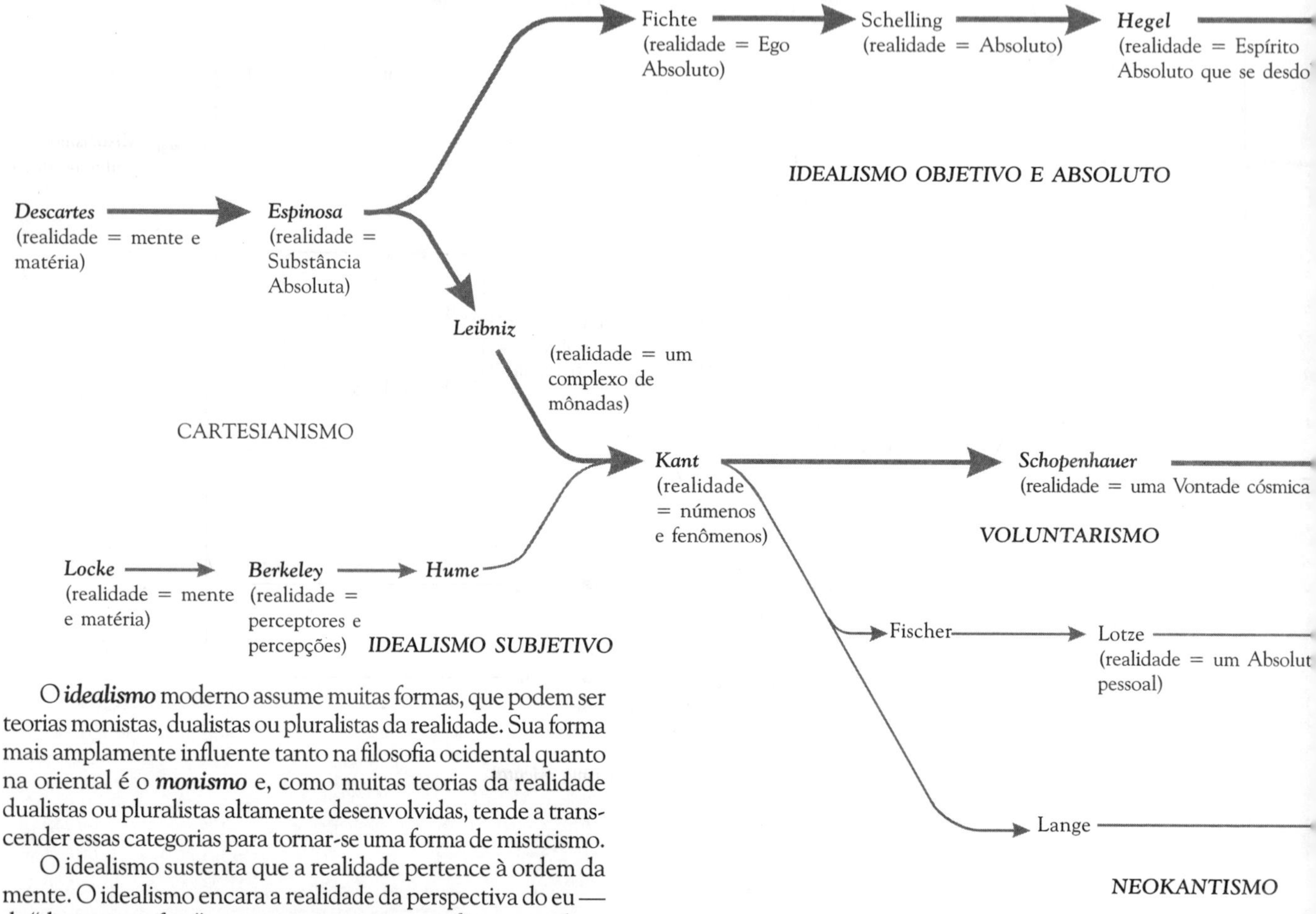

O ***idealismo*** moderno assume muitas formas, que podem ser teorias monistas, dualistas ou pluralistas da realidade. Sua forma mais amplamente influente tanto na filosofia ocidental quanto na oriental é o ***monismo*** e, como muitas teorias da realidade dualistas ou pluralistas altamente desenvolvidas, tende a transcender essas categorias para tornar-se uma forma de misticismo.

O idealismo sustenta que a realidade pertence à ordem da mente. O idealismo encara a realidade da perspectiva do eu — de "dentro para fora" — em contraste com o *realismo*, que aborda a realidade de "fora para dentro". A realidade é entendida em termos de autoconhecimento. O homem é, numa pequena escala, o que a realidade é como um todo. Assim, o idealismo interpreta a realidade em termos de *consciência*, de idéias e do *processo do pensamento* ou da *personalidade*. Tudo o que possa antepor-se ao homem como realidade é a *sua* realidade; ele é parte dela e as suas idéias estão envolvidas no seu pensamento sobre ela.

Historicamente, têm sido identificados seis tipos de idealismo como *teorias da realidade*:

1) ***Idealismo platônico*** ou ***clássico***, que é dualista e axiológico — centrado nos valores.

2) ***Idealismo berkeleyano*** ou ***subjetivo***, que é uma teoria pluralista da realidade.

3) ***Idealismo kantiano*** ou ***crítico***, que também é dualista e axiológico, como o idealismo platônico, mas cético.

4) ***Idealismo voluntarista***, como em ***Schopenhauer***, que é monista e interpreta a realidade como uma vontade.

5) ***Idealismo lotzeano*** ou ***pessoal***, que é pluralista e interpreta a realidade em termos do caráter da personalidade (v. tabela 16).

6) ***Idealismo hegeliano***, ***objetivo*** ou ***absoluto***, que tem uma ênfase monista, lógica e histórica.

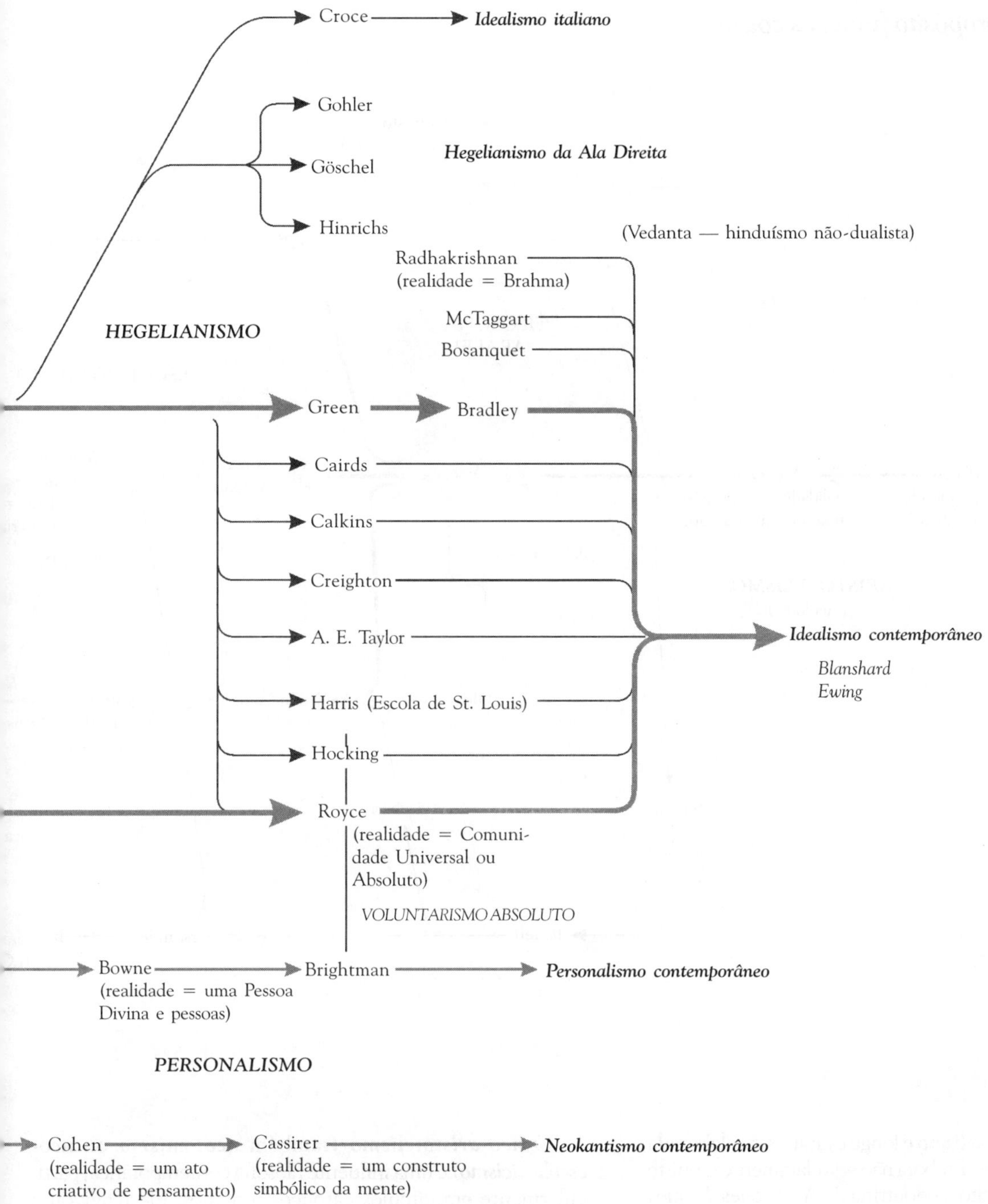

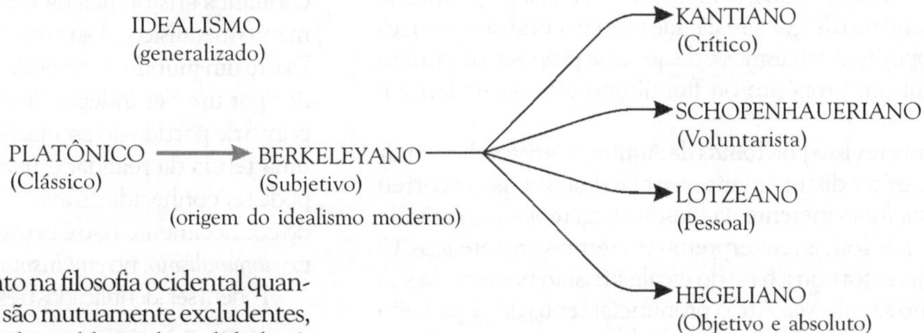

Esses tipos são encontrados tanto na filosofia ocidental quanto na indiana e na chinesa. Eles não são mutuamente excludentes, mas acentuam diferentes aspectos do problema da realidade. A maior parte das teorias idealistas da realidade envolve elementos de todas as seis teorias, como, e.g., o idealismo de Josiah Royce.

TABELA 11
MONISMO: ARISTOTELISMO
(A realidade é o propósito final das coisas)

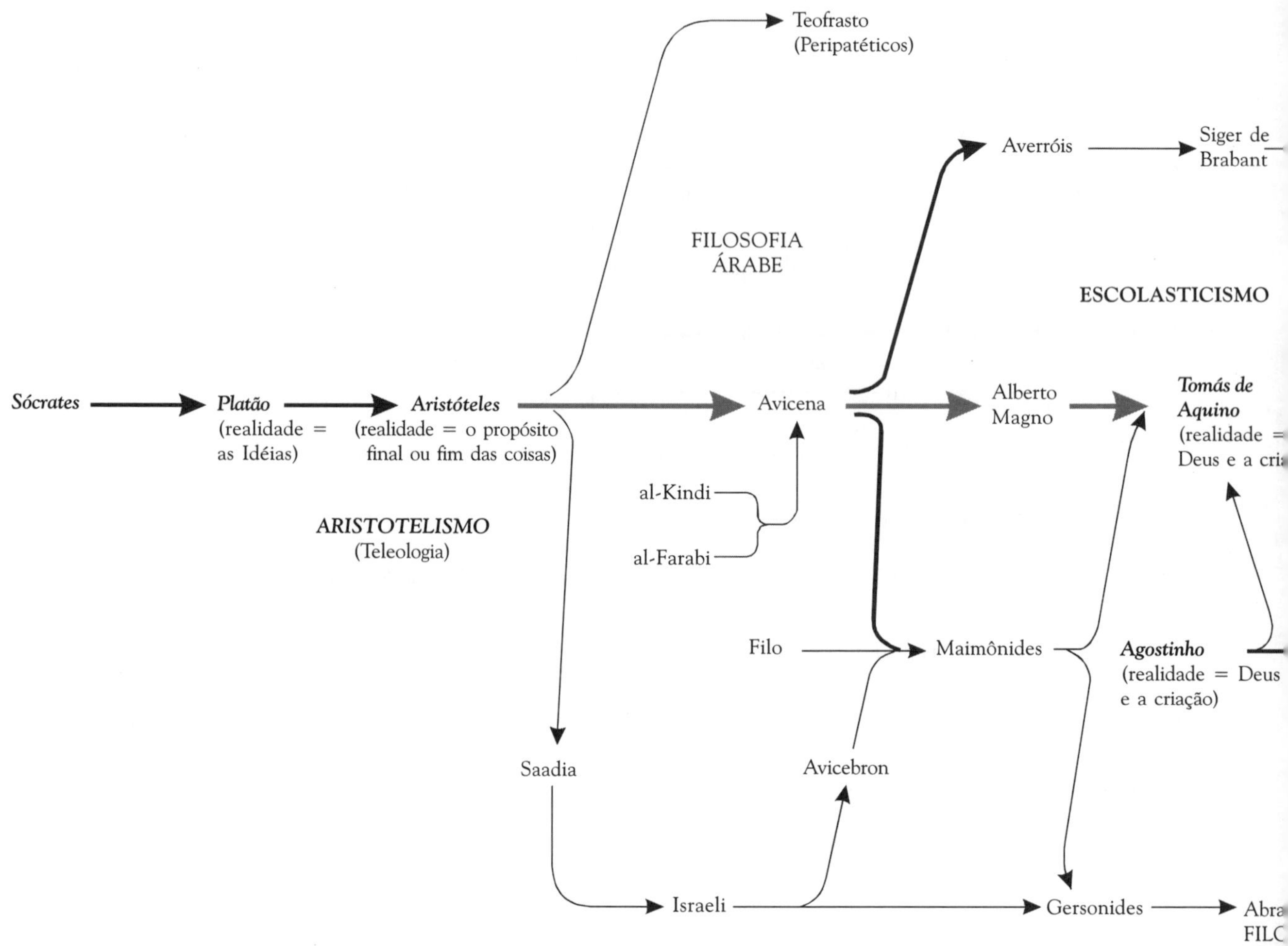

A tradição do ***aristotelismo*** é longa e altamente elaborada, persistindo até o presente. Embora não seja claramente monista, seu *monismo* está implícito. A doutrina de Aristóteles de que a realidade está nos particulares constitui um realismo pluralista, mas o seu conceito de que a realidade fundamental dos particulares é o propósito dos mesmos e de que esse propósito contribui para e inclui um propósito ou fim último e transcendente é monista.

Conforme revisto por ***Tomás de Aquino***, o aristotelismo adquiriu um caráter distintamente teísta e dualista. Isso ocorreu devido ao *dualismo* inerente da filosofia e da teologia cristãs de ***Agostinho***, que Tomás reinterpretou em termos aristotélicos. O aristotelismo se tornou a base do ***escolasticismo*** no auge da sua influência no século XIII. Até o pronunciamento do papa Leão XIII em 1879, recomendando o estudo de Tomás, o aristotelismo declinou — particularmente em face da revolução científica e do surgimento de filosofias empíricas e nominalistas.

O ***neo-aristotelismo*** (também ***neotomismo*** ou ***neo-escolasticismo***) é uma influente filosofia contemporânea, particularmente em círculos católicos romanos. Ele reavivou a confiança aristotélica na razão como instrumento de conhecimento metafísico. A sua teoria da realidade é realista e pluralista. Existe um mundo independentemente real de muitos seres criados por um Ser independentemente real — Deus (*teísmo*). O ponto de partida do escolasticismo (e do neo-escolasticismo) é uma teoria da realidade (*metafísica* ou *ontologia*). A realidade pode ser conhecida através da razão e da revelação. O problema do conhecimento não é central, como se tornou posteriormente no *nominalismo*, no *empirismo* e no *ceticismo*.

Podem ser identificados três estágios no escolasticismo medieval:

1) Período formativo (séculos IX ao XII). Predominam o *platonismo*, o *neoplatonismo* e o *agostinismo*. A ênfase é dualista. As Idéias de Platão (universais) são as *essências* das coisas e

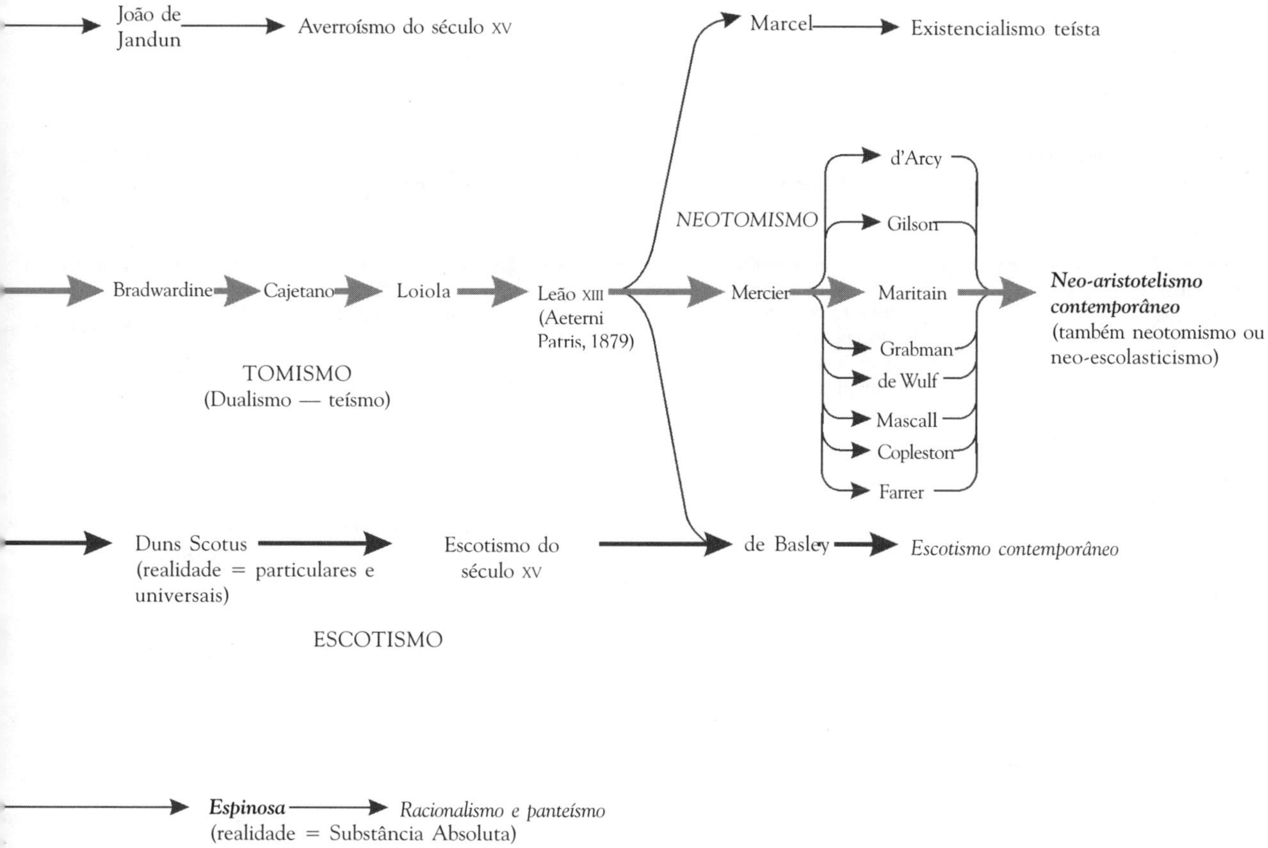

são anteriores a elas (*ante res*), como no *realismo* medieval de Anselmo.

2) Apogeu (século XIII). O ***aristotelismo*** predomina. A ênfase é mais *monista* e *pluralista*. As Idéias (universais) são reais, mas estão nas coisas (*in rebus*), e não anteriores a elas, como em Alberto Magno e ***Tomás de Aquino***. Esse estágio constitui a base do ***neo-escolasticismo contemporâneo***.

3) Declínio (século XIV). O *nominalismo* e o *pluralismo* crescem em influência junto com o *misticismo*. As Idéias (universais) não são reais, mas nomes das coisas; somente as coisas são reais; os universais vêm depois das coisas (*post res*), como em Guilherme de Ockham.

TABELA 12
PLURALISMO: ATOMISMO MATERIALISTA
(A realidade é composta de átomos materiais)

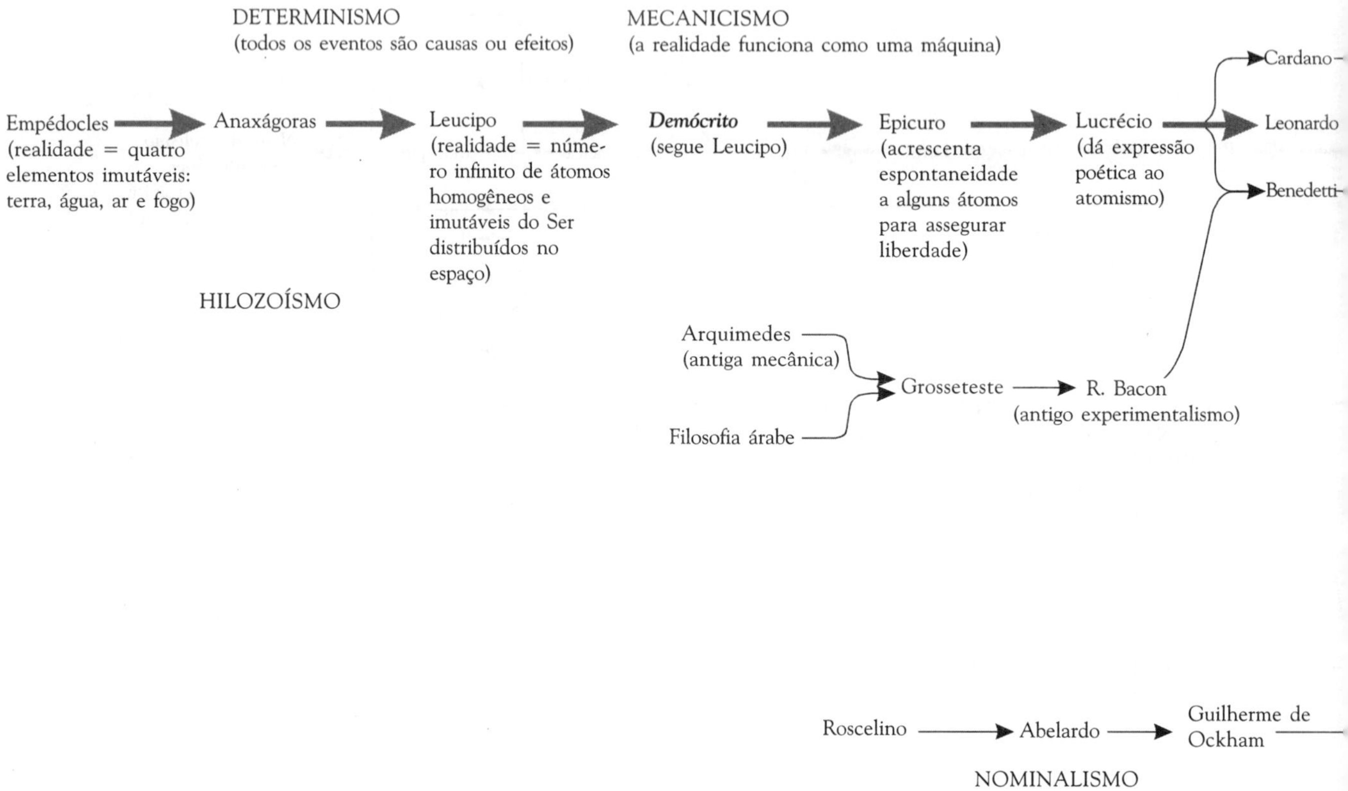

Pluralismo é a doutrina metafísica de que a realidade consiste em muitos reais. A forma mais óbvia de pluralismo é o ***materialismo atômico***, no qual impera a noção básica dos antigos filósofos gregos Leucipo e ***Demócrito***: a realidade consiste em átomos discretos e indestrutíveis que se redistribuem no espaço nos muitos objetos que se apresentam aos sentidos.

Todavia, não existem distinções claras entre as interpretações monistas, dualistas e pluralistas da realidade. Um pluralista como ***Leibniz*** pode ser interpretado como monista quando os seus *átomos espirituais* (*mônadas*) são tidos como organizados no todo espiritual unificado que sugere o *idealismo* monista. Além disso, grande parte do ***materialismo*** tende a considerar a matéria como a única realidade e é, portanto, monista nesse sentido. Haeckel, e.g., refere-se especificamente ao seu materialismo como *monismo*. Mas, em cada exemplo, esses filósofos são também pluralistas no sentido de que enfatizam a realidade de coisas particulares independentes.

O pluralismo pode interpretar os muitos reais como espirituais, mentais, materiais, perceptuais ou simplesmente neutros. Talvez um dos melhores exemplos de uma teoria pluralista da realidade seja o *pragmatismo* de William James, que descreveu a realidade como muitos reais "encadeados" (v. tabela 14).

Para o ***atomismo materialista***, a realidade consiste em alguma *substância* espacial distribuída por todo o espaço na forma de entidades discretas ou *átomos*. Empédocles foi o primeiro a sugerir a existência de elementos como substâncias imutáveis que variam em movimento e combinação. Anaxágoras vitalizou os seus elementos com um tipo de "material pensante" ou *nous*. O materialismo clássico da ciência moderna inicial ainda não afetada por desdobramentos científicos recentes foi sugerido pela primeira vez por Leucipo e desenvolvido por Demócrito. Leucipo via a realidade como um número infinito de átomos homogêneos distribuídos por todo o espaço vazio em uma infinita variedade de formas.

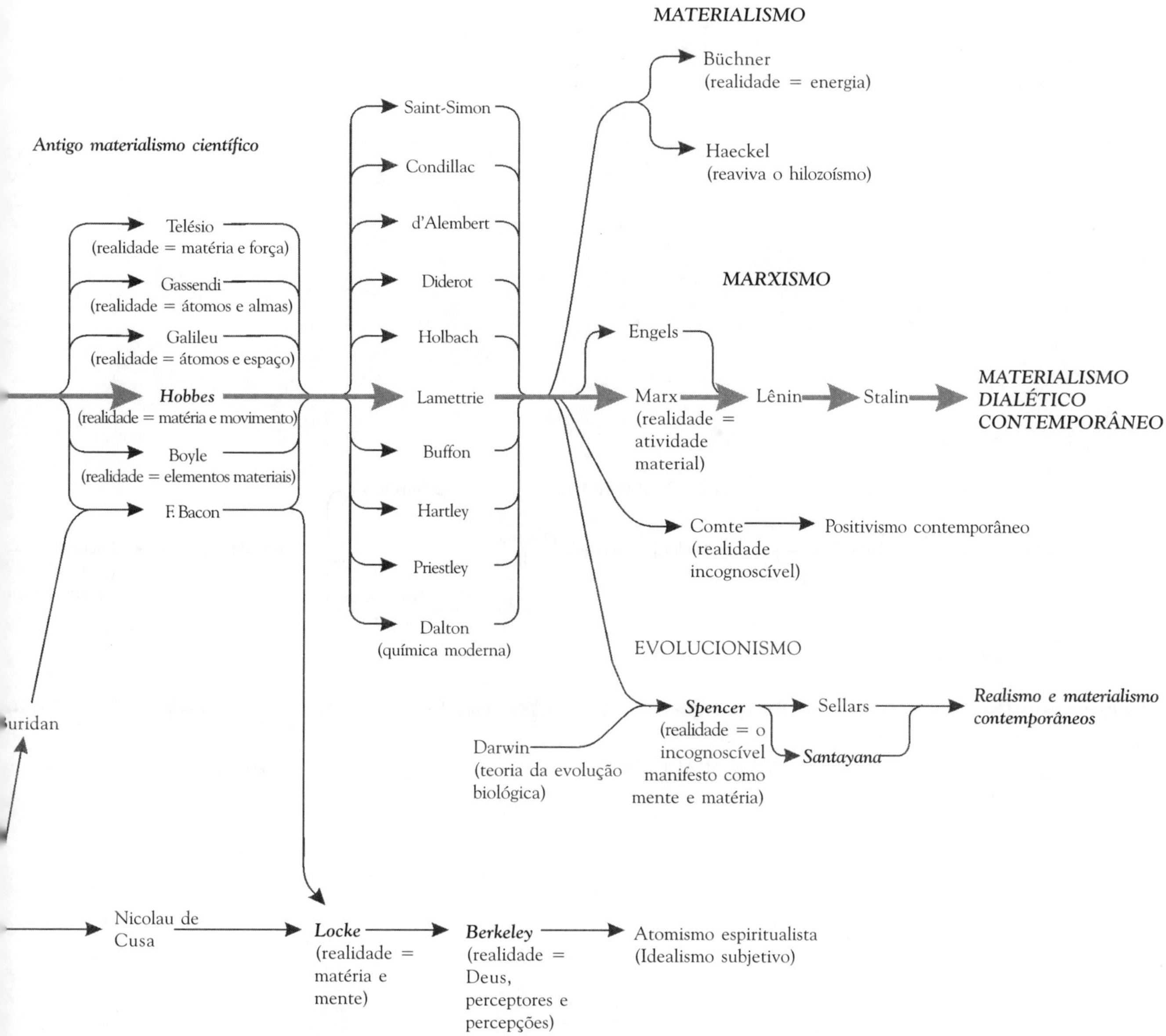

O atomismo materialista foi em geral ignorado durante a Idade Média, sendo revivido por Galileu e outros dos primeiros pensadores científicos modernos dos séculos XVI e XVII. A maior parte desses pensadores reteve o *status* independente da alma, mente ou espírito. ***Hobbes*** e Lamettrie, todavia, desenvolveram uma interpretação mecanicista do homem que apontava para algumas das teorias das atuais ciências do comportamento . Dalton formulou as idéias básicas da incipiente química moderna com base no materialismo atômico.

Impressionado com a *dialética* de Hegel, ***Marx*** adaptou-a ao atomismo materialista e deu a este uma interpretação social que destacou o papel do conflito na raiz da realidade. O resulta foi um ***materialismo dialético***, que constitui a base da filosofia marxista contemporânea.

As formas contemporâneas de materialismo tendem a ser altamente sofisticadas pelo fato de darem ênfase à *energia* ou *atividade* e não à *substância* como tal. Em outras palavras, matéria é o que faz. O materialismo também veio a ficar associado ao *realismo*, ao *positivismo* e ao *evolucionismo*.

TABELA 13
PLURALISMO: FENOMENISMO E CETICISMO
(A realidade fora da experiência é incognoscível)

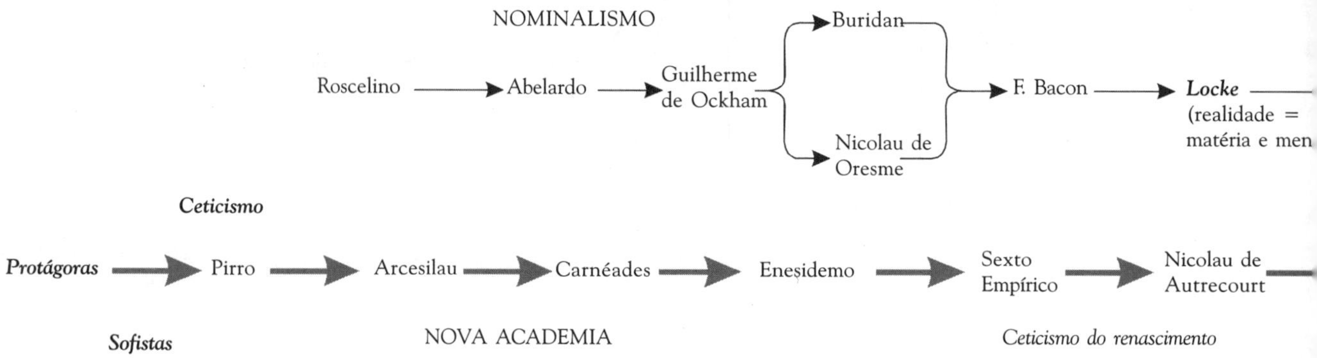

O *fenomenismo* sustenta que somente conhecemos as coisas como elas aparecem. O ***ceticismo*** sustenta que simplesmente não podemos conhecer as coisas. Em sua forma mais fraca, chamada ***agnosticismo***, o ceticismo sustenta que nós não sabemos se podemos conhecer as coisas. O fenomenismo, o ceticismo e o agnosticismo relacionam a realidade com *percepções*. As coisas são percepções ou construtos das mesmas.

Embora essas teorias tenham um teor *antimetafísico*, a sua visão da realidade é pluralista. Não se afirma que o mundo tem uma ou mais substâncias ou de que emerge de algo. O mundo é o que aparenta ser — uma grande variedade de fenômenos.

A ênfase cética da filosofia contemporânea tem sido incentivada por desenvolvimentos no método científico e pelo estudo da natureza da linguagem e da lógica. A negação da possibilidade do conhecimento da realidade fora da experiência ou, na realidade, de qualquer conhecimento certo ou universal, tem um antigo defensor no grande sofista ***Protágoras***. Embora de modo geral tenha sido desencorajado na Idade Média, o ceticismo mesmo assim encontrou expressão no *nominalismo* de Guilherme de Ockham.

Hume é o personagem principal do ceticismo e fenomenismo moderno. Derivando o seu ceticismo de um desdobramento lógico do *empirismo* de ***Locke*** e de ***Berkeley***, Hume preparou o caminho para grande parte da filosofia empírica contemporânea e para as tendências antimetafísicas que podem ser encontradas em todas as formas de *positivismo*, *pragmatismo* e *fenomenismo* (v. tabelas 14, 23). O surgimento dessas filosofias no século XIX e, mais recentemente, da *filosofia analítica*, estabeleceu o ceticismo como uma ênfase dominante e minimizou o interesse por questões metafísicas como o problema da natureza da realidade (v. tabela 1).

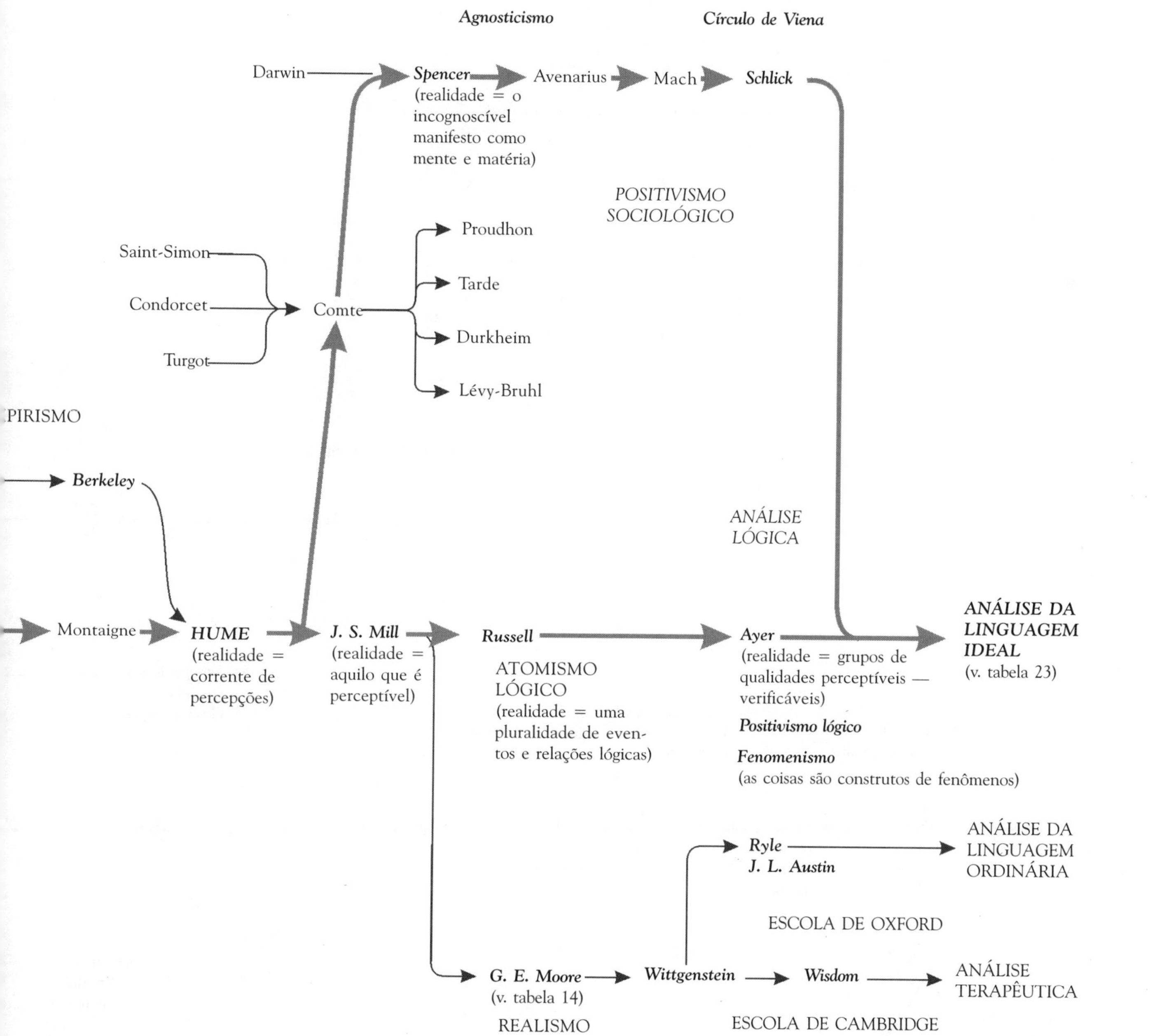
Agnosticismo
Círculo de Viena
Darwin
Spencer
(realidade = o incognoscível manifesto como mente e matéria)
Avenarius
Mach
Schlick
POSITIVISMO SOCIOLÓGICO
Saint-Simon
Condorcet
Turgot
Comte
Proudhon
Tarde
Durkheim
Lévy-Bruhl
PIRISMO
Berkeley
ANÁLISE LÓGICA
Montaigne
HUME
(realidade = corrente de percepções)
J. S. Mill
(realidade = aquilo que é perceptível)
Russell
ATOMISMO LÓGICO
(realidade = uma pluralidade de eventos e relações lógicas)
Ayer
(realidade = grupos de qualidades perceptíveis — verificáveis)
Positivismo lógico
Fenomenismo
(as coisas são construtos de fenômenos)
ANÁLISE DA LINGUAGEM IDEAL
(v. tabela 23)
Ryle
J. L. Austin
ANÁLISE DA LINGUAGEM ORDINÁRIA
ESCOLA DE OXFORD
G. E. Moore
(v. tabela 14)
REALISMO
Wittgenstein
Wisdom
ANÁLISE TERAPÊUTICA
ESCOLA DE CAMBRIDGE

TABELA 14
PLURALISMO: REALISMO CONTEMPORÂNEO

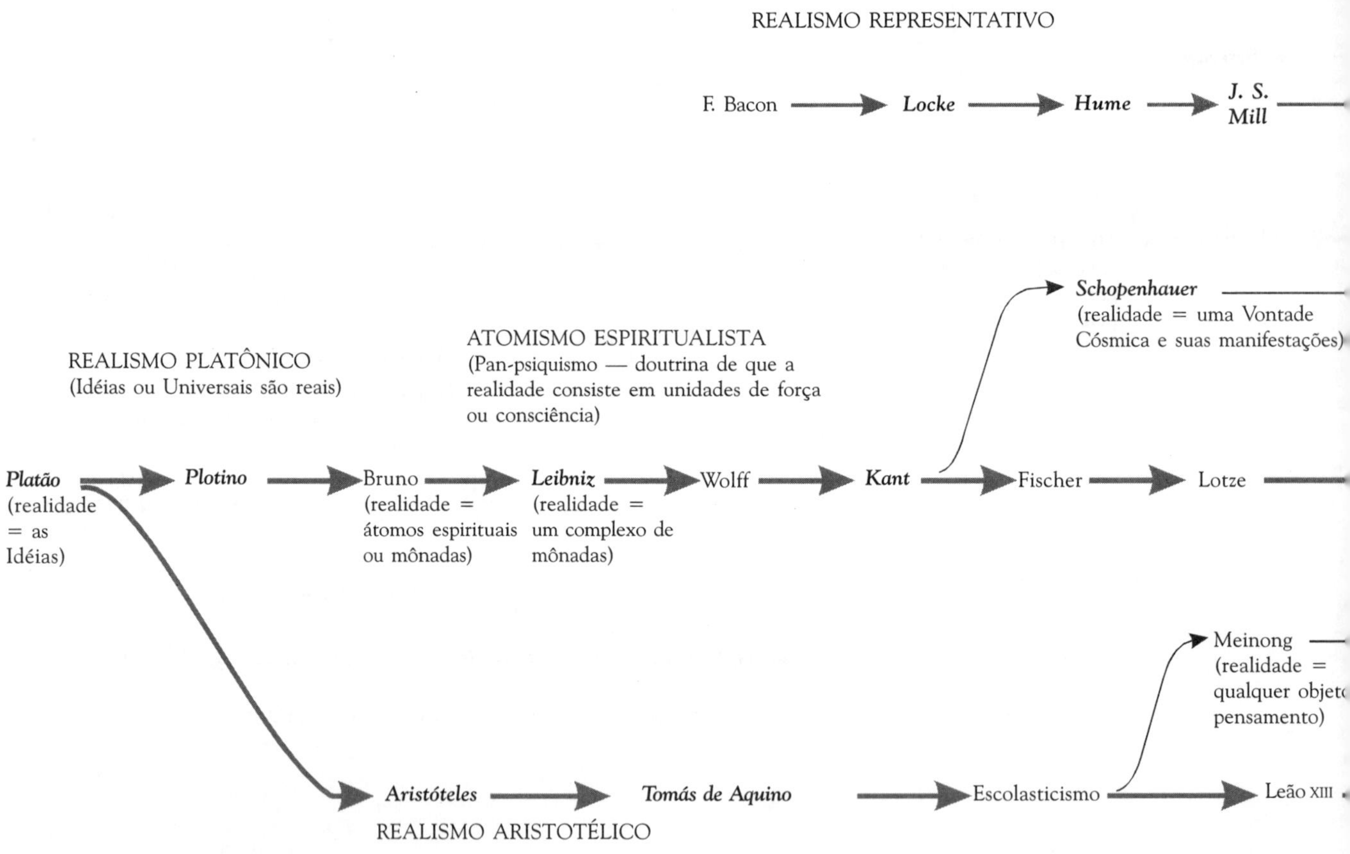

O quadro da filosofia contemporânea — particularmente com relação à teoria da realidade — é complexo. Todavia, diversas características distintivas podem ser identificadas:

1) Sua ***tendência antimetafísica***, que se torna um ceticismo declarado para muitos e uma falta generalizada de interesse pelo problema da realidade como tal (v. o ceticismo como teoria do conhecimento e tabelas 23, 24).

2) Seu ***pluralismo***. Quer o "real" seja identificado com o fluxo da experiência, com os objetos da mesma ou com os objetos ou relações tencionados ou ideais, ele tem uma natureza plural. Não existe uma busca especulativa da "unidade" da realidade nem uma tendência religiosa para um *dualismo* deste mundo e do próximo ou do concreto e do ideal. Como é *descrito*, o mundo exibe variedade e pluralidade. A filosofia contemporânea é pluralista.

3) Seu ***dinamismo***. A filosofia contemporânea toma Heráclito como exemplo. *Processo*, *atividade* e *surgimento* não as idéias-chave. Qualquer coisa que possa ser real é relativa e mutável. *Substância* e *ser* são subestimados. Tudo o que é, é assim em virtude do seu poder de produzir resultados observáveis.

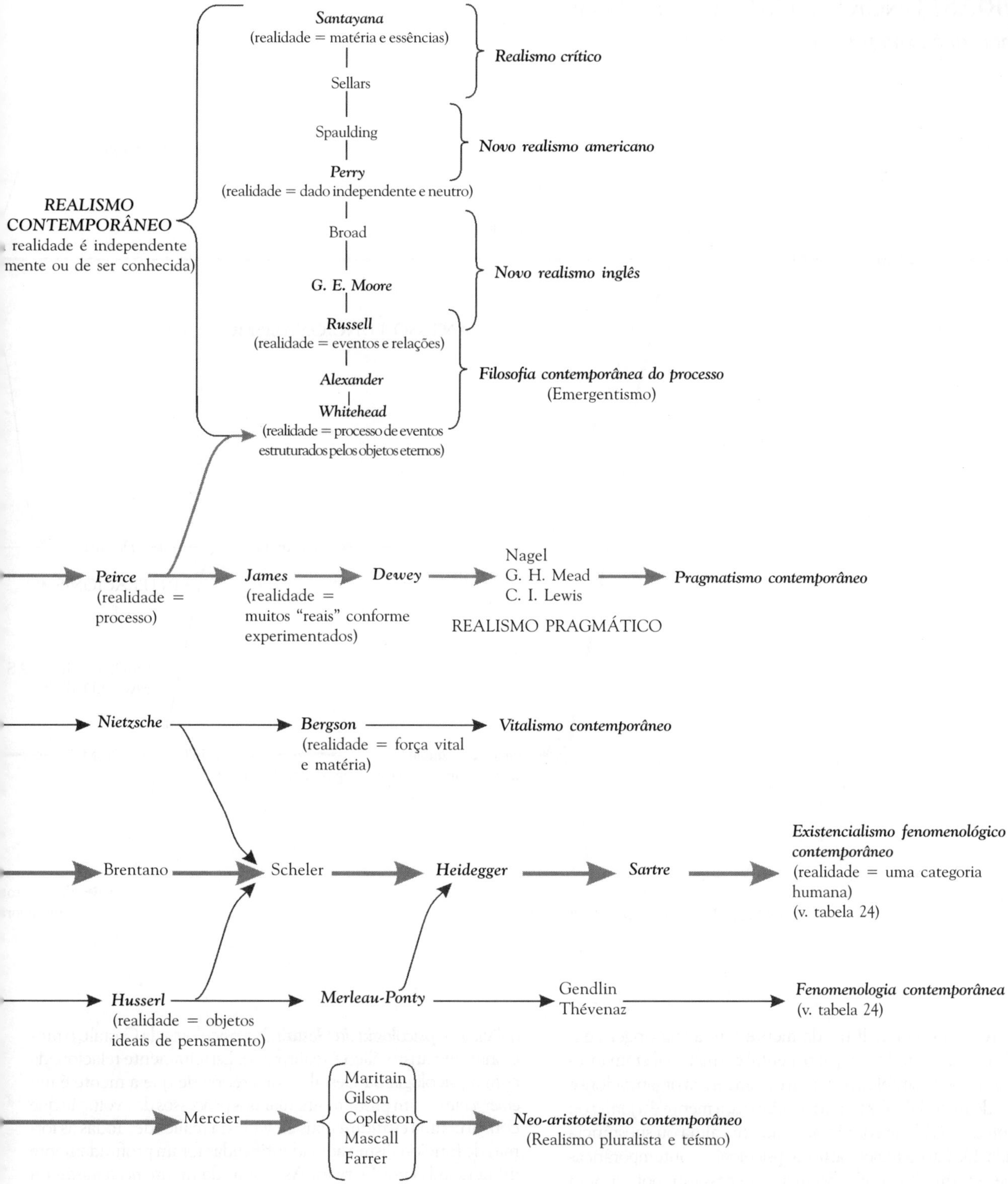

4) Seu ***realismo***. Com a possível exceção do *personalismo*, a maior parte das escolas contemporâneas, afora aquelas que são puro *ceticismo* ou *fenomenismo*, exibem origens ou tendências realistas. Não importa como seja concebida, a realidade é independente de ser conhecida por alguma mente, embora o seu significado possa ser intencional. É um processo objetivo, uma organização de relações ou um mundo de objetos. Até mesmo o *existencialismo* contemporâneo deriva do realismo da *fenomenologia*, do *vitalismo* e de outras fontes (v. tabela 24). Em suma, a realidade não é a ordem organizada e ideal de alguma mente intencional descoberta e compartilhada pelo ser humano, mas um complexo de objetos e eventos independente e neutro — se não hostil — ao qual o próprio homem dá ordem e valor. Isso é particularmente verdadeiro quanto ao *existencialismo* e ao *pragmatismo* (v. tabelas 23 e 24 para informações detalhadas sobre as principais formas contemporâneas de filosofia analítica e existencial).

TABELA 15
TEORIAS FUNCIONALISTAS DA MENTE
(O mental é uma função do material)

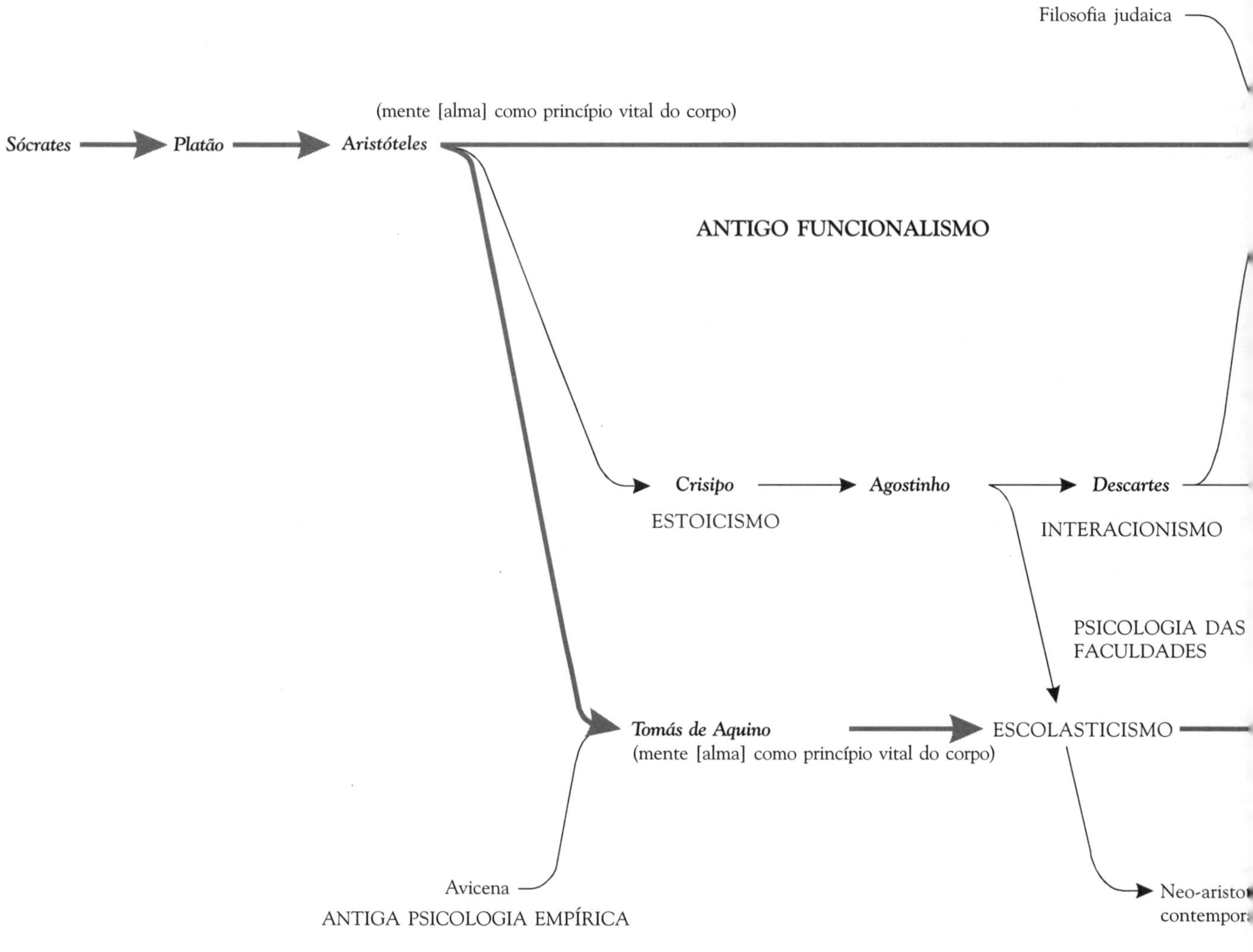

As teorias funcionalistas da mente têm a sua origem em ***Aristóteles***, que acreditava que o mental e o material eram inseparáveis. Para Aristóteles, o mental é a tendência organizadora e diretiva do material. Nas teorias funcionais, a mente é a *forma* ou *estrutura* da atividade corpórea, e não uma alma ou substância separada. De fato, a maior parte das psicologias contemporâneas crê que o termo "mente" não mais é necessário, pois aponta somente para o *comportamento* ou para a *estrutura do comportamento*, e não para uma entidade independente. A *psicologia experimental* contemporânea tem dado grande impulso ao estudo do comportamento. Como uma escola contemporânea de psicologia, o ***funcionalismo*** foi reformulado por ***Dewey*** e Angell sob o impacto de James e do *behaviorismo*. A partir da psicologia experimental de Wundt, surgiu um tipo de psicologia conhecida como ***estruturalismo***, a mais importante das quais reagiu contra o estruturalismo *atomista* de Wundt para produzir um estruturalismo *holístico* ou ***psicologia da Gestalt***. Na psicologia da Gestalt, o funcionalismo aristotélico é reafirmado. Estreitamente relacionada com a psicologia da Gestalt está a teoria de que a mente é um *emergente* — um produto singular dos processos de evolução que constitui uma *estrutura* mais elevada da realidade. Todas as formas de funcionalismo aqui identificadas foram profundamente influenciadas por Darwin. As teorias da mente *neotomistas* ou *neo-aristotélicas* contemporâneas também são expressões modificadas do funcionalismo aristotélico.

As *teorias analíticas* de **Wittgenstein** e ***Ryle*** também são interpretadas por alguns como *teorias funcionais* da mente, na medida em que afirmam que se referir à mente ou ao mental é se referir ao comportamento ou à disposição de comportar-se de determinadas maneiras, e não a qualquer entidade mental como tal. Esse funcionalismo, bem como a teoria de Dewey e da Gestalt em geral, são todas formas de behaviorismo ou estão relacionadas com o mesmo (v. tabela 3).

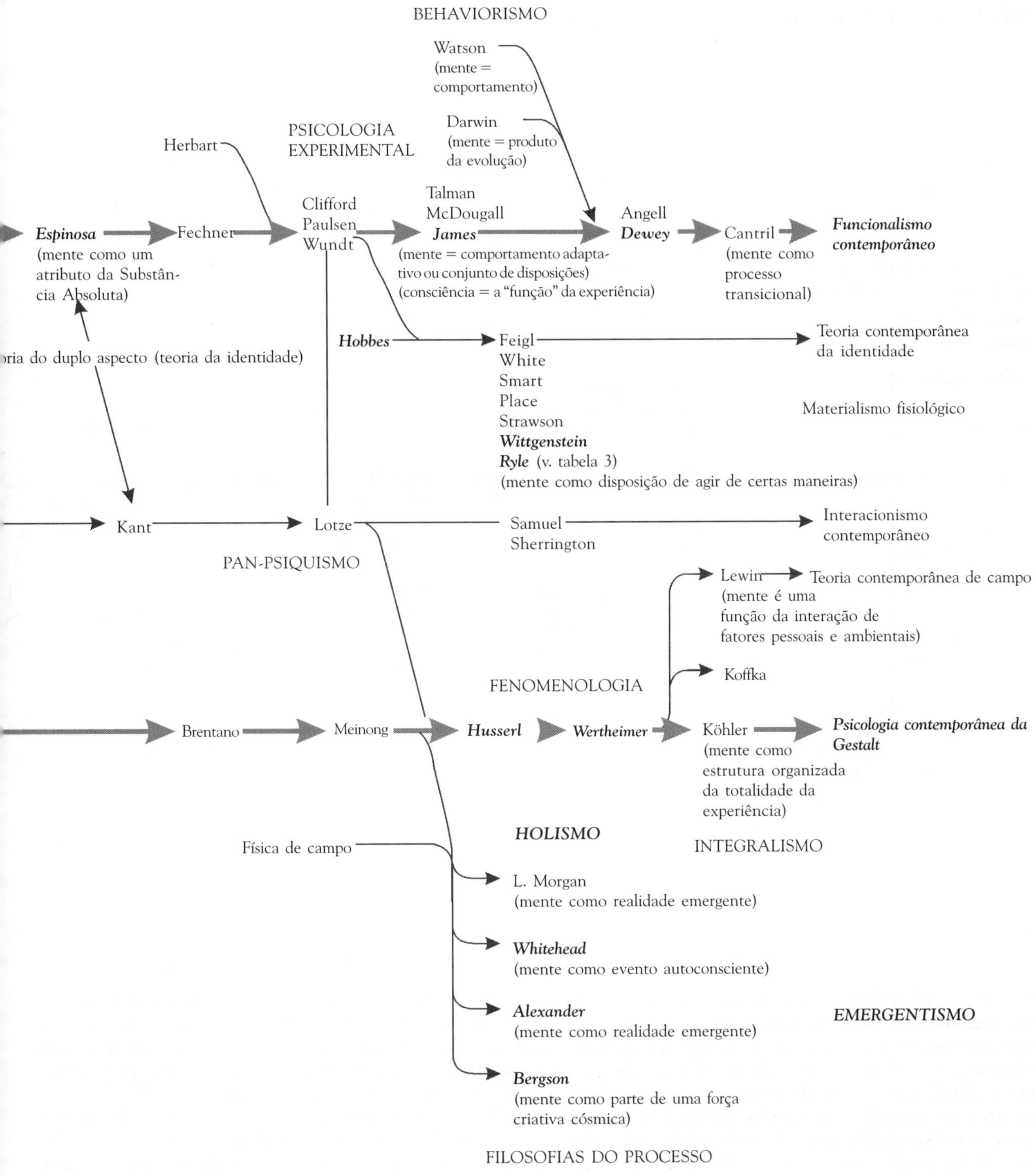
BEHAVIORISMO
Watson
(mente = comportamento)
Darwin
(mente = produto da evolução)
PSICOLOGIA EXPERIMENTAL
Herbart
Clifford
Paulsen
Wundt
Talman
McDougall
James
(mente = comportamento adaptativo ou conjunto de disposições)
(consciência = a "função" da experiência)
Angell
Dewey
Cantril
(mente como processo transicional)
Funcionalismo contemporâneo
Espinosa
(mente como um atributo da Substância Absoluta)
Fechner
ria do duplo aspecto (teoria da identidade)
Hobbes
Feigl
White
Smart
Place
Strawson
Wittgenstein
Ryle (v. tabela 3)
(mente como disposição de agir de certas maneiras)
Teoria contemporânea da identidade
Materialismo fisiológico
Kant
Lotze
PAN-PSIQUISMO
Samuel
Sherrington
Interacionismo contemporâneo
Lewin
(mente é uma função da interação de fatores pessoais e ambientais)
Teoria contemporânea de campo
Koffka
FENOMENOLOGIA
Brentano
Meinong
Husserl
Wertheimer
Köhler
(mente como estrutura organizada da totalidade da experiência)
Psicologia contemporânea da Gestalt
HOLISMO
INTEGRALISMO
Física de campo
L. Morgan
(mente como realidade emergente)
Whitehead
(mente como evento autoconsciente)
Alexander
(mente como realidade emergente)
EMERGENTISMO
Bergson
(mente como parte de uma força criativa cósmica)
FILOSOFIAS DO PROCESSO

TABELA 16
TEORIAS ESPIRITUALISTAS DA MENTE
(A mente ou alma tem uma existência própria singular e irredutível)

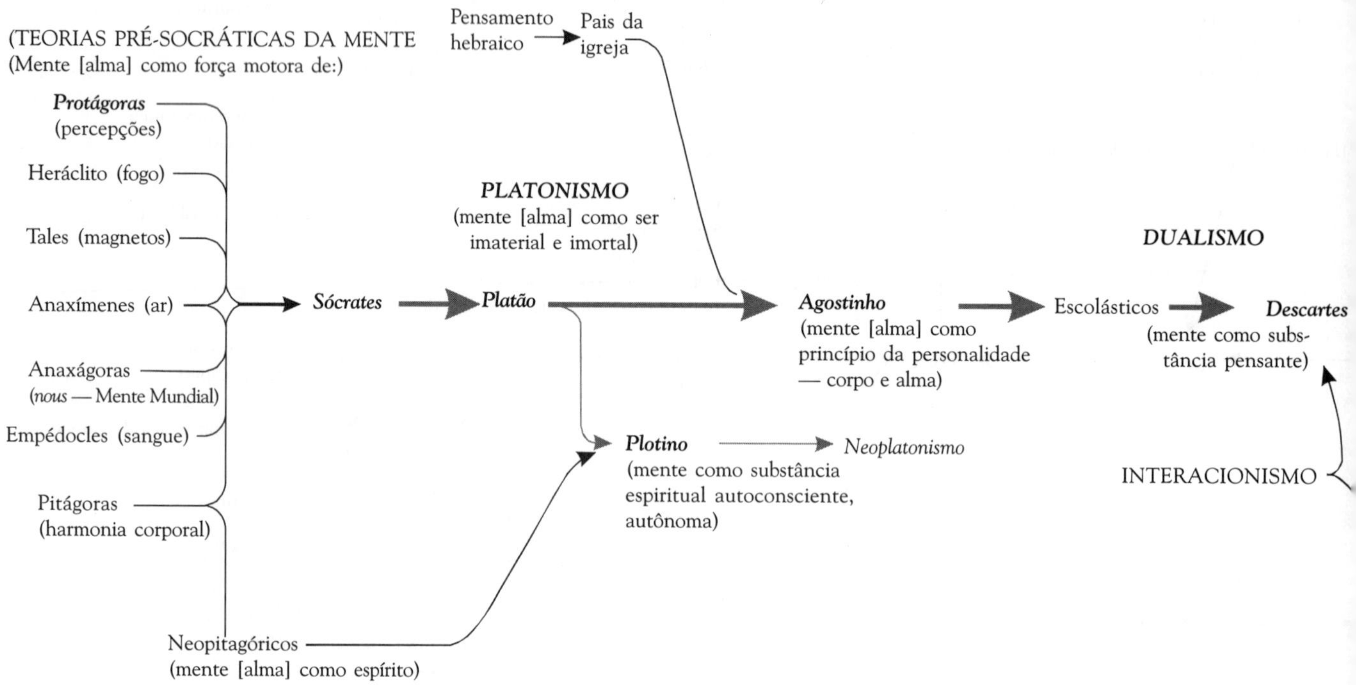

As ***teorias espiritualistas*** da mente têm a sua origem no ***idealismo platônico***. As teorias espiritualistas ou idealistas da mente ensinam que, seja qual for o seu nome, a mente possui um grau de independência ou realidade não explicado por outras teorias da mente. No platonismo, um ***dualismo*** separa a matéria da mente, atribuindo a esta *espiritualidade* e *imortalidade*. O dualismo foi a expressão dominante do conceito espiritual da mente até ***Kant*** (ver as teorias da realidade na Parte III). A partir de Kant, o ***espiritualismo*** se tornou em ***monismo*** no ***idealismo objetivo*** e ***absoluto***, que deu à mente um status metafísico que subordinou toda a atividade material a ela como manifestação da *mente absoluta*. Por outro lado, a tradição altamente *personalista* de ***Agostinho*** e ***Descartes*** foi revivida por por Lotze, que tornou-se uma inspiração para diferentes formas de ***idealismo pessoal***, ou ***personalismo***, e psicologias personalistas. Todas as formas de personalismo acentuam a realidade central do eu ou da personalidade. A partir de Kant também surgiram filosofias de ***voluntarismo***, que interpretaram o mundo e a mente como manifestações da *vontade* ou de forças irracionais, como, e.g., em Schopenhauer. Associada a esse desdobramento estava a introdução da idéia da *mente inconsciente*. A teoria *psicanalítica* da mente proposta por ***Freud*** utilizou essas idéias sobre um fundamento *biológico* e *materialista*. A função da *mente grupal* também foi introduzida através do papel do *superego* (v. a teoria da mente de Freud). Mais personalistas, todavia, foram as teorias de Adler e de Jung. Este último repudiou o *materialismo* de Freud e acentuou em lugar do mesmo a realidade da *psiquê* em termos personalistas e sociais (v. tabela 3).

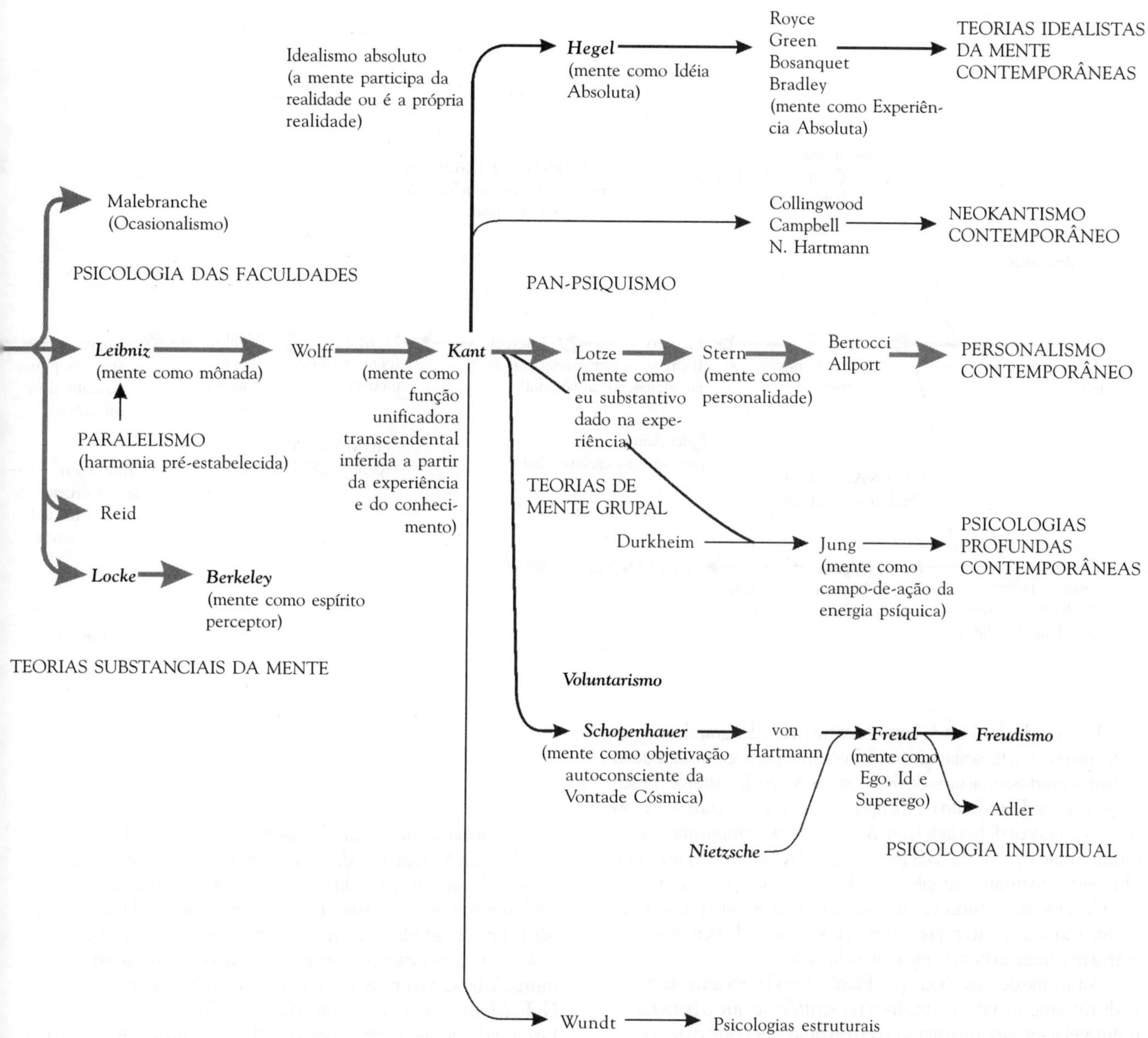

Idealismo absoluto
(a mente participa da realidade ou é a própria realidade)
Hegel
(mente como Idéia Absoluta)
Royce
Green
Bosanquet
Bradley
(mente como Experiência Absoluta)
TEORIAS IDEALISTAS DA MENTE CONTEMPORÂNEAS
Malebranche
(Ocasionalismo)
Collingwood
Campbell
N. Hartmann
NEOKANTISMO CONTEMPORÂNEO
PSICOLOGIA DAS FACULDADES
PAN-PSIQUISMO
Leibniz
(mente como mônada)
Wolff
Kant
(mente como função unificadora transcendental inferida a partir da experiência e do conhecimento)
Lotze
(mente como eu substantivo dado na experiência)
Stern
(mente como personalidade)
Bertocci
Allport
PERSONALISMO CONTEMPORÂNEO
PARALELISMO
(harmonia pré-estabelecida)
TEORIAS DE MENTE GRUPAL
Reid
Durkheim
Jung
(mente como campo-de-ação da energia psíquica)
PSICOLOGIAS PROFUNDAS CONTEMPORÂNEAS
Locke
Berkeley
(mente como espírito perceptor)
TEORIAS SUBSTANCIAIS DA MENTE
Voluntarismo
Schopenhauer
(mente como objetivação autoconsciente da Vontade Cósmica)
von Hartmann
Freud
(mente como Ego, Id e Superego)
Freudismo
Adler
Nietzsche
PSICOLOGIA INDIVIDUAL
Wundt
Psicologias estruturais

TABELA 17
HEDONISMO
(Bem = prazer de alguma forma ou buscar o prazer e evitar a dor)

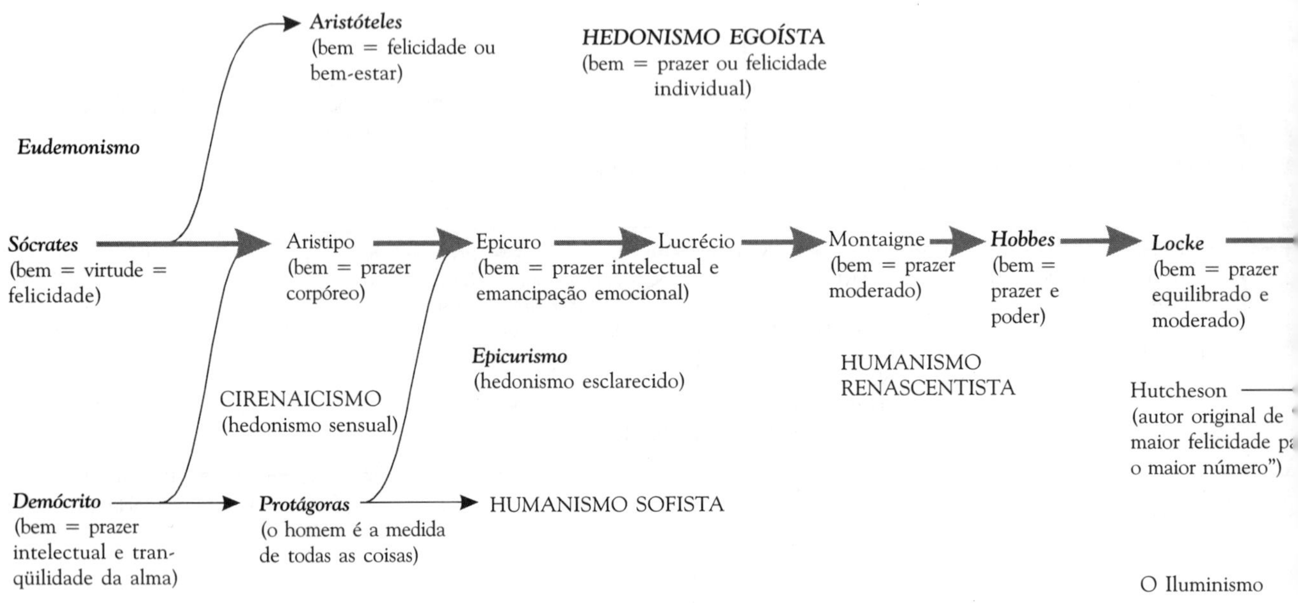

As teorias hedonistas do bem constituem um dos grandes corpos de teoria ética na filosofia ocidental. Inicialmente, a teoria *naturalista* do ***hedonismo*** assume uma de duas formas gerais: 1) a simples busca do prazer, em ***Demócrito*** e Aristipo, e 2) a busca de *eudemonia* ou *bem-estar pessoal* (felicidade), em ***Sócrates***. O ***eudemonismo*** caracteriza a maior parte da *ética grega* e envolve uma conquista que ultrapassa em muito o simples alvo de encontrar o prazer e evitar a dor. Considerando tudo, no entanto, a ética grega era primordialmente *teleológica*, isto é, preocupada com o alvo de bem viver ou com a natureza da bem como o alvo da vida.

Conforme desenvolvido por ***Platão***, o eudemonismo tornou-se distintamente não-naturalista no sentido de que o bem não é redutível a sentimentos agradáveis ou quaisquer outros fenômenos naturais, mas, em vez disso, desfruta um status metafísico como a essência da própria realidade última. Para Platão, a Idéia do Bem informa todos os exemplos particulares do bem. A ética de ***Sócrates***, ***Platão*** e ***Aristóteles*** é melhor caracterizada como não-naturalista antes que naturalista, não obstante os elementos de hedonismo presentes em cada uma delas.

O antigo hedonismo era ***egoísta*** (individual). No início do período moderno, Cumberland e Bentham o converteram na sua forma contemporânea característica — ***hedonismo utilitarista***. Bentham elaborou uma forma *quantitativa* de hedonismo utilitarista com base no *princípio da utilidade*, no qual "a maior felicidade do maior número" constitui o *padrão moral universal*.

Reconhecendo certas falhas inerentes no utilitarismo de Bentham, ***J. S. Mill*** o modificou na direção de uma interpretação mais *qualitativa*. A partir da teoria ética socialmente orientada de Mill, surgiu a ética instrumental ou pragmática de ***Dewey***. Também derivou de Mill uma teoria ética que identifica o bem com todos os *valores intrínsecos* antes que com os alvos hedonistas comuns de buscar o prazer e evitar a dor. Como *utilitarismo ideal*, em ***G. E. Moore***, e.g., o utilitarismo ficou ligado ao *intuicionismo ético*. Entendido no seu sentido mais geral, o utilitarismo é a doutrina ética de que um ato ou classe de atos *devem* ser julgados pela *bondade* de suas *conseqüências*.

O ***utilitarismo de atos*** pergunta especificamente: "Que efeito a *minha* prática *deste* ato *nesta* situação exercerá sobre as suas conseqüências?" O ***utilitarismo de regras*** pergunta: "Quais seriam as conseqüências se *todos* praticassem *este* ano *nesta* situação?" Assim, o utilitarismo de atos sustenta que se deve praticar aquele *ato* específico que irá produzir o máximo de bem intrínseco, e o utilitarismo de regras sustenta que se deve agir de acordo com a *regra* cuja aceitação irá produzir o máximo de bem intrínseco. O utilitarismo de regras difere tanto do utilitarismo de atos, por um lado, quanto da ética deontológica, por outro lado (v. tabela 21).

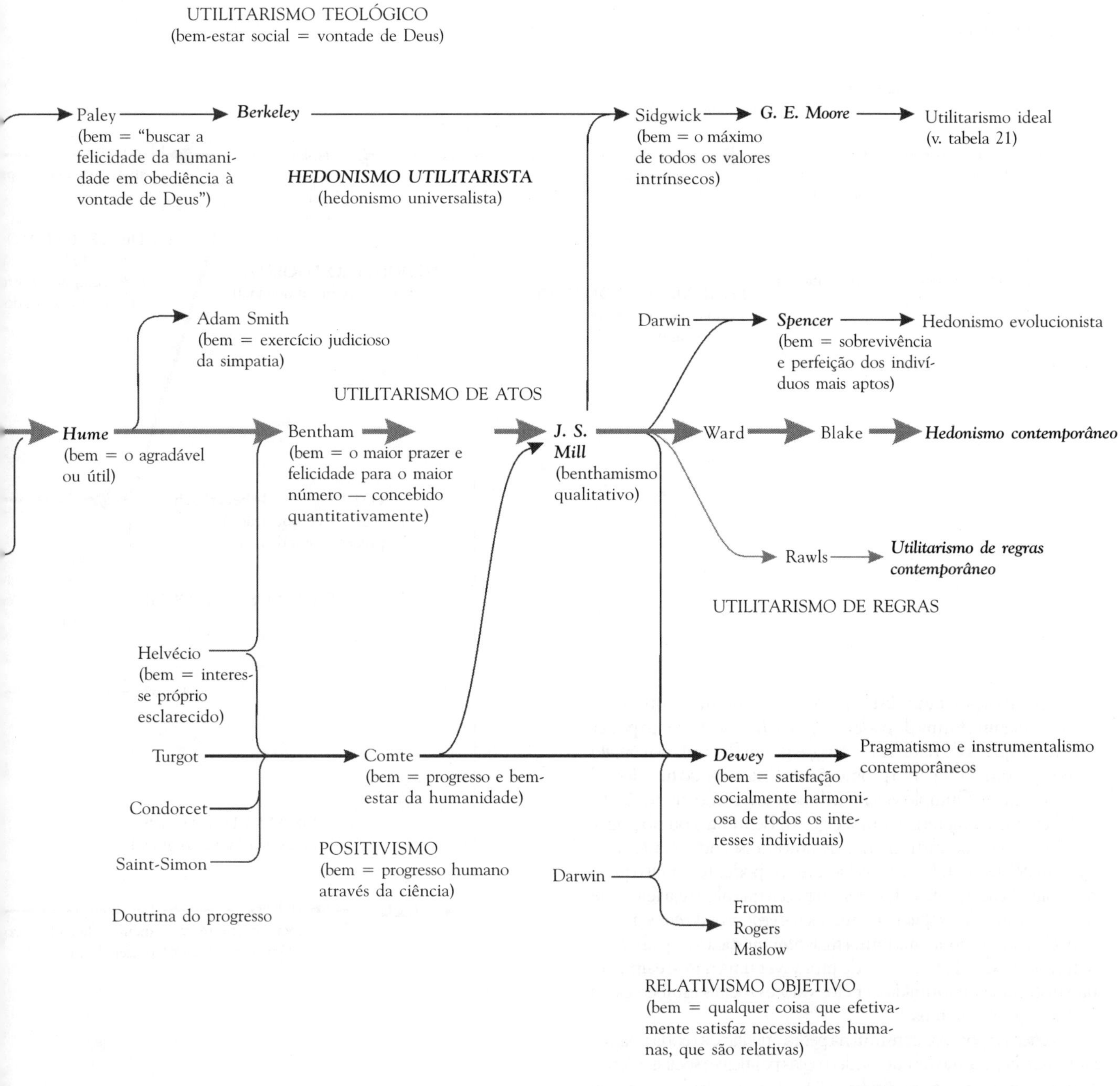

UTILITARISMO TEOLÓGICO
(bem-estar social = vontade de Deus)
Paley
(bem = "buscar a felicidade da humanidade em obediência à vontade de Deus")
Berkeley
HEDONISMO UTILITARISTA
(hedonismo universalista)
Sidgwick
(bem = o máximo de todos os valores intrínsecos)
G. E. Moore
Utilitarismo ideal
(v. tabela 21)
Adam Smith
(bem = exercício judicioso da simpatia)
UTILITARISMO DE ATOS
Darwin
Spencer
(bem = sobrevivência e perfeição dos indivíduos mais aptos)
Hedonismo evolucionista
Hume
(bem = o agradável ou útil)
Bentham
(bem = o maior prazer e felicidade para o maior número — concebido quantitativamente)
J. S. Mill
(benthamismo qualitativo)
Ward
Blake
Hedonismo contemporâneo
Rawls
Utilitarismo de regras contemporâneo
UTILITARISMO DE REGRAS
Helvécio
(bem = interesse próprio esclarecido)
Turgot
Condorcet
Saint-Simon
Doutrina do progresso
Comte
(bem = progresso e bem-estar da humanidade)
POSITIVISMO
(bem = progresso humano através da ciência)
Dewey
(bem = satisfação socialmente harmoniosa de todos os interesses individuais)
Pragmatismo e instrumentalismo contemporâneos
Darwin
Fromm
Rogers
Maslow
RELATIVISMO OBJETIVO
(bem = qualquer coisa que efetivamente satisfaz necessidades humanas, que são relativas)

TABELA 18
NATURALISMO: ÉTICA DO PODER
(Bem = poder)

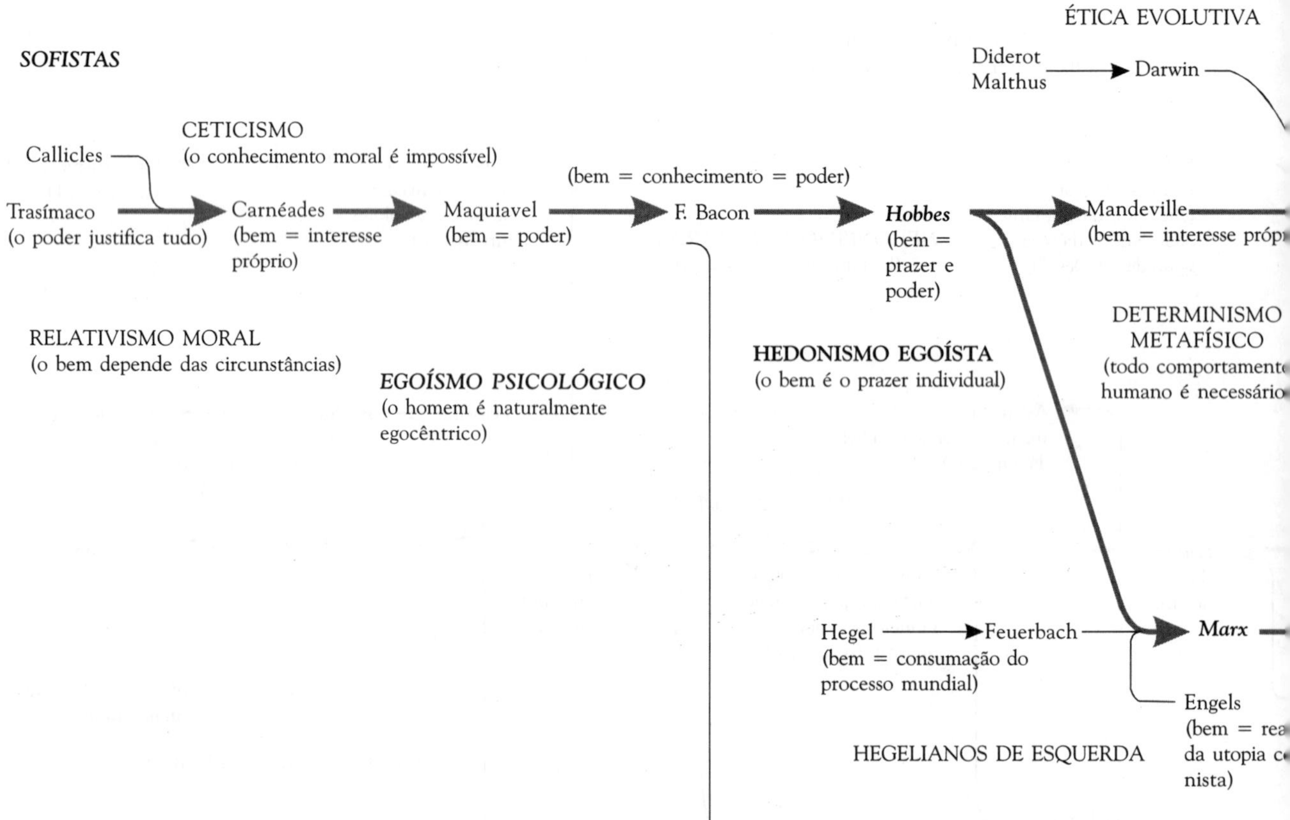

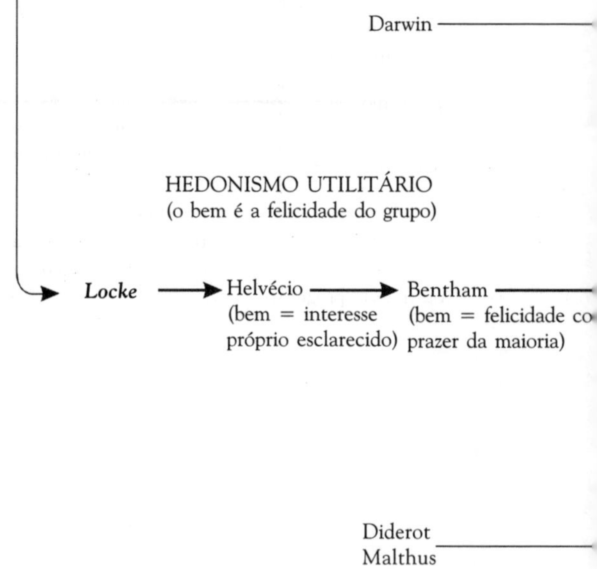

Uma tradição ***naturalista*** da filosofia ocidental centraliza o *valor* em alguma forma de ***poder*** — no *conhecimento* como poder para a conquista da natureza (como, e.g., em Bacon), no *conflito* como oportunidade para a promoção do "interesse do mais forte" (como, e.g., em Gumplowicz), na *democracia* como instrumento da felicidade da maioria (como, e.g., em Bentham) ou no poder *em si mesmo* como instrumento de autotranscendência (como, e.g., em ***Nietzsche***). Para essas filosofias, o poder tem mais que o mero significado prático de conseguir com que algo seja feito. Ele se torna o alvo dos *impulsos naturalmente egoísticos do homem*. Porém, ele pode assumir uma forma mais ***humanística***, na qual o bem se torna o poder do indivíduo de promover uma auto-realização não distorcida ou intimidada pelos valores sociais estabelecidos (como, e.g., em Marcuse).

A ***ética do poder*** se constitui na pedra angular da teoria política *totalitária*, bem como de outras ideologias políticas e sociais. Como afirmou um moralista naturalista: "A ética é o estudo do que as pessoas querem e de como obtê-lo". O propósito do poder é como obter o que indivíduos, estados ou sociedades querem. Assim, o poder de uma forma ou de outra se torna o *valor instrumental básico* — o meio para se alcançar um fim. Quando os fins não são claramente identificados ou estabelecidos como algo que vai além dos interesses individuais ou sociais, o poder tende a tornar-se um fim ou bem em si mesmo, com um *valor intrínseco*.

Devido ao seu papel essencial como elos na corrente dessa teoria, foram incluídos certos filósofos, como ***Locke*** e ***Mill***, cuja ética *não* é uma ética do poder. Além disso, as expressões *democráticas* da busca do poder e da auto-expressão devem ser claramente distinguidas das teorias totalitárias do poder.

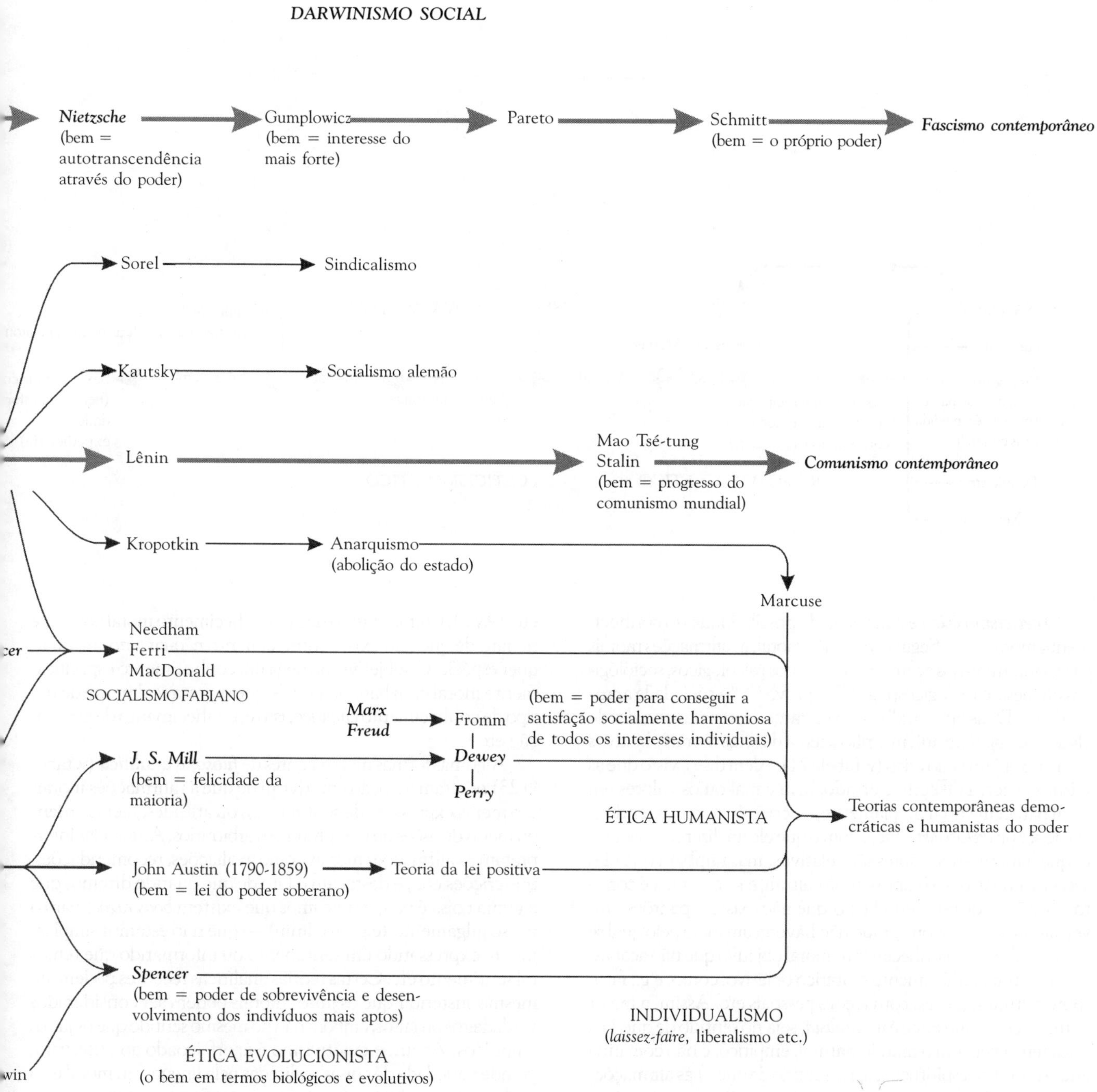
DARWINISMO SOCIAL
Nietzsche (bem = autotranscendência através do poder)
Gumplowicz (bem = interesse do mais forte)
Pareto
Schmitt (bem = o próprio poder)
Fascismo contemporâneo
Sorel
Sindicalismo
Kautsky
Socialismo alemão
Lênin
Mao Tsé-tung
Stalin (bem = progresso do comunismo mundial)
Comunismo contemporâneo
Kropotkin
Anarquismo (abolição do estado)
Marcuse
cer
Needham
Ferri
MacDonald
SOCIALISMO FABIANO
Marx
Freud
Fromm
(bem = poder para conseguir a satisfação socialmente harmoniosa de todos os interesses individuais)
J. S. Mill (bem = felicidade da maioria)
Dewey
Perry
ÉTICA HUMANISTA
Teorias contemporâneas demo- cráticas e humanistas do poder
John Austin (1790-1859) (bem = lei do poder soberano)
Teoria da lei positiva
Spencer (bem = poder de sobrevivência e desen- volvimento dos indivíduos mais aptos)
INDIVIDUALISMO
(laissez-faire, liberalismo etc.)
ÉTICA EVOLUCIONISTA
(o bem em termos biológicos e evolutivos)
win

TABELA 19
NATURALISMO: CETICISMO, SUBJETIVISMO E RELATIVISMO ÉTICOS
(Negação do conhecimento moral como verdade moral objetiva)

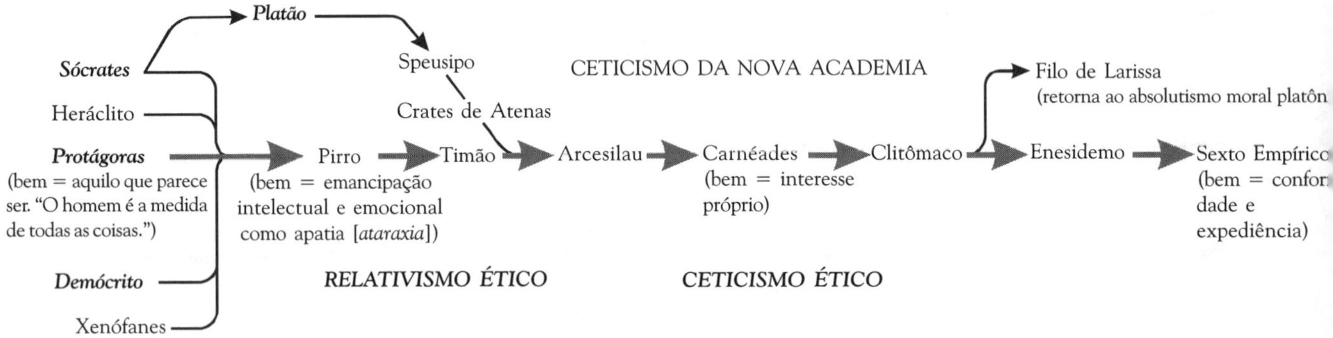

O ***ceticismo ético*** é a negação da possibilidade do conhecimento moral em si. Segundo o cético moral, as afirmações morais *podem* informar-nos acerca de certos fatos psicológicos, sociológicos ou mesmo teológicos; e.g., "Eu aprovo *x*", "A sociedade aprova *x*" ou "Deus aprova *x*" — isto é, fatos acerca das *atitudes* de alguém (***subjetivismo***), mas não acerca de fatos morais objetivos como no objetivismo ético (v. tabela 21). Além disso, visto que as atitudes acerca de certo e errado, bem e mal ou os valores em geral parecem variar amplamente, o cético ético tem a tendência de ser um ***relativista ético***, com o que ele irá dizer não somente que a moral e os valores *são* relativos, mas também que eles *devem* ser relativos. Assim, se uma cultura, e.g., crê que *x* é correto, ela não pode estar errada, porque não existem padrões universais ou absolutos ou porque não haveria um meio pelo qual se pudesse obter um conhecimento moral objetivo que não acabasse sendo um conhecimento empírico objetivo, como, e.g., fatos sobre atitudes, mores, convicções pessoais etc. Assim, a maior parte do ceticismo ético é *naturalista*, seja no sentido de que 1) a ética tem a ver com o mundo natural, empírico, e não com uma esfera moral ou espiritual, seja no sentido de que 2) as afirmações éticas se traduzem em afirmações sobre aquilo que *é*, isto é, as coisas empíricas (v. a análise da falácia naturalista).

A primeira forma do ***naturalismo*** é *metafísica* porque é uma teoria sobre a natureza da realidade, e.g., de que existe uma ordem moral (teoria da lei natural). A segunda forma do naturalismo é *meta-ética* porque é uma teoria sobre a natureza das afirmações morais, e.g., de que elas são de fato afirmações sobre o que as pessoas aprovam (***Hume***).

O **emotivismo** é uma declaração ainda mais enfática de ceticismo. Segundo o emotivismo, as afirmações morais não são afirmações de modo algum, mas *expressões* de aprovação, desaprovação etc. (***Ayer***). O emotivismo nega o conhecimento moral com base no fato de que não existe conhecimento *não-empírico* de qualquer espécie. O subjetivismo nega um conhecimento especificamente moral com base no fato de que se trata realmente de um tipo de conhecimento *empírico*, isto é, conhecimento de aprovação etc.

Algumas formas mais recentes de ***filosofia analítica*** (v. tabela 23) rejeitam a noção emotivista de que as afirmações morais são meras expressões de sentimentos ou atitudes, meras ordens ou meras decisões ou compromissos arbitrários. Antes, elas interpretam as afirmações morais como avaliações, recomendações, prescrições etc., e destacam o fato de que quando dizemos que alguma coisa é boa, implicamos que existem *boas razões* para o nosso julgamento (e.g., Toulmin) — que não estamos simplesmente expressando um sentimento ou informando que temos tal sentimento etc. Certas teorias analíticas recentes podem até mesmo sustentar que os juízos morais podem ser considerados verdadeiros ou falsos, embora não no mesmo sentido que os juízos empíricos. Assim, o emotivismo é aperfeiçoado ao observar a grande variedade de coisas realizadas pela linguagem moral e ao aceitar que o raciocínio e as informações factuais são relevantes para o juízo moral.

A crença emotivista de que a ética tem a ver essencialmente com o comportamento e com a análise da linguagem moral (meta-ética), e não com o conhecimento metafísico, é mantida, porém modificada no sentido de aceitar o fato de que qualquer uso ordinário da linguagem moral envolve mais do que dar vazão a sentimentos.

A negação ***existencialista*** do conhecimento moral objetivo, como, e.g., em ***Sartre***, é outra importante modalidade de ceticismo ético contemporâneo. Todavia, a negação do conhecimento

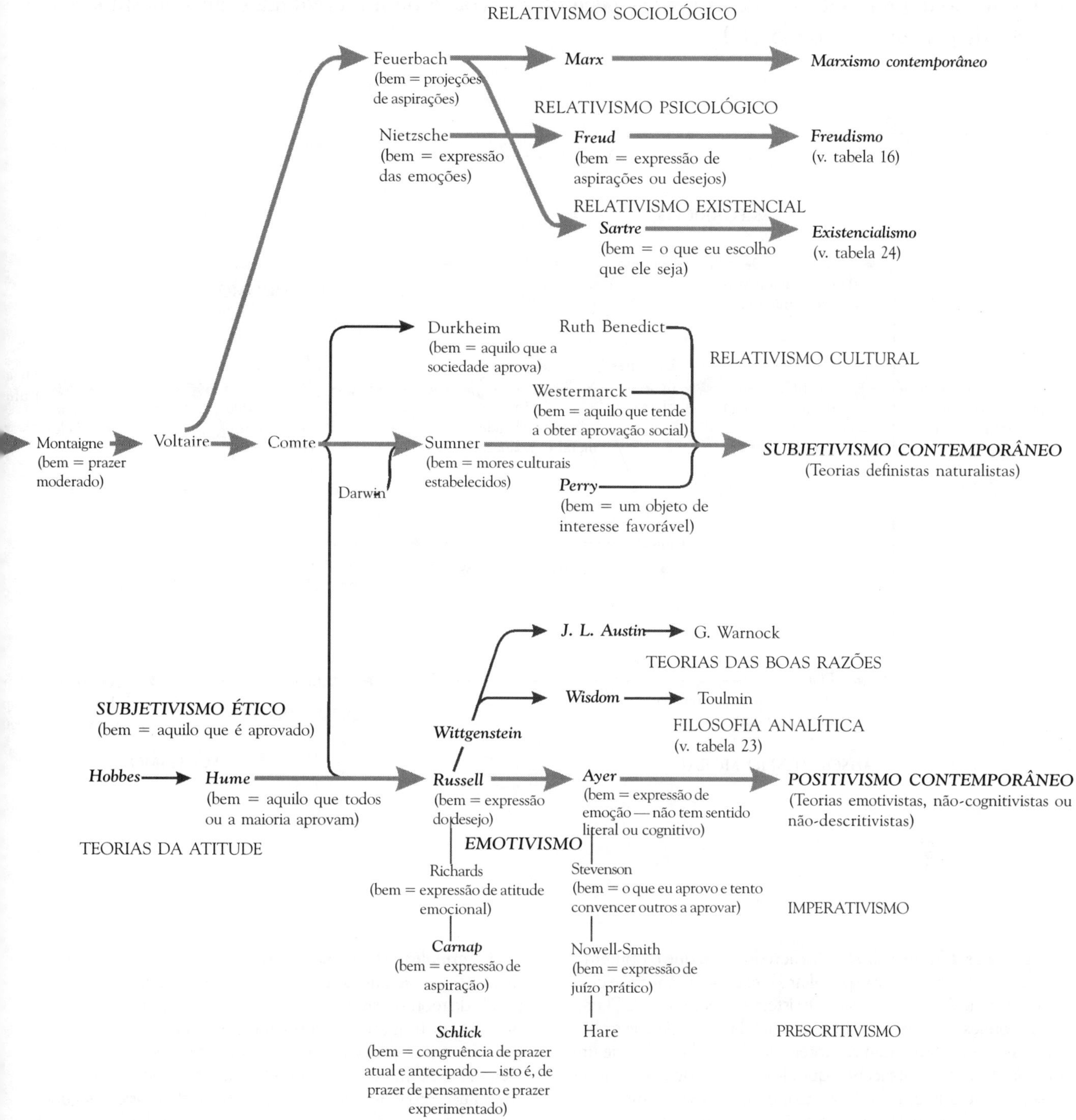

moral por parte do existencialista não se baseia em razões lógicas ou meta-éticas, mas em certas razões metafísicas que tem a ver com a situação humana e com a natureza da realidade como tal. Como ***Aristóteles***, o existencialista rejeita os absolutos morais universais de ***Platão*** em favor de absolutos morais pessoais. Ao contrário de Aristóteles, todavia, ele nega que os absolutos morais são relativos ao indivíduo como parte da sua *essência*. Antes, os absolutos morais pessoais devem ser livremente escolhidos e a essência humana deve ser estabelecida por essas escolhas (v. "A existência precede a essência", de Sartre e tabela 24).

TABELA 20
RACIONALISMO ÉTICO
(O bem é uma propriedade independente e peculiar das coisas ou uma realidade em si mesmo, sendo conhecido por um "senso moral")

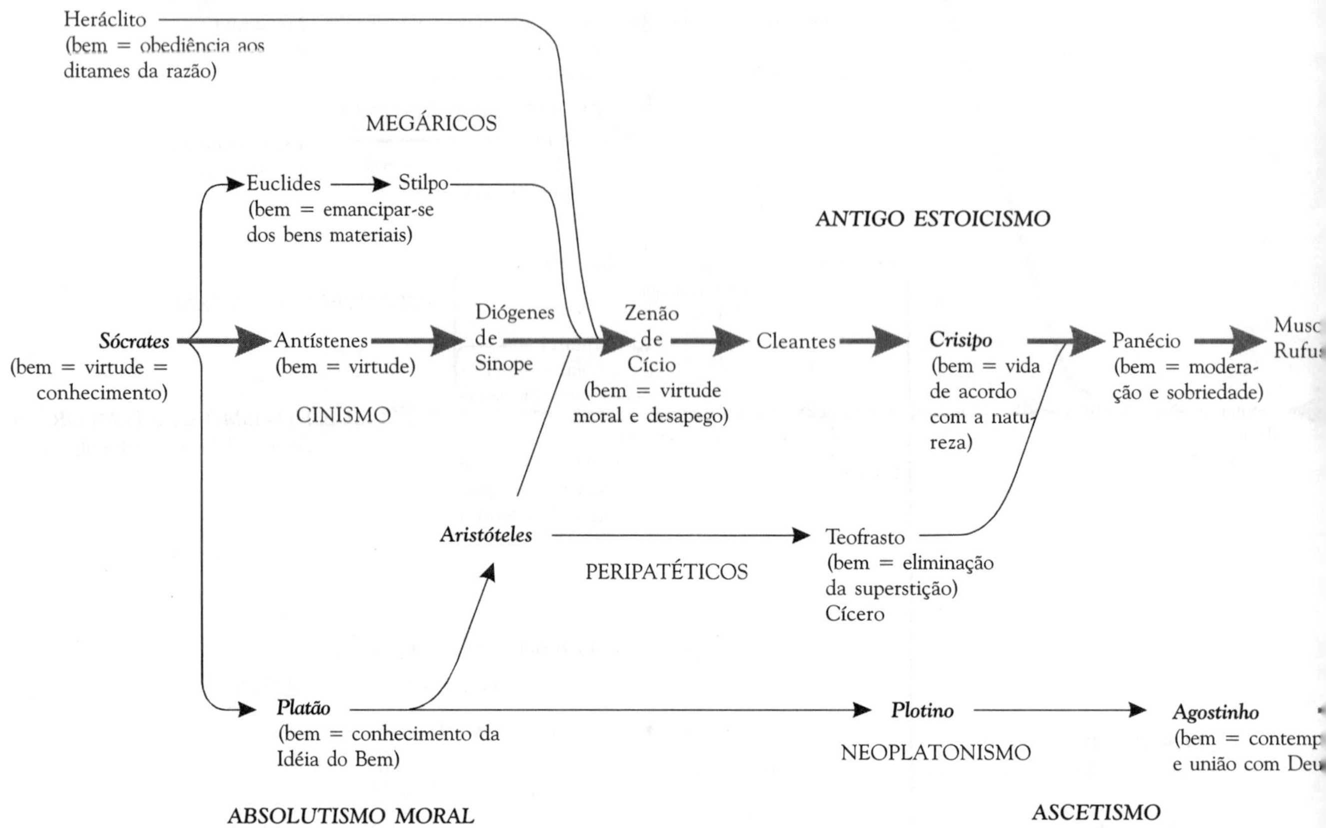

Sócrates, Platão e ***Aristóteles*** acreditavam que o homem é um ser *racional* cuja função peculiar é o exercício da *razão* e cujo alvo supremo é a vida da razão. Os sistemas metafísicos de Platão e Aristóteles atestam o caráter racional da *realidade* que os homens racionais procuram compreender. Heráclito falou de um princípio cósmico subjacente, que ele caracterizou como o *logos* (razão). Sob a liderança de Zenão, o antigo ***estoicismo*** apropriou-se da idéia do *logos* para desenvolver uma *cosmologia* e uma *teleologia racionais*. O universo é uma vasta ordem intencional na qual todos os homens partilham de uma razão comum. Iniciando com Panécio e sob os estóicos romanos, o estoicismo desenvolveu uma ética de *humanitarismo* e *autocontrole* que rivalizou com a ética dos antigos mestres cristãos. Eram elementos centrais na ética estóica: 1) a vida da razão ensinada por Sócrates, Platão e Aristóteles, 2) o princípio do desapego das coisas sobre as quais não se pode ter controle e 3) a obediência ao senso do dever. Ao contrário dos epicureus (*hedonistas*), os estóicos desenvolveram uma atitude de indiferença ou completa antipatia ao prazer (v. tabela 8).

O ***formalismo kantiano*** constitui uma variedade nitidamente diferente de ***racionalismo ético*** — uma variedade que não depende da teoria cosmológica. Para Kant, a própria natureza racional do ser humano é o fundamento de uma *obrigação moral* que é *incondicional*. Somente uma vontade racional é *intrinsecamente boa*. Somente uma vontade boa é *incondicionalmente boa*. Kant falou da obrigação moral como um ***imperativo categórico***. Assim, há uma ênfase nos *motivos* (ética deontológica) e em um *método* racional que une todos os homens racionais.

A filosofia de Kant serviu de base para muitas filosofias subseqüentes. Em particular, a sua ênfase no papel da razão e na importância da mente levou ao desenvolvimento de diversas formas de ***idealismo***. Os idealistas éticos, como, e.g., Bradley, ensinaram uma ética de ***auto-realização*** que se aproximou da ética do *idealismo platônico* e *cristão*. Uma variedade, o ***idealismo pessoal*** ou ***personalismo***, associou a *ética idealista* moderna à *ética* especificamente *religiosa* e à *ética da auto-realização*.

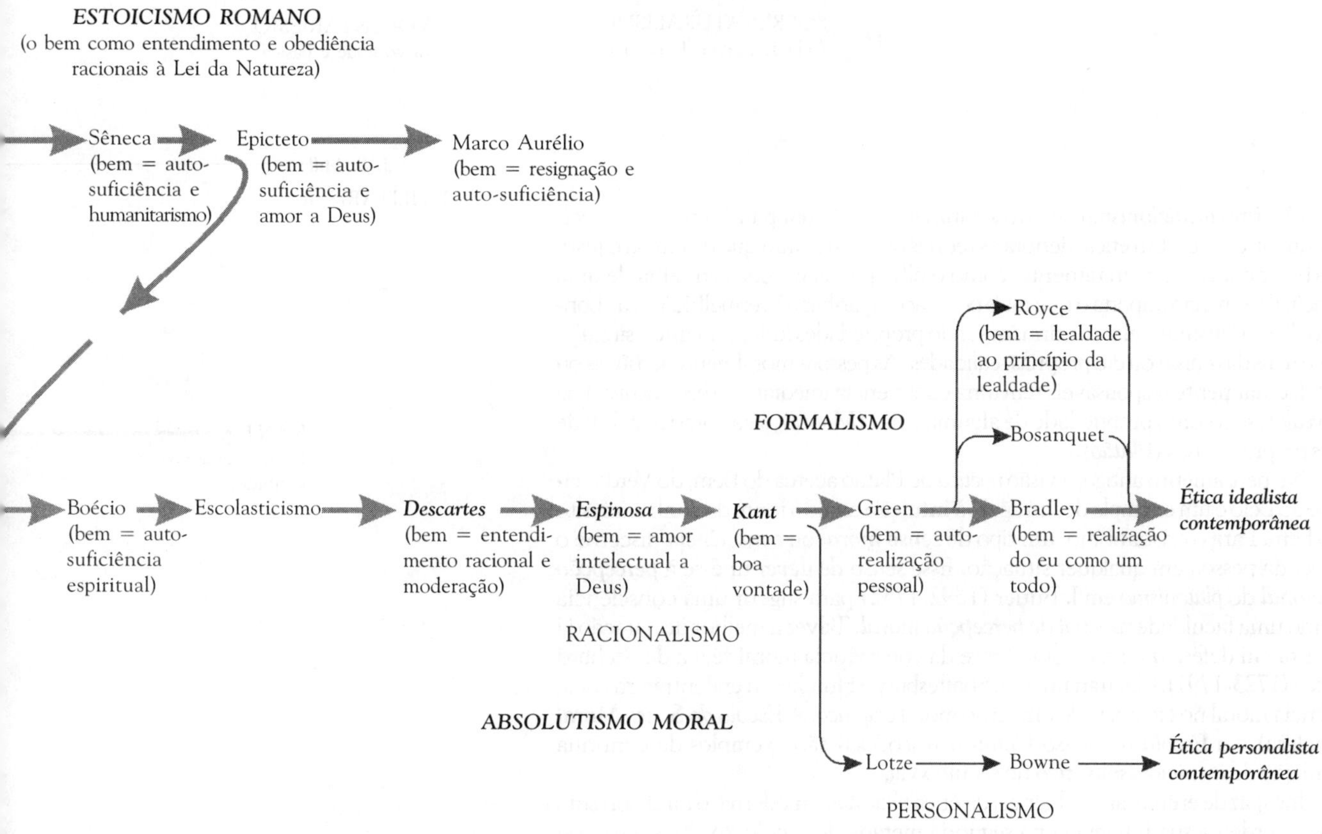
ESTOICISMO ROMANO
(o bem como entendimento e obediência racionais à Lei da Natureza)
Sêneca (bem = auto-suficiência e humanitarismo)
Epicteto (bem = auto-suficiência e amor a Deus)
Marco Aurélio (bem = resignação e auto-suficiência)
Royce (bem = lealdade ao princípio da lealdade)
FORMALISMO
Bosanquet
Boécio (bem = auto-suficiência espiritual)
Escolasticismo
Descartes (bem = entendimento racional e moderação)
Espinosa (bem = amor intelectual a Deus)
Kant (bem = boa vontade)
Green (bem = auto-realização pessoal)
Bradley (bem = realização do eu como um todo)
Ética idealista contemporânea
RACIONALISMO
ABSOLUTISMO MORAL
Lotze
Bowne
Ética personalista contemporânea
PERSONALISMO

TABELA 21
INTUICIONISMO ÉTICO: OBJETIVISMO
(Seres humanos normais têm uma consciência imediata do direito ou bem moral)

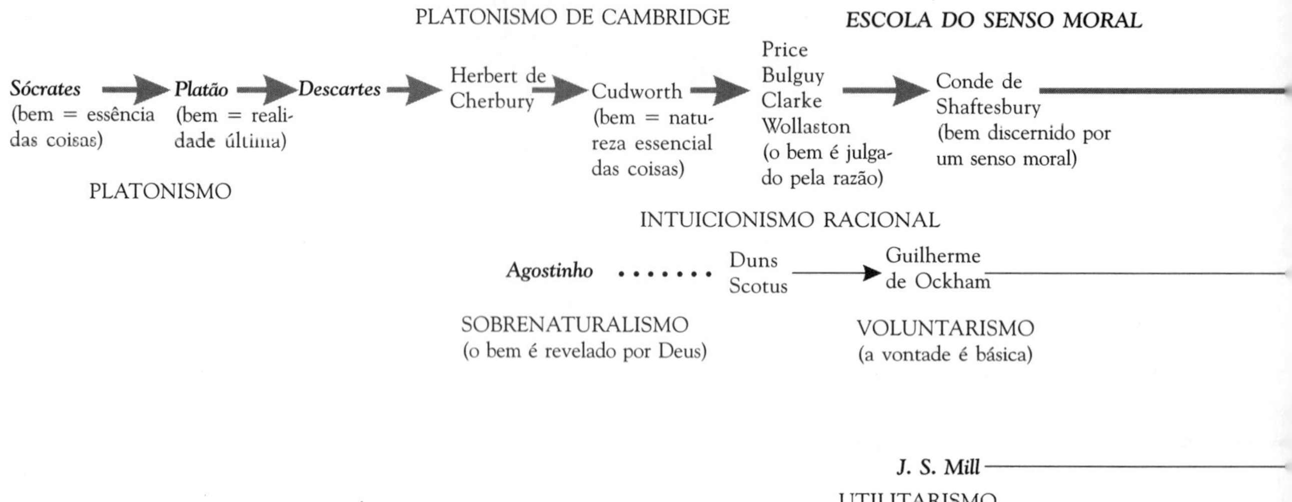

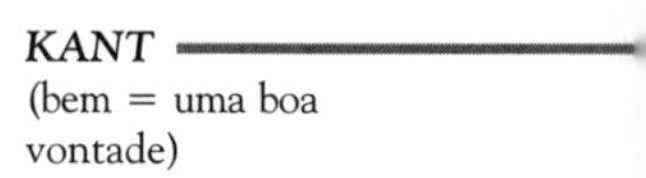

O termo ***intuicionismo*** deriva do latim *intueor*, "olhar para" ou "ter conhecimento direto de". Em ética, denota as teorias que sustentam que o bem ou o justo pode ser conhecido diretamente, como o olho percebe a cor vermelha de uma maçã. Porém, não importa o que mais possa acompanhar a "vermelhidão", a "bondade" ou a "justeza", elas continuam sendo propriedades independentes, singulares e reais das coisas ou das próprias realidades. As pessoas moralmente sensíveis ou intelectualmente responsáveis têm uma consciência imediata do *bem*, do *justo* ou do *valor*, seja como propriedade de alguma coisa (***Moore***), seja como a realidade das próprias coisas (***Platão***).

No pensamento antigo, a visão *noética* de Platão acerca do Bem, do Verdadeiro e do Belo é um exemplo de um apelo à **intuição** como a fonte do conhecimento do bem. Para o cristianismo, um tipo de ***senso moral*** ou ***consciência*** discerne o *dever* da pessoa em qualquer situação. Esse ***senso de dever*** une-se à ***percepção racional*** do *platonismo* em J. Butler (1692-1752) para sugerir uma consciência como uma faculdade *racional* de ***percepção moral***. Talvez a melhor declaração já escrita em defesa da razão como fonte da consciência moral seja a de Richard Price (1723-1791). Contrariamente, Shaftesbury e Hutcheson encontraram consciência moral no exercício de um senso moral *empírico*. ***A Escola do Senso Moral*** (inglesa) e a ***Escola do Senso Comum*** (escocesa) são exemplos da contínua tradição de ***intuicionismo ético*** no século XVIII.

Incapaz de enfrentar a influência da ética *naturalista* moderna, o intuicionismo ético perdeu a sua influência na segunda metade do século XIX, mas retornou como uma forma importante de teoria ética contemporânea. Quatro importantes desdobramentos reviveram o intuicionismo ético:

1) A doutrina de ***G. E. Moore*** sobre o bem indefinível e a sua aproximação do utilitarismo, o que resultou no ***utilitarismo ideal*** e em uma doutrina de ***intuicionismo axiológico***.

2) O reavivamento, por H. A. Prichard, da ênfase deontológica de ***Kant*** quanto à preocupação com o *dever* e a sua combinação da mesma com elementos do utilitarismo ideal para desenvolver um ***intuicionismo deontológico***.

3) A influente escola da *fenomenologia* alemã de Hartmann e Scheler, como outra forma de intuicionismo axiológico.

4) A última grande obra de Bergson, *As duas fontes da moral e da religião*, que despertou um renovado interesse pelo papel do ***misticismo*** e pelo ***comportamento criativo***.

Todas as formas de intuicionismo favorecem o ***objetivismo axiológico***, no sentido de que os *valores são intuídos*, isto é, eles são achados ou descobertos como qualidades ou naturezas independentemente reais das coisas. Hoje o termo "intuicionismo" é usado de modo intercambiável com ***não-naturalismo*** e ***objetivismo***, visto que todos os três entendem que os juízos morais são afirmações de um fato moral.

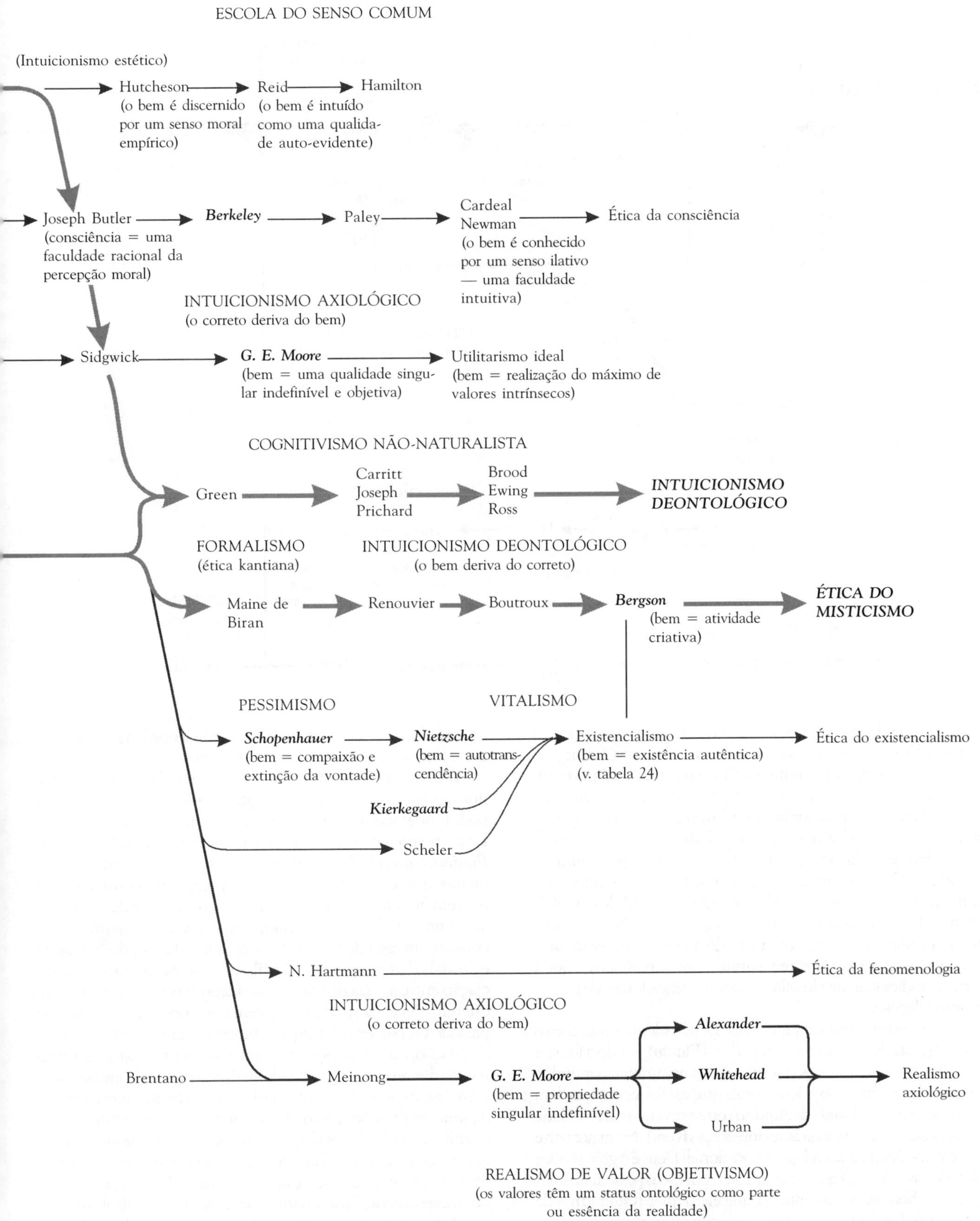

ESCOLA DO SENSO COMUM
(Intuicionismo estético)
Hutcheson
(o bem é discernido por um senso moral empírico)
Reid
(o bem é intuído como uma qualidade auto-evidente)
Hamilton
Joseph Butler
(consciência = uma faculdade racional da percepção moral)
Berkeley
Paley
Cardeal Newman
(o bem é conhecido por um senso ilativo — uma faculdade intuitiva)
Ética da consciência
INTUICIONISMO AXIOLÓGICO
(o correto deriva do bem)
Sidgwick
G. E. Moore
(bem = uma qualidade singular indefinível e objetiva)
Utilitarismo ideal
(bem = realização do máximo de valores intrínsecos)
COGNITIVISMO NÃO-NATURALISTA
Green
Carritt
Joseph
Prichard
Brood
Ewing
Ross
INTUICIONISMO DEONTOLÓGICO
FORMALISMO
(ética kantiana)
INTUICIONISMO DEONTOLÓGICO
(o bem deriva do correto)
Maine de Biran
Renouvier
Boutroux
Bergson
(bem = atividade criativa)
ÉTICA DO MISTICISMO
PESSIMISMO
VITALISMO
Schopenhauer
(bem = compaixão e extinção da vontade)
Nietzsche
(bem = autotranscendência)
Existencialismo
(bem = existência autêntica)
(v. tabela 24)
Ética do existencialismo
Kierkegaard
Scheler
N. Hartmann
Ética da fenomenologia
INTUICIONISMO AXIOLÓGICO
(o correto deriva do bem)
Brentano
Meinong
G. E. Moore
(bem = propriedade singular indefinível)
Alexander
Whitehead
Urban
Realismo axiológico
REALISMO DE VALOR (OBJETIVISMO)
(os valores têm um status ontológico como parte ou essência da realidade)

TABELA 22
ÉTICA RELIGIOSA
(O bem é o amor a Deus e ao próximo em obediência à vontade de Deus. Deus é a fonte dos valores)

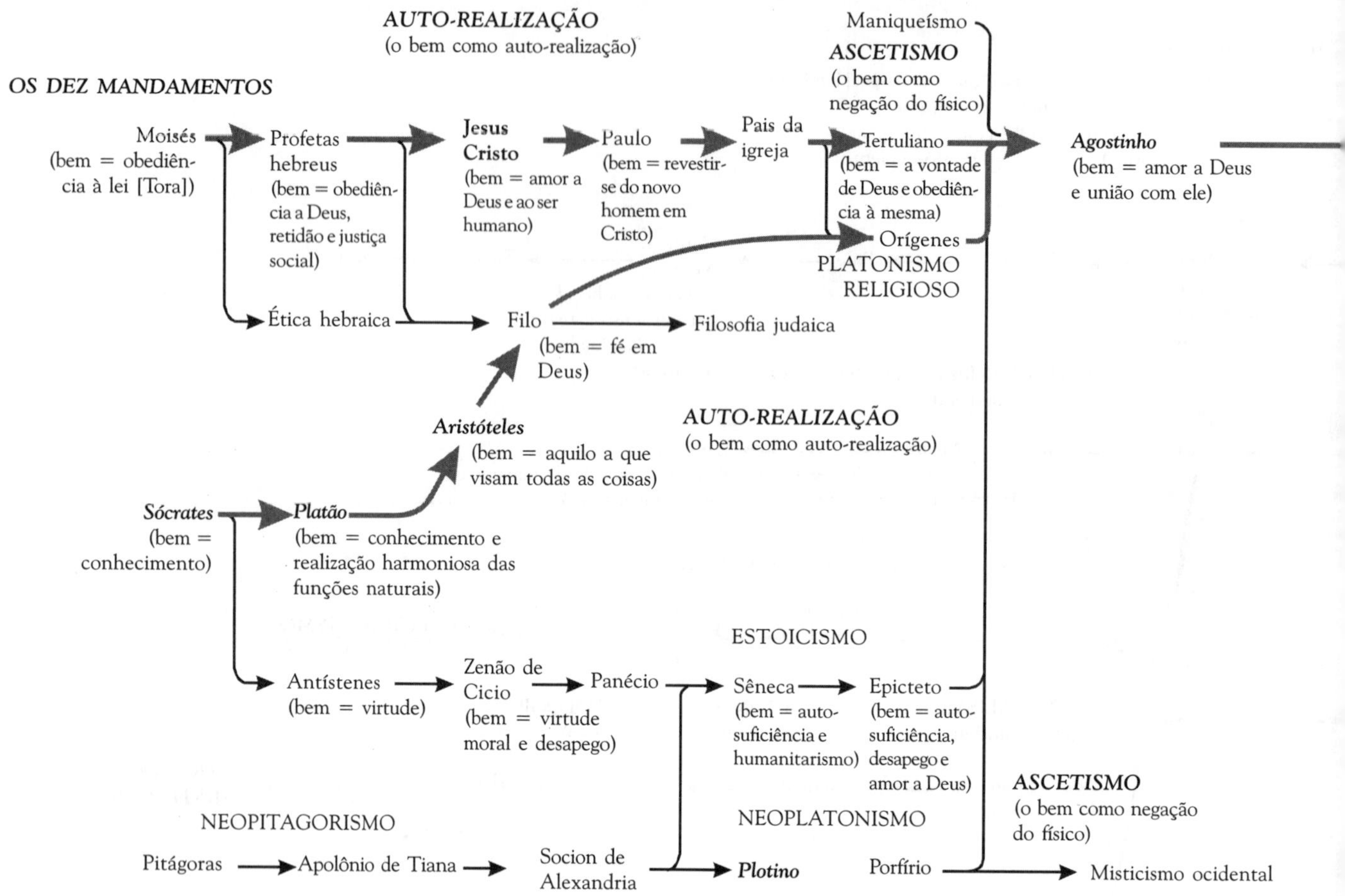

A ética religiosa tradicional está fundamentada na crença em um Deus e em um universo moral. Algumas formas de existencialismo religioso contemporâneo rejeitam o teísmo tradicional. A maior parte delas rejeita qualquer forma de ***sobrenaturalismo*** ou ***autoritarismo***. Em vez disso, são propostos fundamentos não-teístas para a ética (**Tillich**) ou a teologia radical poderá identificar o religioso com o secular por causa da "morte de Deus", de modo que a ética se torna essencialmente humanista e universalista, além de existencial. O desenvolvimento da ética existencialista, ou Nova Moralidade, como é freqüentemente chamada, é mostrado na tabela 24, visto estar ligada mais de perto ao existencialismo contemporâneo do que a formas tradicionais de filosofia ou a formas tradicionais de pensamento religioso.

Para a ética religiosa tradicional, *Deus* é identificado com o *Bem* (**Agostinho**) ou limitado pelo *Bem* (**Platão**), sendo a fonte e o sustentador de todos os valores. Como um universo moral, o mundo é governado por leis morais que estabelecem a ordem física das coisas (***Tomás de Aquino***) ou se revelam na realidade incognoscível de personalidades interiores (***Kant***). Na maior parte das expressões da ética religiosa tradicional, Deus é o governador de todas as coisas. O que ele quer como um Deus pessoal (*teísmo*) pode ser bom simplesmente porque ele o quer (Guilherme de Ockham). Por outro lado, o bem pode não ser *qualquer* pronunciamento possível de Deus, mas especificamente "a felicidade da humanidade" (Paley). Em todos os casos, a obediência a Deus é essencial para a ética religiosa tradicional.

Embora grande parte da ética religiosa tradicional seja teísta, uma corrente mística (que se originou basicamente em Plotino) pode fundamentar todos os valores em um conceito *panteísta* de Deus, no qual o alvo da vida é a união com Deus. No caso de ***Plotino***, o mundo é uma *emanação* de Deus e, portanto, *inferior* ou *menor* que a própria Bondade Suprema. Em contraste com isso, em filosofias fortemente *dualistas*, o mundo pode ser associado a um estado mau ou "caído" (*maniqueísmo*); assim, o bem consiste em fugir de um modo ou de outro do mundo "da carne e do diabo" (*ascetismo*). Nessas filosofias, surge uma íntima associação entre a idéia de *salvação* e a idéia do bem. Por outro lado, quando Deus é visto como alguém que criou o seu mundo no passado ou está envolvido presentemente em um contínuo ato de criação, ou ambos, a participação ou cooperação no cumprimento dos seus objetivos criadores é interpretada como sendo o bem. Isso é particularmente verdadeiro quanto às teorias éticas de ***auto-realização***, nas quais a realização do eu potencial é o objetivo da vida (**Jesus Cristo**). Em toda ética religiosa tradicional, todavia, a autoridade de Deus prevalece como a sanção última de toda a bondade (autoritarismo). Mas isso pode exigir um "revestimento" sobrenatural de Cristo (evangelicalismo).

A ética religiosa tradicional é essencialmente ***deontológica***, isto é, está baseada na centralidade do problema do dever, da

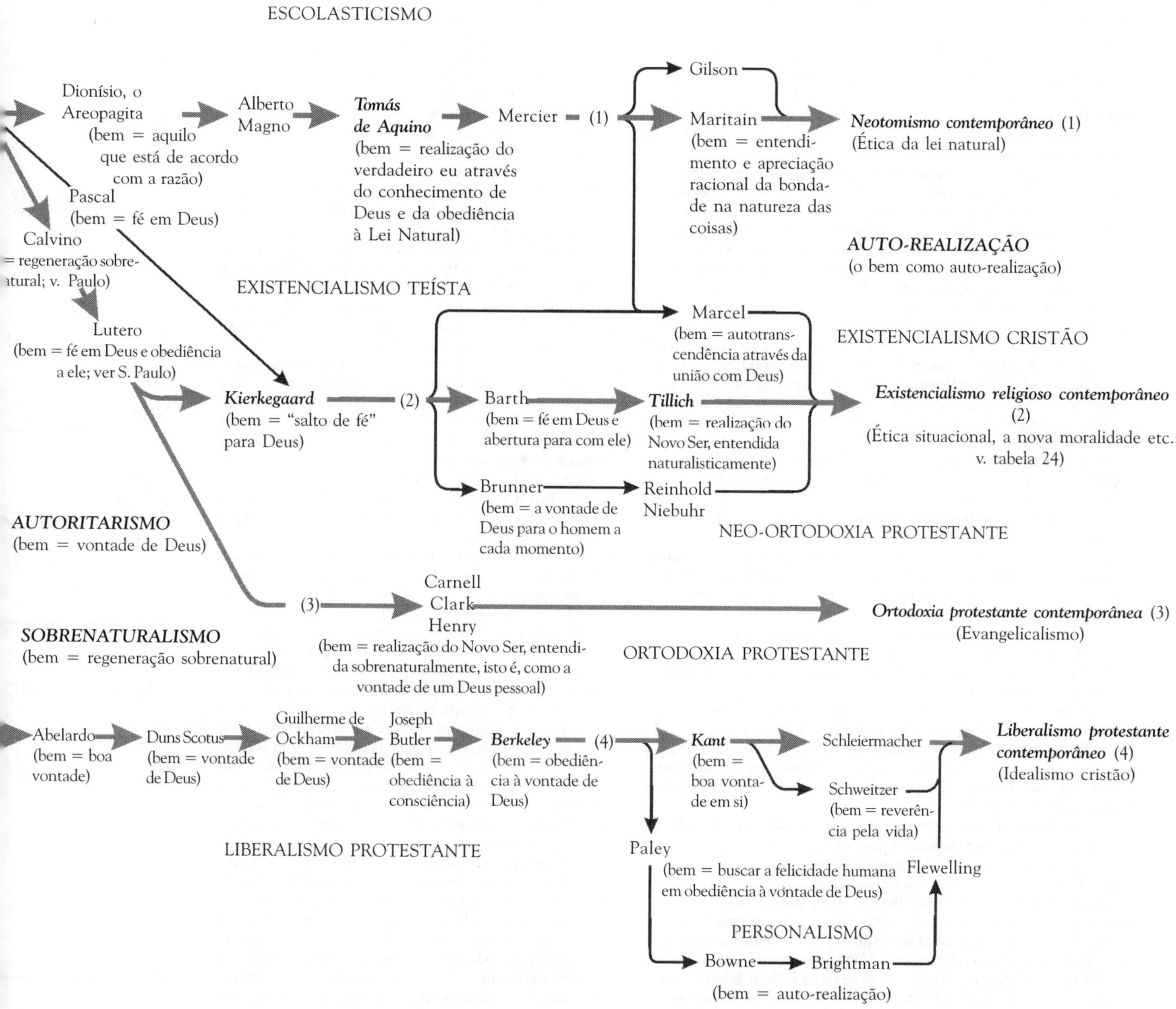

obrigação ou do direito entendido como ato. Como às vezes se coloca: "Aja de tal maneira que você esteja no centro da vontade de Deus". As questões básicas são: "O que devo fazer?" ou "O que é certo?" em obediência à vontade de Deus ou às exigências da razão moral. "Qual é o meu dever para comigo mesmo, para com as pessoas ou para com Deus?" Uma resposta muito apreciada é a *Regra de Ouro*. Embora Jesus não tenha elaborado nenhuma teoria ética como tal, as suas idéias são essenciais para a ética religiosa cristã. A declaração mais sistemática dos seus ensinos pode ser encontrada no *Sermão do Monte*, no *evangelho de Mateus*. A sua ética é *agapística*, isto é, baseada no amor a Deus e aos homens, embora possam ser encontrados elementos tanto *deontológicos* quanto *areteicos*, bem como elementos de autoritarismo e sobrenaturalismo.

Depois de Agostinho, cinco grandes correntes de teoria ética religiosa podem ser identificadas. Uma delas é a tradição de *misticismo* que deriva de Plotino (não mostrada na tabela). As outras quatro são:

1) O ***tomismo***, que dá continuidade à tradição da ética *aristotélica* e *escolástica*.

2) O ***existencialismo religioso***, que deriva principalmente de Kierkegaard, embora sejam visíveis outras influências.

3) A ***ortodoxia protestante*** e o ***evangelicalismo***, que dão ênfase ao autoritarismo e ao sobrenaturalismo bíblicos em linhas principalmente paulinas e calvinistas.

4) O ***liberalismo protestante***, que teve as suas origens não somente no pensamento religioso, mas também na filosofia moral de Kant, as diferentes formas recentes de ***idealismo*** e a crescente tradição de *humanismo* no pensamento ocidental.

Como é praticada hoje (principalmente em países de língua inglesa), a ***filosofia analítica*** tem as suas origens nas idéias de ***Russell*** e ***Moore***, ambos os quais rejeitaram a crença de Bradley de que a metafísica pode "compreender o universo... como um todo". Todavia, a influência predominante no curso recente da filosofia analítica é ***Wittgenstein***, que influenciou tanto Russell como Moore e foi, por sua vez, influenciado por eles.

O desenvolvimento da própria filosofia analítica de Wittgenstein reflete o desenvolvimento geral da filosofia analítica como um todo. Sua primeira grande obra, o *Tractatus Logico-Philosophicus* (1921), expressou idéias semelhantes às de Russell e deu ímpeto à idéia de que uma linguagem logicamente perfeita, livre das tendências enganosas da linguagem ordinária, poderia tornar-se o objetivo e o interesse da filosofia. "O mérito de Russell", escreve ele, "é ter mostrado que a aparente forma lógica de uma proposição não necessita ser a sua forma real."

O *Tractatus*, junto com o ***atomismo lógico*** de Russell, levou ao interesse em diferentes tentativas de reduzir a linguagem ordinária, isto é, a linguagem em uso, a categorias que distinguem com precisão a linguagem literalmente significativa daquela que não o é. Os ***positivistas lógicos*** assumiram a tarefa de estabelecer essa distinção invocando o critério de significado da verificabilidade-falsificabilidade. Eles definiram como literalmente significativas as afirmações necessariamente verdadeiras da lógica e da matemática (isto é, tautologias) e as afirmações empíricas que eram, em princípio, verificáveis ou falsificáveis.

O ***positivismo lógico*** — ou ***empirismo lógico***, com o qual ele está estreitamente relacionado — eventualmente evoluiu em uma forma de filosofia analítica que dá ênfase à lógica simbólica como a base de uma linguagem mais perfeita na qual se pode expressar ou raciocinar sobre verdades empíricas. O positivismo lógico e seus derivativos posteriores são uma importante forma de filosofia analítica que tem a maior parte de seus adeptos entre filósofos americanos natos e naturalizados, tais como, e.g., Quine e ***Carnap***. Para os nossos propósitos, ele será identificado como ***análise da linguagem ideal***. Suas principais idéias são as seguintes:

1) "Filosofia é a análise lógica dos conceitos e sentenças das ciências" (Carnap).

2) Para entender o pensamento, deve-se examinar a linguagem, visto que é na linguagem que o pensamento encontra a sua expressão, e somente uma linguagem universal e logicamente perfeita é a linguagem das ciências ou a linguagem de qualquer conhecimento.

3) A linguagem natural ou ordinária, isto é, a linguagem como é usada, "nos confunde tanto por seu vocabulário quanto por sua sintaxe" (Russell). Assim, ela deve ser reduzida a ou traduzida para uma linguagem artificial ou ideal que seja puramente formal.

4) A principal tarefa da filosofia é reformar a linguagem, fazendo as suas formas gramaticais e sintáticas corresponderem à sua efetiva função lógica.

5) Qualquer metafísica baseada na existência de entidades não-empíricas ou na crença em relações internas (como, e.g., o ***idealismo***) é rejeitada. As relações são externas. O mundo é uma pluralidade de entidades lógicas ou sensíveis externamente relacionadas.

6) As definições devem ser operacionais. "Nossa máxima fundamental é que as coisas que não podem ser medidas não têm significado" (Bridgman).

A segunda grande obra de Wittgenstein, as *Investigações Filosóficas* (1953), desenvolveu uma abordagem da análise que aponta mais para Moore do que para Russell, porque nela Wittgenstein rejeita explicitamente a idéia de que a linguagem ordinária ou a linguagem em uso contenha uma estrutura oculta de significado que pode ser identificada adequadamente como a sua verdadeira forma ou função lógica. Nas Investigações, Wittgenstein admoesta o seu leitor a considerar o que a linguagem faz, isto é, observar cada "jogo de linguagem" e v. como cada jogo de linguagem faz muitas coisas que são semelhantes ou tem o que ele denomina uma "semelhança de família", e todavia não oculta qualquer forma ou "essência" ideal. Ele substitui o modelo da "propriedade em comum" pelo modelo da "semelhança de família". O filósofo, ele argumenta, deve analisar o que ele vê *como isso é* desde várias perspectivas esclarecedoras, mas deixar as coisas *como elas são*, antes que tentar reduzi-las ou traduzi-las para uma linguagem universal ou logicamente perfeita. Wittgenstein rejeitou a sua posição original e qualquer forma de atomismo lógico (Russell) ou positivismo lógico (***Ayer***). Ele rejeitou qualquer tentativa de reformar a linguagem como algo tanto impossível quanto presunçoso. Assim, ao aceitar a linguagem essencialmente como ela é e ao buscar somente aclarar e esclarecer o que estava diante dele, ele procurou — como Moore — levar a linguagem do seu uso filosófico e freqüentemente problemático de volta ao seu uso natural e ordinário. Nós ficamos confusos com a linguagem, ele argumenta, quando deixamos de examiná-la como parte de uma atividade. Ficamos confusos quando fazemos perguntas como, e.g., "O que é o tempo?" sob a suposição errônea de que "tempo" é o nome de uma entidade. Em vez disso, ele nos exorta a observar a linguagem em uso, a v. o que ela está fazendo a fim de entender o que ela é. Nós podemos, e.g., como filósofos, ficar perplexos quanto ao que a palavra "tempo" indica, mas não ficamos perplexos quanto ao uso corriqueiro de expressões temporais.

Ao conceber a idéia de que a filosofia é uma forma de terapia conceptual que alivia as nossas "cólicas" metafísicas, Wittgenstein deu origem a duas grandes modalidades de filosofia analítica que são semelhantes em muitos aspectos, mas se concentram em torno de diferentes pessoas e diferentes técnicas analíticas. A maior parte da filosofia analítica inglesa procede do que pode ser caracterizado genericamente como a ***Escola de Cambridge*** ou a ***Escola de Oxford*** de análise.

Embora tanto a Escola de Cambridge como a de Oxford se apóiem firmemente nas idéias de Moore e Wittgenstein, elas são distintas na sua abordagem da análise e nos seus objetivos. Cada uma delas difere tanto de Moore quanto de Wittgenstein e cada um dos influentes filósofos que possa estar de algum modo associado a cada escola é, em muitos aspectos, um analista singular e resiste a uma classificação fácil. Além disso, a tendência de alguns opositores da filosofia analítica de falar de toda a filosofia analítica como "positivismo" é equivocada e ignora a importante diferença entre a ***análise da linguagem ideal*** e a ***análise da linguagem ordinária***, de um lado, bem como as acentuadas diferenças existentes entre os analistas de Cambridge e os de Oxford, por outro lado.

A Escola de Cambridge foi o centro inicial de análise wittgensteiniana e pós-wittgensteiniana. O próprio Wittgenstein lecionou em Cambridge, onde essa escola floresceu até pouco depois da II Guerra Mundial. Com a morte dele em 1951, o centro de atividade filosófica transferiu-se para Oxford, de onde se origina grande parte da filosofia analítica inglesa atual.

O principal filósofo da ***Escola de Cambridge*** é ***John Wisdom***, cujo enfoque singular da análise o distingue tanto de Wittgenstein quanto dos filósofos de Oxford. Para Wisdom, a tarefa da filosofia é a ***terapia conceptual*** ou ***análise terapêutica***. Os problemas filosóficos produzem um tipo de ansiedade ou perplexidade intelectual que precisa ser aliviada, como Wittgenstein havia ensinado anteriormente. Porém, ao contrário de Wittgenstein ou dos positivistas, Wisdom viu um valor especial nas noções metafísicas — mesmo as paradoxais. "As afirmações filosóficas são recomendações disfarçadas", ele escreveu, e embora o filósofo possa fazer recomendações "ultrajantes", elas são, todavia, propostas esclarecedoras acerca de como as coisas poderiam ser consideradas. O filósofo pode ter boas razões para dizer o que diz. Assim, o "absurdo" filosófico ou metafísico não é um *mero* absurdo ou um absurdo literal, como certos positivistas como Ayer haviam asseverado, mas um absurdo *importante* ou *significativo* que exerce uma função útil, se não necessária, na tentativa de entender o mundo. O objeto da análise filosófica (terapêutica) não é eliminar permanentemente enigmas filosóficos ou metafísicos através da análise lógica, e sim tornar possível que se vejam as coisas de uma nova maneira e que se vejam as coisas outra vez de um modo óbvio, mas não percebido. Os problemas filosóficos não são resolvidos, como os metafísicos tradicionais tentavam fazer, nem desfeitos, como os positivistas ou os analistas da linguagem ideal tentam fazer. Eles são transformados em fontes de novas percepções. A análise filosófica "nos deixa livres para começar", escreveu Wisdom. Do mesmo modo, ***John Austin***, da Escola de Oxford, observou que a análise não é o "fim de tudo", mas o "começo de tudo" na filosofia. Todavia, os analistas de Oxford, como, e.g., ***Ryle***, admitem mais prontamente que os problemas filosóficos têm soluções. A filosofia analítica de Oxford inclui um número relativamente grande de influentes filósofos contemporâneos cujo trabalho é caracterizado por uma preocupação com o uso ordinário da linguagem. Em particular, essa escola tem dado grandes contribuições a diversas áreas importantes da filosofia, como, e.g., à teoria ética nas obras de Hare e Toulmin, aos estudos lógicos e metafísicos de Strawson e à filosofia da linguagem e da mente de Ryle e Austin, bem como a muitas outras áreas.

Ao contrário dos positivistas lógicos e dos analistas da linguagem ideal de um modo geral, os analistas da linguagem ordinária são menos pessimistas acerca dos problemas e das possibilidades da metafísica. Eles não são antimetafísicos, como os positivistas lógicos, e em geral concordariam com Wisdom e com a Escola de Cambridge no sentido de que a antimetafísica positivista é ela mesma uma posição metafísica. Em vez disso, eles procuram, como fez o Wittgenstein posterior, seguir na análise um curso geralmente *não-metafísico*. Recentemente, todavia, voltou novamente à moda considerar a filosofia analítica muito mais como parte do esforço filosófico historicamente contínuo de enfrentar questões metafísicas como a natureza da mente, do conhecimento, da causalidade, da obrigação moral etc.

Strawson propõe a teoria de que a metafísica deve ser *descritiva* antes que *revisiva*. Segundo ele, filósofos como ***Aristóteles*** e ***Kant*** tentam derivar as suas categorias de realidade das formas de linguagem em uso e, portanto, propõem formas descritivas de

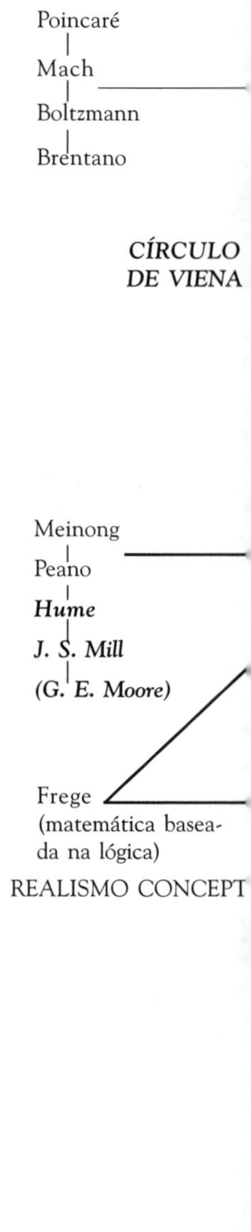

TABELA 23
FILOSOFIA ANALÍTICA
(A filosofia é basicamente análise lógica)

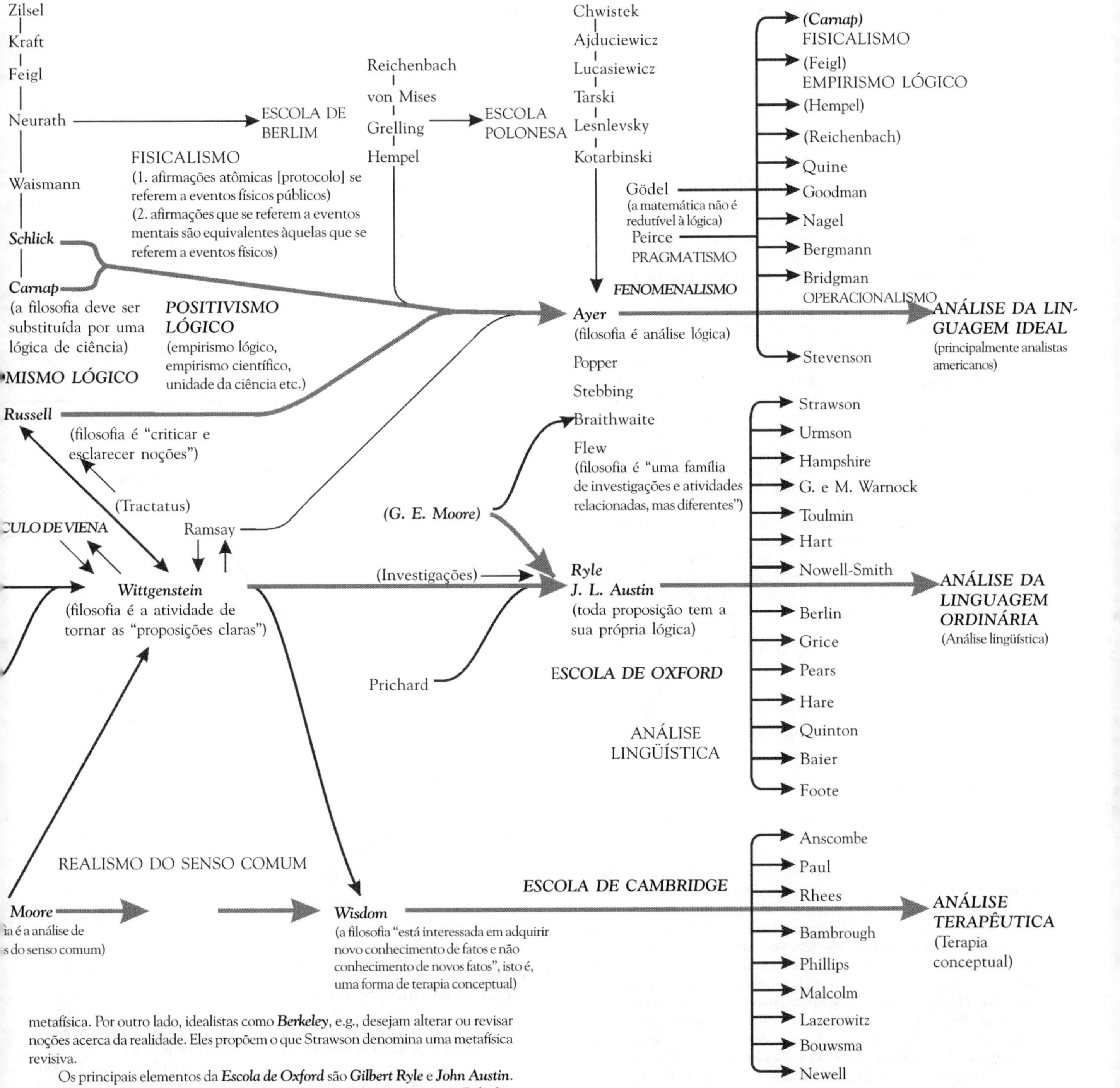

metafísica. Por outro lado, idealistas como ***Berkeley***, e.g., desejam alterar ou revisar noções acerca da realidade. Eles propõem o que Strawson denomina uma metafísica revisiva.

Os principais elementos da ***Escola de Oxford*** são ***Gilbert Ryle*** e ***John Austin***. (Quanto à teoria lingüística do significado de Austin). Tanto Austin como Ryle dão grande ênfase ao *uso ordinário*. A resposta para a maior parte das questões filosóficas — e eles sustentam que *existem* respostas — será encontrada na análise do uso ordinário. Com isso, eles não querem dizer *utilização* ordinária, isto é, hábitos de discurso simplesmente predominantes. Ryle distingue entre os dois observando que o que se necessita são as regras pelas quais as expressões efetuam a sua tarefa específica, isto é, uma "análise de tarefas" das expressões, de tal modo que possamos entender o que a expressão faz na sua tarefa convencionalmente apropriada, isto é, no uso ordinário.

Em geral, a ***análise da linguagem ordinária*** sustenta o seguinte:

1) A linguagem natural deve ser deixada como ela é, antes que reduzida ou traduzida para uma linguagem "ideal", porém artificial.

2) Deve-se dar muita atenção às formas do discurso comum, especialmente como são usadas "nas tarefas".

3) A análise é uma atividade *descritiva*, e não *prescritiva*. A tarefa do filósofo não é realizar reformas, mas analisar o uso.

4) A linguagem tem muitos usos que possuem uma "semelhança de família". Não existe um único uso significativo, tal como nomear ou descrever.

5) As regras de uso apropriadas a uma categoria, como, e.g., coisas materiais, não podem ser aplicadas indiscriminadamente a outras coisas, tais como eventos mentais (o erro de categoria, isto é, "a apresentação de fatos pertencentes a uma categoria nas expressões próprias de outra" — Ryle).

6) Toda afirmação tem a sua própria lógica, regras ou uso (o chavão da idiossincrasia de Wisdom).

7) O uso constitui o significado de uma expressão. *O significado é o uso* (v. as teorias de significado lingüístico).

TABELA 24
EXISTENCIALISMO E FENOMENOLOGIA
(Filosofia é a consciência progressivamente alcançada do que significa ser livre, responsável e relevante, isto é, humano)

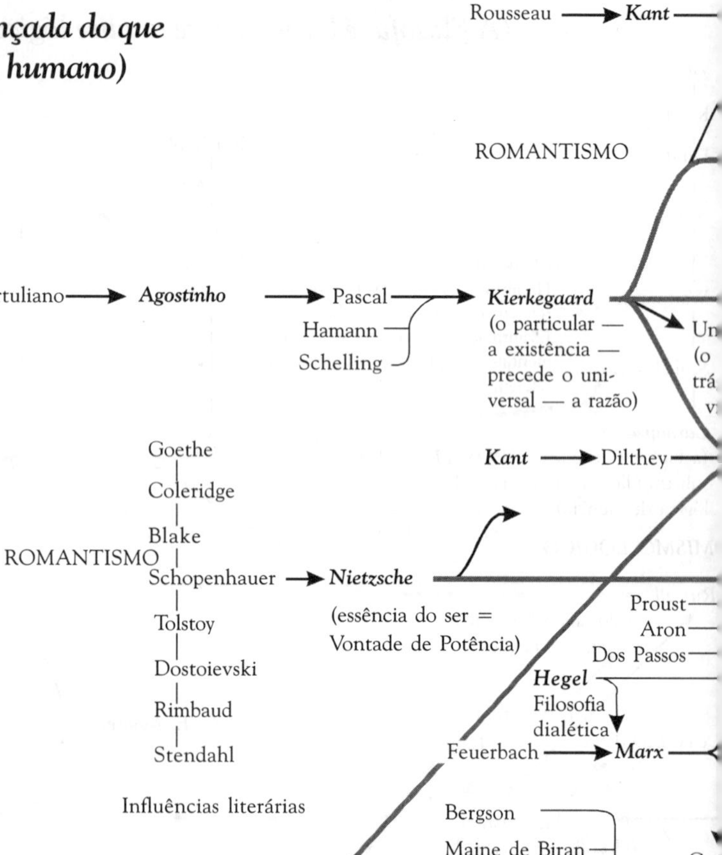

O existencialismo e a fenomenologia são dois movimentos estreitamente relacionados que têm suas origens técnicas recentes em ***Husserl*** e ***Kierkegaard***, embora as questões que os preocupam remontem através de ***Descartes*** e ***Agostinho*** até as origens da própria filosofia. Podemos v. que Husserl, e.g., retoma questões levantadas por Descartes e Kierkegaard, questões levantadas por Agostinho.

Ambos os movimentos são complexos e com freqüência incompatíveis internamente. Todavia, algumas de suas características gerais e mais importantes se identificam. Como uma filosofia popular, o ***existencialismo*** é uma forma de *romantismo* que exalta o indivíduo como o criador dos seus próprios valores e do significado da vida. Como tal, é uma forma de *humanismo* que procura descobrir e reafirmar o que significa ser humano. Por outro lado, a ***fenomenologia*** dá ênfase a uma análise radical e técnica da experiência, o que, ela espera, irá corrigir os erros do ***racionalismo*** e do ***empirismo*** tradicionais. Como Descartes, e.g., Husserl também é um matemático que tenta descobrir os fundamentos da experiência e do pensamento.

Os dois movimentos concordam de um modo geral que o que define o homem não é a posse de uma alma ou de alguma essência ou personalidade antecedente, mas os *atos intencionais livres* de *consciência* pelos quais se dá significado ao mundo. A famosa expressão de ***Sartre*** "a existência [de consciência] precede a essência" significa que *o que* o homem é precisa ser decidido pelo próprio homem. Somente o homem pode resolver a questão do homem, e apenas momentaneamente, à medida que ele *age*. Coisas

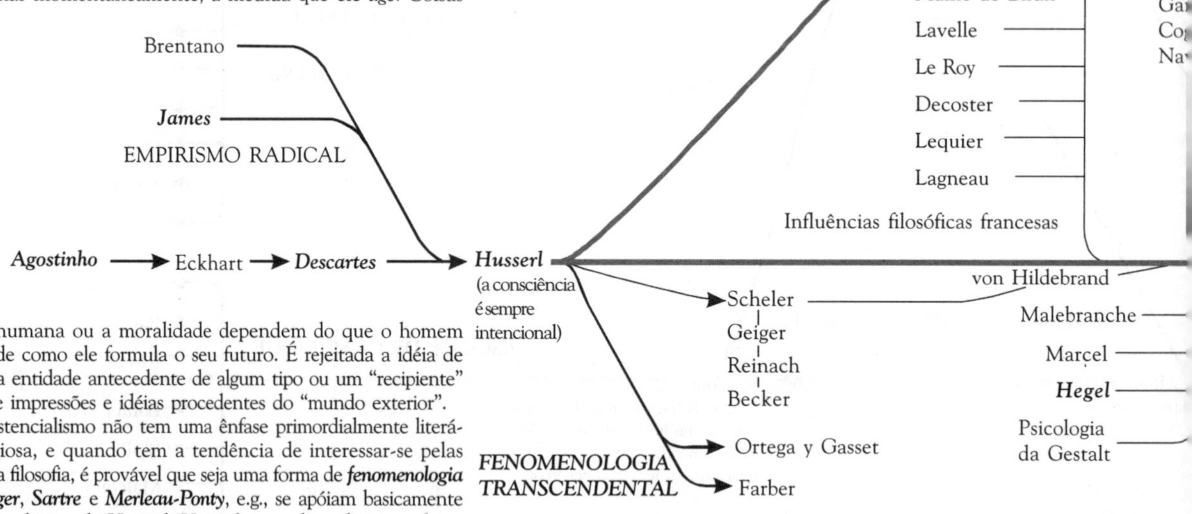

como a natureza humana ou a moralidade dependem do que o homem escolhe se tornar, de como ele formula o seu futuro. É rejeitada a idéia de que a mente é uma entidade antecedente de algum tipo ou um "recipiente" vazio ou passivo de impressões e idéias procedentes do "mundo exterior".

Quando o existencialismo não tem uma ênfase primordialmente literária, social ou religiosa, e quando tem a tendência de interessar-se pelas questões técnicas da filosofia, é provável que seja uma forma de ***fenomenologia existencial***. ***Heidegger***, ***Sartre*** e ***Merleau-Ponty***, e.g., se apóiam basicamente no método fenomenológico de Husserl. Husserl entendia a fenomenologia como o estudo da *experiência* ou da *consciência*. O sujeito e o objeto dos problemas filosóficos tradicionais são colocados entre parênteses.

Para Husserl, a consciência *é intencional* no sentido de que é inerentemente direcionada para um mundo intencionalmente constituído, e ela surge somente quando *age* com *intencionalidade*. Tanto o conhecedor quanto a coisa conhecida são componentes da experiência. Sem o *ato* de atribuir significado à experiência, não haveria sujeito nem objeto. O existencialismo e a fenomenologia concordam em rejeitar o dualismo mente-corpo tradicional ou relatos sistemáticos de realidade última. Nessas questões, eles também concordam a ***filosofia analítica*** (v. tabela 23). Eles diferem da análise quanto à questão de encarar a filosofia como uma disciplina informativa. Eles, e.g., não eliminam a *metafísica*, como o ***positivismo lógico*** tentou fazer. Antes, eles visam uma reformulação radical da mesma. O seu interesse está voltado, como estava em Kant, "para as estruturas fundamentais da experiência consciente que constitui a própria condição da possibilidade de qualquer experiência consciente" (Edie). Entidades metafísicas como o eu ou objetos independentemente reais são postos de lado em favor da análise da consciência.

No entanto, o método fenomenológico de Husserl não deve ser confundido com o método de Descartes ou mesmo com o de Kant. Para Husserl e para o existencialismo em geral, não existe um eu antecedente que age, por exemplo, como o personagem de uma peça. O "pensador" e o seu "mundo" surgem e permanecem na experiência. As categorias da experiência se aplicam não somente às coisas *como elas aparecem*, como em Kant, mas às *próprias* coisas. Em outras palavras, ao contrário de Kant ou Descartes, não existe o problema de conhecer coisas reais que estão "fora" das mentes, visto que os conhecedores já são parte dos seus "mundos" e são inseparáveis deles — o *Dasein*, como Heidegger o denomina.

Deve ser feita uma importante distinção que assinala as principais diferenças entre o existencialismo via Kierkegaard, por um lado (alto da tabela), e o existencialismo via Husserl, por outro lado (fundo da tabela). Trata-se da distinção feita por Heidegger entre existenciel (*das Seiende*) e existencial (*das Sein*). O primeiro caracteriza o interesse de Kierkegaard,

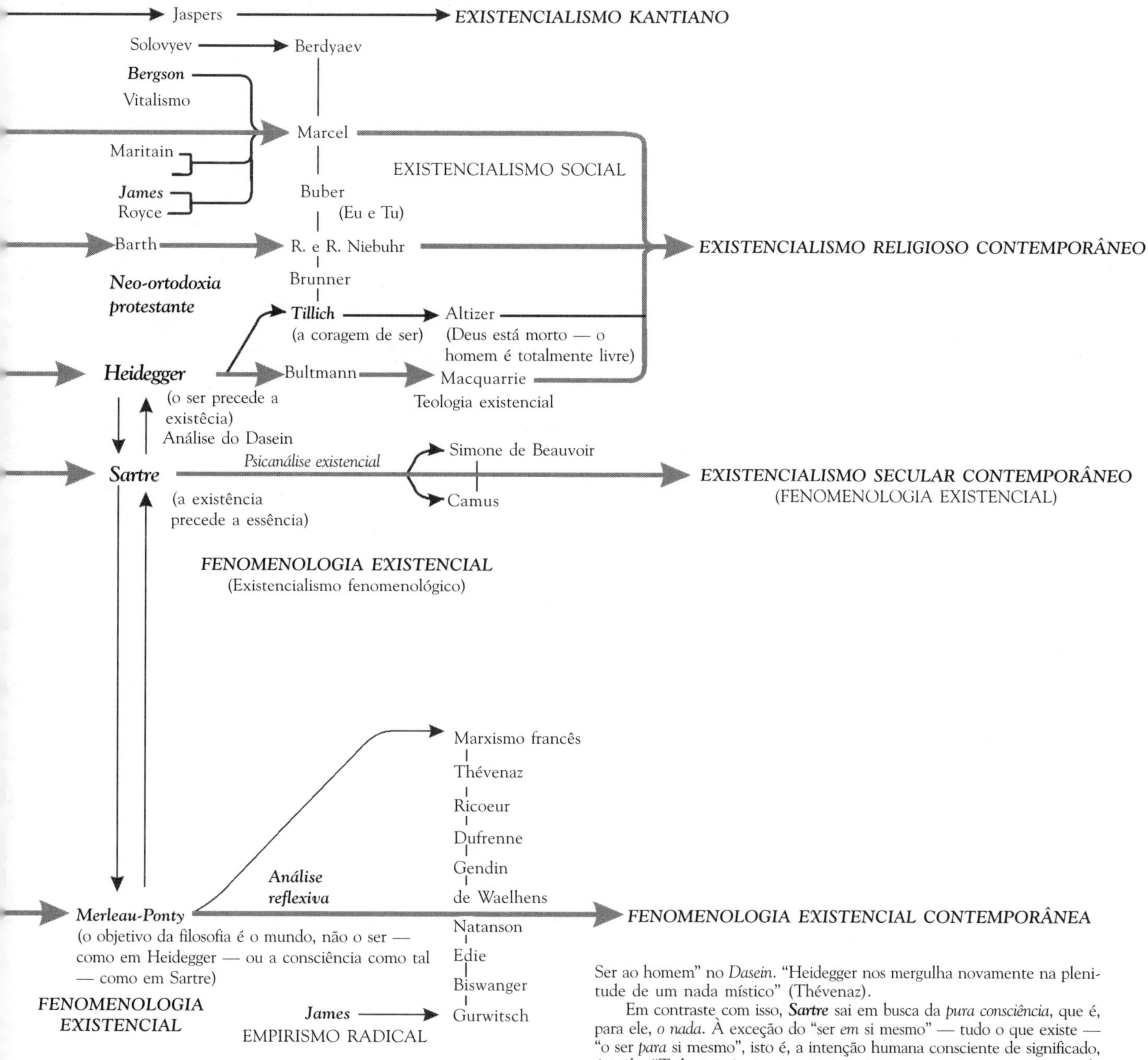

Jaspers, Marcel e do **existencialismo religioso** em geral pelas profundas questões *pessoais* da existência — questões como morte, ansiedade e escolha. Contrariamente, as ***fenomenologias existenciais*** de Heidegger, Sartre e Merleau-Ponty se concentram nas questões técnicas e em geral *impessoais* de uma *metafísica da experiência* — o que **Heidegger** denomina *Fundamentalontologie* — que tem a ver com os existenci*ais* ou estruturas do *Dasein*, isto é, a existência humana. Os particulares psicológicos e concretos são postos de lado.

A partir de 1950, ***Heidegger*** se afastou do estudo dos existenci*ais* em favor do estudo do *ser*, deixou a análise do *Dasein* em favor do próprio ser como um princípio geral. Superficialmente, esse interesse sugere um retorno à metafísica tradicional. Todavia, com o termo "ser" Heidegger quer dizer muitas coisas, especialmente o "ser" de tudo aquilo que é, isto é, o "ser" como um *verbo* de "seres" antes que como um *substantivo*, não o que algo é como uma essência ou um conceito abstrato, mas o seu *ato* de existir. Heidegger procura o "ser" do próprio ser e não simplesmente o "ser" do homem, isto é, a "profundeza" do homem que se revela à "superfície" do homem. Assim, Heidegger inverte a prioridade de Kierkegaard pela pessoa existente concreta em favor da prioridade "da abertura do Ser ao homem" no *Dasein*. "Heidegger nos mergulha novamente na plenitude de um nada místico" (Thévenaz).

Em contraste com isso, ***Sartre*** sai em busca da *pura consciência*, que é, para ele, *o nada*. À exceção do "ser *em* si mesmo" — tudo o que existe — "o ser *para* si mesmo", isto é, a intenção humana consciente de significado, é nada. "Toda existência consciente existe somente como consciência de existir" (Sartre). Visto que a consciência é "pura espontaneidade", *é liberdade*. Mas a liberdade de Sartre não é a liberdade de um *eu* no sentido tradicional. É a liberdade que surge no relacionamento da consciência com o seu mundo à medida que ela espontaneamente *cria* a si mesma na *escolha* e no *ato*, à medida que forma o seu futuro. *Ser é agir.*

Merleau-Ponty discorda do entendimento de Sartre de que a consciência é o nada. Em vez disso, "nós estamos sempre na *plenitude*, no ser", ele diz. Para ele, isso inclui a nossa inextricável relação com o mundo em nossa *situação* particular — por ambígua que seja. Assim, nós não criamos significados a partir do nada, como em Sartre, nem o ser revela significado a nós, como em Heidegger. Antes, nós aclaramos "o discurso confuso do mundo" que caracteriza as nossas situações históricas concretas particulares.

Em síntese, nem o existencialismo nem a fenomenologia negam a *realidade objetiva* do mundo, mas ambos negam as formas tradicionais de *realismo* que falam de um mundo independente da mente, e rejeitam todas as formas de *idealismo*. Para eles, a consciência é sempre consciência *de* algo, mas é anterior tanto ao sujeito quanto ao objeto. Em suma, o existencialismo e a fenomenologia procuram as raízes de uma subjetividade que é também a raiz do mundo objetivo.

Esta obra foi composta em Goudy OLST BT e impressa por
Imprensa da Fé sobre papel *Chamois Fine* 67 g/m² para
Editora Vida em fevereiro de 2003.